Planung für Morgen

jovis

Planung für Morgen
Zukunft Stadt und Raum

Friedbert Greif, Detlef Kurth,
Bernd Scholl (Hg.)

jovis

Inhaltsverzeichnis

Vorwort

Friedbert Greif

Entwurfsorientierte Lehre als Grundlage für nachhaltige Planung

Die Professor Albert Speer-Stiftung wurde im Jahr 1994 von Prof. Dipl.-Ing. Albert Speer mit Vollendung seines 60. Lebensjahres gegründet. Damit brachte Albert Speer zum Ausdruck, was ihm immer besonders wichtig war. Nämlich auch nach seinem Ausscheiden als aktiver Universitätsprofessor einen dem Stiftungszweck folgenden Beitrag zur Förderung und Ausbildung von Studierenden und Absolventen auf dem Gebiet der Architektur und Planung, die das 35. Lebensjahr noch nicht vollendet haben, zu leisten.

Als einer seiner Absolventen, späterer Mitarbeiter, Geschäftsführerkollege, Partner und Freund durfte ich Albert Speer über viele Jahre begleiten. Immer war ihm die Lehre, insbesondere im Zusammenhang mit zukunftsorientierter Regional- und Stadtplanung, ihre Ausprägung und inhaltliche Ausrichtung, außerordentlich wichtig und Gegenstand vieler unserer Gespräche. Die Lehre sollte aus seinem Blickwinkel praxisorientiert und international ausgerichtet sein. Ich kann mich noch sehr gut an die prall gefüllten Hörsäle erinnern, wenn Albert Speer seine Vorlesungen zu Themen der Stadtplanung und des Städtebaus hielt. Diese waren reich bebildert, damals noch erzeugt mit Diaprojektoren, die uns Studierenden großformatig eindrucksvolle Bilder von aktuellen Arbeiten und Projekten, häufig seines Frankfurter Büros und seiner Tätigkeit als Planer zeigten. Hinter vorgehaltener Hand gab es aus dem universitären Kollegenumfeld Kritik an der Art und Weise des Lehrstils von Albert Speer. Zu wenig Planungstheorie, zu wenig akademische Herangehensweise oder anders ausgedrückt: zu viel aus dem wahren Leben eines leidenschaftlichen und erfolgreichen Stadtplaners.

Abb. 1 Friedbert Greif, Kurator der Professor Albert Speer-Stiftung (Foto: AS+P Albert Speer + Partner GmbH, Fotograf: Olaf Becker)

Doch es war nicht nur der große Name Albert Speers, der über so viele Jahre seiner Lehrtätigkeit in Kaiserslautern die Hörsäle füllte. Es war seine Persönlichkeit, der es anhand realer Aufgabenstellungen, Herausforderungen und Lösungen glaubhaft gelang, die Studentinnen und Studenten zu begeistern und zu überzeugen, bei der Wahl ihres Studiums die richtige Entscheidung getroffen zu haben. So erging es auch mir persönlich, und das Projekt einer Machbarkeitsstudie für die Olympischen Spiele/ Frankfurt am Main führte mich im Jahr 1987, damals als ersten „Raum- und Umweltplaner", in das Büro Albert Speer und Partner (AS+P). Mir folgten bis heute mehr als 40 Absolvent*innen dieses Studiengangs in die Mainmetropole. Die meisten davon in der aktiven Lehrzeit von Prof. Albert Speer, flexibel einsetzbar in planungsrechtlich- und prozessorientierten Stadtplanungsprojekten, aber gerade auch bei Projekten mit entwurfsgeprägten städtebaulichen Aufgabenstellungen.

Nach Beendigung der Lehrtätigkeit von Prof. Albert Speer wurde am Lehrstuhl in Kaiserslautern die entwurfsbezogene Komponente sukzessive aus dem Lehrplan herausgenommen. Was dazu führte, dass seit dieser Zeit zwar immer noch hervorragend ausgebildete Bauleitplaner ihren Weg in die Planungsämter der Republik und auch zu AS+P gehen konnten, aber entwurfsbezogene Aufgaben nur noch schwer mit Absolvent*innen aus Kaiserslautern im Büro AS+P zu besetzen waren. Der Ausbildungsbereich des Entwerfens in der Stadtplanung wurde an den deutschen Universitäten weitgehend von den Architekturlehrstühlen übernommen.

Es ist aus meiner Sicht – und dies nicht nur resultierend aus der Erfahrung eines Studierenden, sondern gerade aus meiner langjährigen Erfahrung der Leitung eines großen national und international agierenden privaten Planungsbüros – eine unabdingbare Notwendigkeit, dass die Ausbildung von Planer*innen durch eine interdisziplinär ausgerichtete praxis- und vor allem entwurfsbezogene Haltung geprägt sein muss. Die entwurfsbezogene Komponente der Ausbildung von Stadt- und Regionalplaner*innen stellt eine elementare Basis für späteres erfolgreiches, verantwortungsbewusstes und den großen Herausforderungen gerecht werdendes Handeln dar.

Das in der Praxis bewährte Instrument der Testplanung, verbunden mit der Betrachtung von Alternativen, dem damit einhergehenden „qualifizierten Verwerfen" nicht geeigneter Lösungen und dem daraus resultierenden Herausfinden von umsetzungsfähigen Planungen, setzt Entwurfskompetenzen in allen relevanten Maßstäben voraus. Albert Speer war es von daher immer ein Anliegen, die Schulung dieser entwurflichen Kompetenzen anhand konkreter, praxisorientierter Aufgaben zum wichtigen Bestandteil der Planerausbildung zu machen. Mit der Gründung der Professor Albert Speer-Stiftung zum Wohle der Förderung und Ausbildung von Studenten und Absolventen auf dem für unser aller Zukunft so wichtigen

Gebiet der Architektur und der Planung hat er uns ein großes Erbe, verbunden mit einer ebensolchen Verantwortung gerade für die Ausbildung, hinterlassen.

Im Namen der Professor Albert Speer-Stiftung und insbesondere der Vorsitzenden des Kuratoriums, Frau Ingmar Speer, bedanke ich mich für die herausragende Unterstützung und die tiefgehenden Beiträge aus Stadtpolitik, Stadtverwaltung, Planungspraxis und Planungswissenschaft für diesen Sammelband. Ich bedanke mich auch bei Prof. Dr. Detlef Kurth vom Lehrstuhl Stadtplanung der TU Kaiserslautern und seinen Mitarbeitern Jana Bressler, Lennart Bruss und Daniel Thress für ihr großes Engagement bei der Vor- und Nachbereitung der Symposien, bei der Archivrecherche sowie der Konzeption dieses Sammelbands. Außerdem bedanke ich mich bei Prof. Dr. Bernd Scholl für seine stets von Inhalten getragene, vertrauensvolle und freundschaftliche Unterstützung unserer Stiftung.

Einführung

Friedbert Greif
Detlef Kurth
Bernd Scholl

Dieses Buch trägt den Titel *Planung für Morgen – Zukunft Stadt und Raum*. Damit wollen wir zum Ausdruck bringen, dass räumliche Planung immer auf die Zukunft ausgerichtet ist. Wir benötigen dafür ein Fundament, das dem baulichen Erbe verpflichtet ist, und darauf aufbauende kühne Zukunftsentwürfe für Stadt und Raum. Einerseits müssen Aufgaben und Herausforderungen der Zukunft antizipiert werden, andererseits werden Wirkungen und Konsequenzen heutiger Planungen erst nach Jahren und manchmal nach Jahrzehnten in Gemeinden, Städten und Regionen sichtbar. In diesem Spannungsfeld zu wirken, ist faszinierend. Neben fachlichem Können werden zugleich Mut und Ausdauer verlangt. Mut, Initiativen zu ergreifen und voranzugehen, wenn sich Chancen bieten und Gelegenheiten genutzt werden können. Ausdauer, um über lange Zeiträume beharrlich erarbeitete Lösungsvorschläge im Rahmen unserer demokratisch verfassten Gemeinwesen zu verwirklichen. All dies veranschaulichen die Beiträge und Beispiele dieses Buches.

Wir leben in einer Zeit rasch aufeinander folgender Krisen. In wenigen Jahren gerieten als sicher angesehene Fundamente ins Wanken: durch die immer spürbarer werdenden Folgen des Klimawandels, die Weltfinanzkrise ab 2007, den Reaktorunfall in Fukushima 2011, den Ausbruch der weltweiten COVID-19-Pandemie und schließlich den russischen Krieg gegen die Ukraine. Alle Krisen werden gravierende Veränderungen mit sich bringen, auch räumliche. Sich beschleunigender Wandel macht vielen Menschen Angst. Menschen trachten nach unverrückbaren Gewissheiten und Sicherheit. Die Krisen demonstrieren, dass es keine absoluten Sicherheiten und Gewissheiten gibt. Planung muss dies berücksichtigen und mögliche Unsicherheiten, Risiken und auch Überraschungen antizipieren, damit die Lösungen robuster und widerstandsfähiger werden. Trotz sich wandelnder und von Planung nicht beeinflussbarer Umstände sollten

Abb·1
Symposiumsteilnehmer*innen auf dem Hambacher Schloss (Foto: TU Kaiserslautern)

Abb·2
Erstes Symposium am runden Tisch im Studio des Lehrstuhls Stadtplanung (Foto: TU Kaiserslautern)

also die Lösungen zukunftstauglich sein. Zugrunde liegende räumliche Strategien bilden dabei Leitplanken für das planerische Handeln und Entscheiden. Die Beiträge veranschaulichen dies in eindrücklicher Weise.

Unsere Absicht mit diesem Buch ist es deshalb, den vor der akademischen Berufswahl stehenden Schüler*innen sowie Studierenden planerischer Fächer trotz aller Krisen Mut zu machen. Krisen eröffnen immer auch Chancen, Wandel in erwünschte Richtungen zu lenken. Wir erhoffen uns, dass die großen, aber auch faszinierenden Herausforderungen bei der Planung von Stadt und Raum erkennbar werden und zum Engagement motivieren.

Drei Symposien an der TU Kaiserslautern

Um zukünftige Herausforderungen und Aufgaben auszuloten, haben wir von 2019 bis 2021 herausragende Fachpersönlichkeiten zu drei Symposien an die TU Kaiserslautern, der Lehr- und Forschungsstätte von Professor Albert Speer, eingeladen. An diesem Ort gab Albert Speer Erfahrungen aus der Praxis weiter, hier reflektierte er mit seinen Mitarbeiter*innen neueste

Erkenntnisse der Stadt- und Raumplanung, und hier ließ er sich im Diskurs mit Kolleg*innen und mit Studierenden für neue Aufgaben in Forschung, Lehre und Praxis inspirieren.

Der Blick bei den Symposien sollte vor allem auf die Zukunft gerichtet sein. Wer sich aber mit zukünftigen Aufgaben und Herausforderungen der räumlichen Planung beschäftigen will, der sollte auch zurückzuschauen, um bestimmte Entwicklungen besser verstehen und einordnen zu können. Basis des ersten Symposiums bildete deshalb die Gründungsgeschichte der Raumplanung. Im zweiten Symposium standen Beispiele aus dem stadt- und regionalplanerischen Kontext im Vordergrund. Das dritte Symposium war vor allem zukünftigen Anforderungen an die Lehre und den daraus folgenden Konsequenzen für die Ausbildung gewidmet. Abb. 1–3

Die Beiträge dieses Buches basieren auf den Präsentationen und Diskussionen der Autor*innen während der Symposien. Wir haben die Beiträge im Anschluss folgenden Kapiteln zugeordnet:

→ Gründungskonzepte der Planungsdisziplin
→ Innovationen für Planungsverfahren und Großprojekte
→ Herausforderungen für Morgen
→ Städtebau und Baukultur
→ Folgerungen für die Raum- und Stadtentwicklungspolitik

Gründungskonzepte der Planungsdisziplin

Für die Stadt- und Raumplanung als relativ junge eigenständige Disziplin ist es wichtig, ihre Wurzeln zu kennen. Ende der 1960er Jahre gab es in Deutschland und anderen Ländern Europas eine Gründungswelle für grundständige Studiengänge der Stadt- und Raumplanung. Anlass waren immer komplexer werdende Anforderungen an die Nutzung und Gestaltung des Raums, neue rechtliche Regelungen wie das Baugesetzbuch und Herausforderungen wie der Strukturwandel oder Umweltprobleme. Diese Studiengänge entstanden entweder aus der Architektur heraus als Abspaltung der Vertiefungsrichtungen für Städtebau oder als neu konzipierte Reformstudiengänge an neu gegründeten Universitäten. Der erste grundständige Studiengang in der Bundesrepublik Deutschland wurde 1968 an der TU Dortmund etabliert (Raumplanung), es folgten Studiengänge an der TU Kaiserslautern (1972, Raum- und Umweltplanung), Universität Kassel (1973, Stadt- und Regionalplanung) und TU Berlin (1974, Stadt- und Regionalplanung) – interessanterweise bereits damals und bis heute mit unterschiedlichen Abschlussbezeichnungen. Parallel wurde in Weimar 1969 der erste und einzige Planungsstudiengang in der DDR gegründet, der Anfang der 1990er Jahre eingestellt, aber in den 2010er Jahren als Urbanistik wieder eingeführt wurde.

Abb · 3
Teilnehmer*innen des ersten Albert-Speer-Symposiums in Kaiserslautern 2020 (Foto: TU Kaiserslautern)

Die Gründung der Planungsstudiengänge war Kennzeichen des Paradigmenwechsels in der Städtebaulehre Ende der 1960er Jahre. Neue Wertorientierungen wie die Bürgerbeteiligung, die Städtebauförderung und die Wertschätzung des Bestands führten zu Reformen in der Hochschullandschaft. Die vorwiegend durch den Wiederaufbau geprägte Generation der Professoren wurde abgelöst durch jüngere Kollegen, die für neue Ideen und transdisziplinäre Ansätze eintraten und die sich mit internationalen Entwicklungen auseinandersetzten. In der Folge entstand ein neues Selbstverständnis des Planers, als interdisziplinär geschulter Generalist und Koordinator von Entscheidungsprozessen.

1972 wurde an der TU Kaiserslautern der Studiengang Raum- und Umweltplanung eingerichtet, nur zwei Jahre nach Neugründung der Universität. Zu den Gründern gehörten unter anderem Prof. Dr. Martin Graßnick, Prof. Dr. Rudolf Stich und Prof. Albert Speer. Der neue Studiengang entstand, ähnlich wie in Dortmund, parallel zum Architekturstudiengang. Das Gründungskonzept hatte von Anfang an einen interdisziplinären Ansatz, bei dem in den ersten Semestern Architekten, Raumplaner und später auch Bauingenieure teilweise gemeinsam unterrichtet wurden. Bis heute liest sich das Programm des Studiengangs von 1976 als Synopse der damaligen Diskurse über Stadt- und Regionalplanung, Theorien und Methoden der Planung, der Umwelt und des Denkmalschutzes. Insbesondere die direkte Verknüpfung von Umweltplanung, Planungsrecht und Städtebau war einzigartig in der Republik. Später differenzierten sich die Studiengänge an der TU Kaiserslautern immer weiter aus, es wurden zusätzliche Fachgebiete eingerichtet und ein breiteres Fächerspektrum angeboten.

Albert Speer erhielt 1972 nach einem Berufungsverfahren die ordentliche Professur für Stadt- und Regionalplanung, und er wirkte dort 25 Jahre, bis 1997. Er konnte ohne Vorgänger und Vorgeschichte beginnen und war somit dafür verantwortlich, im neuen Studiengang für Städtebau, Stadt- und Regionalplanung die Fundamente für Lehre und Forschung zu legen. Sein integriertes Lehrkonzept spiegelte sich in den städtebaulichen Entwürfen und Projekten wider: Sie wurden gemeinsam etwa mit Verkehrsplanern, Landschaftsplanern und Architekten erstellt und später in Bebauungsplänen umgesetzt. Außerdem wurden früh internationale Projekte und Workshops angeboten sowie internationale Gäste eingeladen. Wichtig war es, vernetztes Denken zu vermitteln, Verantwortung zu übernehmen und eigene Erfahrungen zu sammeln, als Team vor Ort zu bestehen und die Horizonte zu erweitern. Albert Speer formuliert in seinem im vorliegenden Band abgedruckten Plädoyer über die Zukunft der Stadtplanung an der TU Kaiserslautern 1996 eindrucksvoll, wie die verschiedenen Planungsebenen Quartier, Stadt und Region zusammenwirken sollten.

Innovationen für Planungsverfahren und Großprojekte

Professor Albert Speer wusste um die Bedeutung von wohl überlegten Planungsprozessen. Seine Professur war deshalb auch ein Forum für den Diskurs innovativer Planungsverfahren. Seinen Mitarbeiter*innen eröffnete er besondere Möglichkeiten, Erkenntnisse aus erster Hand zu erwerben und sich an planerischen Reallaboren zu beteiligen. So wurde in seinem Büro für die Bewerbung um die Olympischen Sommerspiele 1986 bis 1988 in Frankfurt eine Ideenkonkurrenz ausgelobt. In diesem Rahmen wirkten neben drei weiteren Teams Mitarbeiter seiner Professur als ein „Hochschulteam" mit, wobei alle von einem hochrangig besetzten Olympia-Konsilium begleitet wurden. Mit diesem für die damalige Zeit innovativen Vorgehen wurden wertvolle Erfahrungen bei der Konzeption informeller Verfahren gesammelt. Wichtige Prinzipien kamen beispielsweise bei der Planung der Allianz Arena in München oder anderen Großprojekten in Leipzig oder Hamburg zum Einsatz.

Bei Großprojekten stellt sich immer die Frage des Zeitfensters und der richtigen Taktung. Aus besonderen Herausforderungen entstehen unter günstigen Umständen planerische und verfahrensmäßige Innovationen. Zugleich ist die Zunahme von internationalen Bau- und Gartenausstellungen ein Ausdruck davon, dass „Festivalisierungen" als Strategie der Stadtentwicklung und auch des Stadtmarketings angesehen werden. Dabei muss aber das Zusammenspiel von Zukunftsentwürfen und den Aufgaben im Planungsalltag immer wieder neu justiert werden. Eine Ausstellung, die nicht strategisch in die integrierte Stadtentwicklungspolitik eingebunden ist, wird kaum eine nachhaltige Wirkung entfalten oder neue innovative Planungsverfahren hervorbringen.

Herausforderungen für Morgen

Angesichts der voranschreitenden Digitalisierung, des sich beschleunigenden Klimawandels, der Mobilitäts- und Energiewende sowie der globalen Ressourcenverknappung steht die Planung von Morgen vor großen Herausforderungen. Sie können nur teilweise durch die Lehrinhalte der vergangenen Jahrzehnte gelöst werden. Bisherige Methoden und Herangehensweisen müssen auf den Prüfstand gestellt und kommunale Entwicklungen noch besser in regionale Strategien eingebettet werden, weil viele Herausforderungen nicht allein auf kommunaler Ebene gelöst werden können.

Der demografische Wandel wird deutliche Spuren in der Stadtentwicklung hinterlassen, es gibt eine Gleichzeitigkeit von Wachstums- und Schrumpfungsprozessen. Die Mobilitätswende wird zu weitreichenden Veränderungen führen mit weniger Individualverkehr, mehr autonomem Fahren und anzupassender Gestaltung der öffentlichen Räume für den Langsamverkehr. Grün- und Freiräume werden ein entscheidender Faktor in der Stadtgestaltung, der Multikodierung öffentlicher Räume und der Anpassung an den Klimawandel sein. Die Stadtstraßen müssen neben ihrer Funktion als Verkehrs- und Aufenthaltsraum auch wieder Freiräume werden. Mehr grüne und blaue Infrastruktur, ihre intelligente Vernetzung und helle Beläge dienen dem Mikroklima und schützen vor Hitzeinseln im Sommer. Gute Planung braucht zunächst ein Zukunftsbild sowie geeignete Instrumente, Finanzen, politische Entscheidungen und Beteiligungsstrategien, um dieses Bild in einem Planungsprozess umzusetzen. Planung bedeutet somit, vorbereitet und vorausschauend zu sein, um dann im richtigen Moment Initiative ergreifen und agieren zu können.

Städtebau und Baukultur

Angesichts der vielen fachspezifischen Anforderungen an die Planung und ihrer interdisziplinären Ausrichtung ist es wichtig, auch weiterhin einen klaren räumlichen und gestalterischen Bezug herzustellen, im Sinne einer Städtebaukultur. Die Bedeutung des städtebaulichen Entwurfs in der Ausbildung und in der Praxis ist nach wie vor sehr hoch. Städtebauliche Grundlagen sind erforderlich, um die räumliche Umwelt hochwertig zu gestalten und an den Schnittstellen zur Architektur und dem Bauwesen zu bestehen. Von daher sollten Projektstudien und Entwürfe ein zentrales Element des Planungsstudiums darstellen. Wichtig ist dabei eine intensive Verknüpfung von Lehre, Forschung und Praxis in der Kooperation von Hochschulen, Kommunen und Planungsbüros.

Für die planenden Disziplinen besteht also eine Verpflichtung zur anspruchsvollen Gestaltung des Lebensraums Stadt. Der Städtebau wirkt tagtäglich auf die Bewohner*innen der Städte ein und dies verpflichtet zu einem sorgsamen Umgang mit Raumstrukturen. In jedem Planungsmaßstab, ob in der Region oder der Stadt, braucht es eine gute Visualisierung, wofür Modelle und Pläne hilfreich sind. Um die Politik zu überzeugen, werden gut verständliche Instrumente und Planungsunterlagen benötigt, lesbare Bilder, auch der dritten Dimension.

Folgerungen für die Raum- und Stadtentwicklungspolitik

Die *Neue Leipzig-Charta* wurde im November 2020 als EU-weite Absichtserklärung beschlossen, aufbauend auf der Leipzig-Charta von 2007. Sie hat vor allem die Aufgabe, zentrale Leitbilder zu formulieren und ein internationales Bewusstsein für integrierte Stadtentwicklung zu schaffen. Eine deutliche politische Forderung der neuen Charta ist die gemeinwohlorientierte und nachhaltige Stadtentwicklung, in Verbindung mit einer kompakten, nutzungsgemischten und sozial gemischten Stadt. Wichtig ist dabei ein prozesshaftes Vorgehen mit intensiver Öffentlichkeitsbeteiligung, Transparenz und Reversibilität.

Angesichts des dramatischen Klimawandels müssen Klimaschutz und Klimaanpassung – wie auch die Umweltbelange – selbstverständlicher Bestandteil aller Planungsverfahren werden. Die Pandemie wirkte ab 2020 wie ein Brennglas auf bestehende Probleme, insbesondere bei der Wohnungsnot, der sozialen Ungleichheit und beim Einzelhandel. Im Sinne des *Memorandums „Urbane Resilienz"* sind Risikovorsorge und präventive Anpassung künftig stärker in der Stadtentwicklungspolitik zu verankern. Um den komplexen Herausforderungen zu begegnen, steigt die Bedeutung von integrierten Stadtentwicklungskonzepten. Methoden wie Ideenkonkurrenzen oder Testplanungen, ergänzt um Moderationsverfahren, haben sich bewährt, um dauerhafte Lösungen zu finden.

Ausblick

Nach 50 Jahren hat sich die Disziplin Raumplanung etabliert, aber eine Profilbildung ist weiterhin erforderlich. Angesichts der vor uns liegenden Herausforderungen sind große Anstrengungen notwendig, die erreichte Qualität weiter zu verbessern. So bedarf es grundständiger Studiengänge für die Planung, möglichst flächendeckend in allen Bundesländern Deutschlands, ergänzt um entsprechende Master-Vertiefungen in anderen raumbezogenen Studiengängen. In der Lehre sind entsprechende interdisziplinäre und praxisorientierte Projekte und Lehrformate anzubieten.

Planer*innen sind gehalten, verantwortungsvoll mit ihren Aufgaben umzugehen, denn sie haben große Gestaltungsmöglichkeiten in einem politiknahen Umfeld. Lösungsvorschläge werden im Scheinwerferlicht der Öffentlichkeit und der Medien diskutiert und kritisiert. Dies verlangt, fachliche Vorschläge in die Alltagsprache zu übersetzen und vertreten zu können und offen zu sein für Verbesserungen, die aus dem politischen Diskurs entstehen können. Dabei wird die Professor Albert Speer-Stiftung auch künftig den planerischen Nachwuchs unterstützen, die Lehrangebote an den Hochschulen kritisch würdigen und die Verknüpfung von Wissenschaft und Forschung fördern. Jüngstes Beispiel dafür ist der 2022 ausgelobte „Award der Professor Albert Speer-Stiftung" für herausragende Abschlussarbeiten in der Planung zu Themen des Klimawandels und der Resilienz. In diesem Sinne fühlen wir uns dem Erbe von Albert Speer verpflichtet: zukunftsorientiert und zugleich pragmatisch, offen für neue Herausforderungen, damit die Ideen der jungen Generation sich in einer demokratischen, toleranten und pluralistischen Gesellschaft entfalten können.

1. Gründungskonzepte der Planungsdisziplin

Städtebau in der Praxis: Chancen für die Neubewertung des städtebaulichen Entwurfs

Peter Zlonicky

Mein städtebauliches Verständnis ist stark geprägt von Max Guther, einem ehemaligen Professor an der Technischen Hochschule Darmstadt. Er war es, der den Begriff des „Städtebaulichen Kolloquiums" in den 1960er Jahren erstmals an einer Universität einführte. Diese Kolloquien waren an der Universität die einzigen Ereignisse, die es uns als Studierende erlaubten, eine ganze Genealogie von Lehrenden kennenzulernen. Außerhalb der damals zuweilen eingeschränkten Kommunikationsmöglichkeiten wäre uns dies sonst wohl kaum möglich gewesen. Ernst May war hierbei ein ebenso regelmäßiger Gast wie Rudolf Hillebrecht oder Bernhard Reichow. Wir haben all das, was an Altlasten und auch an Hoffnungen im Darmstadt der 1950er und Anfang der 1960er Jahre vorhanden war, mit dem Kolloquium begleitet. Was lag also näher, als in dem Augenblick, als ich 1971 in Aachen anfangen konnte, auch dort das Städtebauliche Kolloquium einzuführen? Uns bot sich eine große Chance, denn mehrere Beteiligte fingen gleichzeitig an, das Fach „Städtebau" in der Fortsetzung von Professor Kühn und anderen in Aachen zu etablieren und Veranstaltungen auszurichten. Auch dort waren Studierende von Beginn an intensiv dabei. Es waren große Veranstaltungen, die wir von Aachen aus versucht haben, in die Region zu exportieren. Später habe ich dann das Städtebauliche Kolloquium an der Universität Dortmund ausgerichtet. Es freut mich, dass an einigen Planungsinstituten auch weiterhin Symposien und Kolloquien stattfinden. Es geht darum, sich nicht nur mit den Themen der Region zu befassen, sondern sich auch über die eigenen Grenzen hinaus zu entwickeln. Es ist dabei besonders wichtig, den europäischen Gedanken weiterzuentwickeln und die europäische Stadt – im weitesten Sinne – zu einem Thema zu machen. Dies nicht nur in ihren traditionellen Formen, sondern insbesondere hinsichtlich der Idee, dass sie sich beständig transformiert.

Abb · 1
Peter Zlonicky mit Michael Denkel und Detlef Kurth an der TU Kaiserslautern 2018 (Foto: TU Kaiserslautern)

In Dortmund wurden die Studiengänge Raumplanung, Architektur und Bauwesen 1969 gegründet. Sie sollten eng zusammenarbeiten, dividierten sich dann aber auseinander. Ich sollte den Lehrstuhl für Städtebau und Bauleitplanung von zwei Kollegen übernehmen, die plötzlich zwei getrennten Fakultäten angehörten. Auf der einen Seite stand damals Harald Deilmann als Architekt, dem ich an der Fakultät für Raumplanung nachfolgen sollte. Demgegenüber stand Martin Einsele als Raumplaner, der nach Karlsruhe ging. Deilmann ärgerte sich über die „blöden Raumplaner", weil diese „überhaupt nicht in der Lage seien, irgendetwas räumlich darzustellen und keine Basis für produktive Gespräche vorweisen könnten". Aus Ärger über die Fakultät „Raumplanung" hat er sie verlassen und seine eigene Fakultät „Bauwesen" gegründet.

Wir versuchten, die Fahne der Raumplanung hochzuhalten. Während meiner gesamten Dortmunder Zeit war es mein Anliegen, gegen die Trennung der Fakultäten Raumplanung und Bauwesen anzuarbeiten. Nicht zuletzt mit dem Städtebaulichen Kolloquium wurde offensichtlich, dass die wichtigsten Fragen der Region nur gemeinsam von Planern und Architekten beantwortet werden können. Fragen des Entwerfens und der Gestaltung können sowohl von den architektonisch Ausgebildeten, die aber zugleich auch das große Ganze betrachten, beantwortet werden als auch von denen, die raumplanerisch ausgebildet sind und den Blick für die Zusammenhänge haben. Ich versuchte, mit den Kollegen von der Architektur zu kooperieren. Die Architekten sagten, den Studierenden fehle das Verständnis von Sozial- und Umweltwissenschaften, von den großen Zusammenhängen. Ich entgegnete ihnen, dass die Raumplaner nicht zeichnen, nicht entwerfen und keine Modelle bauen könnten und dass vor allen Dingen solide Grundlage fehlten. Wie zum Beispiel das Fach Stadtbaugeschichte, das den Studierenden das Wissen um die Entstehung und den Zusammenhang von Städten vermittelt.

Wenn Architekten mehr Einblick in die Umwelt- und Sozialwissenschaften erhalten, können sie auch mitreden in Fragen von Beteiligungsformen und neuen Planungsverfahren. Die Raumplaner können sich das Wissen, wie Gebäudetypologien funktionieren und worauf sie aufbauen, wiederum bei den Architekten holen. Es gibt in beiden Professionen ausgezeichnete Kollegen, die sehr gute Vorträge halten. Warum also nicht eine Kooperation ermöglichen, die etwas Gemeinsames schafft? Wir müssen den *common ground* suchen, der sich zwischen unseren – oft räumlich getrennten – Abteilungen, Fakultäten und unserem trennenden Fachverständnis anbietet, eine gemeinsame Ebene zu schaffen. Dies ist die gemeinsame Basis, auf der Konflikte ausgetragen werden können, auf der man versuchen kann, zu einem gemeinsamen Verständnis von unterschiedlichen Disziplinen zu kommen und die gemeinsamen Fragen zu gestalten.

Die Suche nach dem *common ground* sollte uns insbesondere in Zeiten, in denen die Ausbildungen oft noch getrennt verlaufen, viel mehr beschäftigen: Wie kommen wir wieder zu einem gemeinsamen Grundverständnis, was Stadt, Stadtgesellschaft oder Gemeinsamkeit in der Gestaltung von Quartieren angeht? Und wie gelingt es uns, dieses Ziel aktiv zu verfolgen, um eine neue stadtplanerische und städtebauliche Kompetenz zu gewinnen? Solch eine neue Kompetenz ist auch aus einem anderen Grund mein Antrieb. Nicht nur in der Ausbildung sind diese beiden Disziplinen in den Hauptrichtungen getrennt, ihre Trennung zeigt sich auch in der Praxis. Wir sehen immer häufiger den disziplinär trennenden Bereich und vernachlässigen den Zusammenhang. Damit verschwindet letztlich – sowohl in der Raumplanung als auch in der Architektur – die Bedeutung von Stadtplanung und insbesondere von Städtebau.

Städtebau ist ein Bereich, der entweder sinnentleert erscheint, oder Teil von dem ist, was in den Medien als „Gestaltungsmängel in den Städten" dargestellt wird, die im Zweifelsfall wiederum städtebaulich bedingt sind. Diese Wahrnehmung ist keinesfalls gänzlich falsch. Unsere Kernfrage muss es sein, wie wir aus diesem Dilemma herauskommen können. Angesichts der (immensen) Herausforderungen, vor denen Städte und Stadtgesellschaften derzeit stehen, ist dies eine drängende Frage. Wie kann man anders als gemeinsam auf die Herausforderungen reagieren, die uns im Umbau der Städte in den Bereichen Klima und Energie bevorstehen? Wie gehen wir um mit Fragen der Migration und Integration? Wie schaffen wir es, offene Städte so zu gestalten, dass sie dem Bedürfnis nach Leben, aber zugleich auch dem nach Sicherheit in allen Ausprägungen genügen? Das sind Fragen, die niemals von Architekten allein beantwortet werden können. Gleichermaßen sind dies keine Belange, die ausschließlich die Raumplaner betreffen. Vielmehr sind es Aufgaben, die nur integriert, auf einer gemeinsamen Ebene angegangen und bewältigt werden können. Auch die Fragen nach dem Umbau unserer Infrastrukturen und unserer Mobilität müssen in den Städten gelöst werden, und sie benötigen dringend die Zusammenarbeit von Architekten und Raumplanern. Wie sieht es zudem mit den Fragen der Digitalisierung aus? Die Digitalisierung verändert die Arbeit und die Produktion in den Städten,das Konsumverhalten und die dadurch neu entstehenden Verkehre. Auch dies stellt eine erhebliche Gestaltungsaufgabe dar und geht weit über die Frage der richtigen Funktion an der richtigen Stelle am richtigen Standort hinaus. Im Zusammenhang mit der Leipzig-Charta von 2007 und der Nationalen Stadtentwicklungspolitik stellt sich auch die Frage des Wohnens. Die Kosten des Wohnens sind ins Unermessliche gestiegen. Wohnungs- und Bodenpolitik müssen zentrale Aufgaben der Raumplanung sein.

Die Liste von Fragen kann beliebig fortgesetzt werden, etwa den öffentlichen Raum, den Freiraum, die Wasserversorgung und vieles mehr betreffend. Für die Beantwortung dieser komplexen Fragestellungen sind bestimmte Fähigkeiten vonnöten, die nur gemeinsam zu entwickeln sind. Insbesondere die Fähigkeit des Zusammendenkens von sonst disparaten Teilen, die Neugier auf das jeweils Andere, was außerhalb der Grenzen der eigenen Erfahrung, der eigenen Lehre liegt, die Bereitschaft zur Kooperation. Gleichermaßen geht es jedoch auch um Verantwortung: Eine Universität steht in der Verantwortung, etwas von dem zurückzugeben, was die Gesellschaft ihr gibt. Sie gibt ihr Raum und die Gelegenheit, eine gute Ausbildung zu vermitteln. Es steht der Stadt zu, einen Anspruch darauf erheben, etwas „zurückzuerhalten". Es ist wichtig, dass sich eine Fakultät als Ganzes in der Verantwortung sieht, vor Ort zu arbeiten. Dafür sind Projekte, Workshops und Wettbewerbe besonders geeignet. Das Planungsstudium lebt von der Projektorientierung. Nur so kann es gelingen, sich mit grundlegenden Fragen in der Öffentlichkeit auseinanderzusetzen.

Ich bin nicht als Wissenschaftler an die Universität gekommen, sondern als praktizierender Stadtplaner, Städtebauer und Architekt. Ausgebildet als Architekt ist es meine Überzeugung, dass die Aufgaben, die ich zeitweise zu lösen hatte, nicht als Architekt oder Raumplaner allein zu bewältigen gewesen wären. Beispielhaft hierfür stehen der Erhalt der Völklinger Hütte, der Abriss und die Wiederbelebung der Hochstraßenbereiche in Ludwigshafen am Rhein oder auch die IBA Emscher Park. Die IBA Emscher Park stand exemplarisch für innovative Verfahren, Baukultur, Wettbewerbe und Transformation. Nur aus dem gemeinsamen, übergreifenden Verständnis heraus ist es überhaupt möglich gewesen, diese Projekte zu realisieren.

Als wir 2001 einen Workshop in Hamburg durchführten, kam es zu einem Ereignis, das mir einen herben Schlag versetzte: die Anschläge vom 11. September. Der Mann, der damals das Flugzeug in das World Trade Center hinein lenkte, war ein Stadtplaner. Ein Hamburger Absolvent des dortigen Planungsstudiengangs. Ich war, obwohl ich ihn nie kennengelernt hatte, in den Grundfesten meiner Überzeugung erschüttert, und ich fragte mich, ob etwas mit dem, was ich bisher gemacht hatte, nicht stimmen konnte. Bis dahin war ich stets der Überzeugung, dass jemand, der an einer Universität studiert hat und als Absolvent mit all seinen Fähigkeiten und Verpflichtungen unterwegs ist, keinen solch zerstörerischen Akt begehen könne. Mit all den Folgen, die ich damals noch gar nicht richtig absehen konnte. Und dann passierte etwas für mich sehr Besonderes: Die Pratt University in Brooklyn in New York, an der wir vorher gearbeitet hatten, lud mich ein. In Brooklyn waren viele Bürgerinitiativen aktiv, die sich den drängenden Fragen stellten: Wie konnte es zu dieser Katastrophe kommen und wie setzen wir uns damit auseinander? Wie hinterfragen wir die Art, in der wir unser Leben führen, wie wir uns abhängig gemacht haben von Öl, Ölgeschäften und von Waffenexporten? Wie müssen wir das Thema „Stadt" möglicherweise neu denken, damit wir in der Lage sind, die richtigen Antworten zu finden? In unseren Debatten kamen wir zu dem Schluss, dass es für die Stadt andere Lösungen braucht als die, nur ein schönes Gebäude wiederherzustellen oder einen Stadtteil zu überplanen. Das hat auch bei mir einiges verändert. Von den Interviews mit den Kuratorinnen und Kuratoren und vielen anderen Verantwortlichen der Nationalen Stadtentwicklungspolitik ist mir ein Gespräch mit Bischof Meister in Erinnerung geblieben. Bischof Meister war zuständig für die Kontakte zwischen evangelischer Kirche und Bund. Er sagte: „Die Utopie der Stadt ist die Integration des Fremden".

Longue durée der Moderne: Architektur und Städtebau seit 1800 in Kaiserslautern und anderswo

Matthias Schirren

Wie kommt das Neue in die Welt? Historiker aus dem Umkreis der Zeitschrift *Annales d'histoire économique et sociale*, die seit den Dreißigerjahren des 20. Jahrhunderts die Methoden der Geschichtsschreibung sozialgeschichtlich ausrichteten, fanden dafür den Begriff der *longue durée*. Er meint nicht nur den langen Vorlauf, den ein einzelnes Ereignis in der Tiefe der Zeit mitunter hat. Gemeint ist vielmehr eine Art raumbildender Rahmen, eine Struktur, in der sich Ereignisse überhaupt erst in ihrer Multiperspektivität entfalten können.[1] An Architektur und Städtebau lässt sich solch historischer Tiefenraum besonders gut demonstrieren. Er entspricht ihrer Permanenz, ihrem eigensinnigen Fortbestehen über die flüchtigen Daten von Entwurf, Errichtung und Einweihung hinaus, auch ihrem Hineinragen in spätere Zeiten, denen sie, je nach Standpunkt und Interesse, gerade als Struktur immer wieder neu erscheinen können. Aber auch in Schriftstücken, dem klassischen Arbeitsgebiet der Historiker, macht sich die *longue durée* dem Kundigen bemerkbar (Bloch et al. 1977). Um beides, Schriftstücke wie Bauten (bzw. städtebauliche Planungen), soll es im Folgenden gleichermaßen gehen. Und um die Menschen, die sie produzierten bzw. schufen und die häufig mit beträchtlichem Vorlauf Grundlagen für das legten, was spätere Generationen ernteten. Im Positiven wie im Negativen.

Vorläufe, Parallelen, Kontinuitäten

Wenn wir heute nach der Moderne fragen, dürfen wir nicht bei der Moderne des Bauhauses der 1920er Jahre stehen bleiben. Vielmehr gilt es, den historischen Gesamtkomplex jener Moderne in den Blick zu nehmen, die mit der Französischen Revolution begann und bis in die Gegenwart fortwirkt. Kaiserslautern als Stadt bietet sich zur Nachzeichnung der architektonischen Fährnisse seit 1800 gerade wegen seiner randständigen und

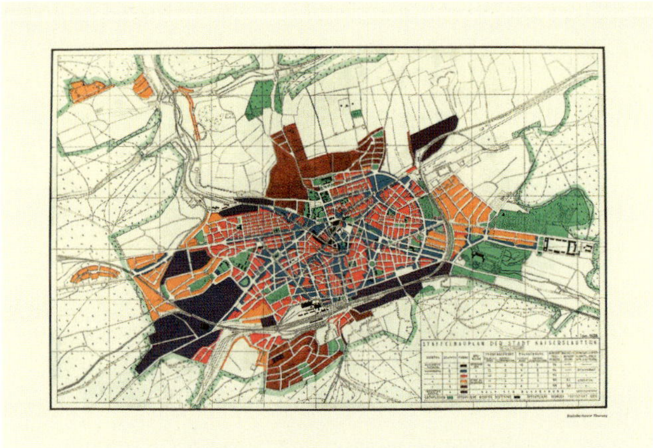

Abb·1
Kaiserslautern, Staffelbauplan, Hermann Hussong, 1928 (Quelle: Stadtarchiv Kaiserslautern)

Abb·2
Kaiserslautern, Museum Pfalzgalerie (ehemaliges Gewerbemuseum), Carl Spatz, 1875–1880 (Foto: Alicia Clemens)

provinziellen Lage an, die Prozesse langsamer verlaufen lässt als in Metropolen. Zwar ist es einstmals auch Residenz gewesen. Seit dem 17. Jahrhundert war es aber bloß mehr eine unbedeutende Landstadt, die, zumal seit dem „Kroatensturm" während des Dreißigjährigen Krieges, jede überregionale Bedeutung verloren hatte.[2] Erst mit dem Beginn der Industrialisierung hatte die Stadt wieder zu wachsen begonnen. War sie unter Napoleon lediglich noch Station auf dessen *route impériale* von Mainz über Metz nach Paris – der aus der Achse der Stiftskirche gedrehte Baukörper der Adlerapotheke war auf diese kaiserliche Fernstraße hin orientiert –, so brachte der Bau der Ludwigsbahn unter der Ägide der Bayerischen Könige, die den Rhein mit den Kohle- und Eisenvorkommen des Saarlandes verband, der Stadt auch wieder wirtschaftliche Bedeutung.

Wie sehr staatliche Bemühungen der zweiten Hälfte des 19. Jahrhunderts die sogenannte Klassische Moderne der 1920er Jahre präfigurieren, zeigt das weltberühmte Thüringer Beispiel: In seinem ersten Manifest von 1919 gab sich das Weimarer Bauhaus unter seinem Gründer Walter

Gropius noch als Vereinigung der ehemaligen Großherzoglichen Kunstgewerbeschule und einer bis dahin selbstständigen, ebenfalls Großherzoglichen Hochschule für Bildende Kunst zu erkennen. Die Zusammenlegung von handwerklicher und akademischer Ausbildung künstlerischer Berufe in einer neuartigen Institution, die sich programmatisch nicht Schule, nicht Hochschule und auch nicht Akademie nannte, zog die Konsequenzen aus Entwicklungen, die in Deutschland nicht erst mit dem Untergang des Kaiserreiches im Ersten Weltkrieg virulent geworden waren.

Den Durchbruch dieser Denkungsart, die Neues wollte und doch das Alte nicht in Bausch und Bogen ablehnte, hatte bereits Mitte des 19. Jahrhunderts ein deutscher Revolutionär europäischen Geistes eingeleitet, nämlich der Architekt Gottfried Semper (1803–1879), den es nach den Dresdener Mai-Unruhen von 1849, wo er dem Barrikadenbau vorgestanden hatte, via Paris nach England verschlagen hatte (Nerdinger 2003). Sempers Denkschrift *Wissenschaft, Kunst und Industrie*, die er unter dem unmittelbaren Eindruck der Londoner Weltausstellung von 1851 publizierte, hatte bereits die Einrichtung von Mustersammlungen gefordert und ihre Verknüpfung mit Ausbildungsstätten für Handwerk, Kunsthandwerk und Architektur. In der Schrift war bereits manches von dem angelegt, was später auch das Bauhaus prägte. Mit ihr begründete Semper jene breite Kunstgewerbereformbewegung, die in zahlreichen Städten zur Errichtung von Gewerbemuseen mit angegliederten Schulen führte, nicht nur in Berlin, sondern auch in Wien, wo Semper selbst das wohl größte dieser Kunstgewerbemuseen in Europa errichten durfte, und schließlich auch in einer Stadt wie Kaiserslautern, die linksrheinisch gelegen, seit dem Wiener Kongress von 1815 zum Königreich Bayern gehörte. Abb. 1, 2

In der Nachfolge der semperschen Stillehre, die die Renaissancearchitektur als ein noch bildbares, modernes System zu verstehen versuchte, zeigt der von dem Architekten Carl Spatz (1845–1907) entworfene Kaiserslauterer Museumsbau die Formen der Neorenaissance. Spatz, dessen Vater bereits Architekt gewesen war und der in München wohl bei Gottfried Neureuther studiert hatte, wurde 1874 der erste Direktor des Museums und zugleich Vorsteher der in dessen Sockelgeschoss untergebrachten Bauschule. Unter der Ägide von Spatz wurde für das Museum der Nachlass von Lorenz Gedon (1843–1883) erworben, der 1876 mit der Gestaltung der Münchener Ausstellung „Unserer Väter Werk" berühmt geworden war, einem Meilenstein des Historismus.

Spatz unterrichtete eine Neorenaissance, die, provinzialisiert und den Verhältnissen einer pfälzischen Industriestadt angepasst, maßgeblich für das architektonische Erscheinungsbild der Stadt um 1900 wurde: An repräsentativen Stadtachsen entstanden Bauten, häufig aus Klinker oder Backstein, deren sandsteinerne Gliederungselemente die Renaissance referenzieren. Sein eigenes Haus, am Platz vor der Königlich Bayerischen

Abb · 3
Kaiserslautern, Villa Spatz, Lagenstraße 4, Carl Spatz, 1886 (Foto: Sabrina Dohle)

Präfektur (dem heutigen Polizeipräsidium) in der Nähe des Hauptbahnhofes errichtet, versah Spatz zusätzlich mit auffälligen Gusseisengeländern. Sie entstammten der Fabrikproduktion seines Schwiegervaters, des aus dem saarländischen Sulzbach stammenden Ingenieurs Friedrich Karl Euler (1823–1891), der einer der Gründer der unweit des Spatz'schen Hauses am Bahndamm gelegenen Eisenwerke Kaiserslautern war, einer der ersten Aktiengesellschaften der Stadt, die sich heute im Besitz des amerikanischen Rüstungskonzerns General Dynamics befindet.[3]

Ein Gegenstück im Werk von Spatz ist die Villa des Steinbruchbesitzers Kröckel, die sich – wohl mit Bezug auf die Sandsteinunternehmung des Bauherrn – aller moderner Materialien an der Fassade enthielt. Das ikonografische Programm des vom Straßenrand zurückversetzten malerischen Bauwerks ist überbordend. Das Selbstverständnis des Eigentümers war paternalistisch. Kröckel ließ seine Mitarbeiter allwöchentlich direkt bei sich zu Hause entlohnen. Seine Nachfahren gehörten noch in den 1930er Jahren zu den einflussreichen Grundbesitzern in der Stadt. Sein Haus liegt am Stadtpark, für dessen ursprüngliche Gestaltung der Gartenarchitekt Heinrich Siesmeyer (1817–1900) und sein Unternehmen verantwortlich gezeichnet hatten, die Schöpfer des Frankfurter Palmengartens. In Kaiserslautern blieb die Umbauung des Stadtparks mit repräsentativen Bauten allerdings Fragment. Auch das in den 1950er Jahren auf der Nordseite des Parks errichtete öffentliche Hallenbad wurde in den 1980er Jahren aufgegeben und zugunsten eines – obgleich öffentlich bezuschusst – privatwirtschaftlich errichteten Altenheims wieder abgerissen. Abb · 3, 4

Stadtplan, Städtebau, Autobahnbrücken

1887, knapp eineinhalb Jahrzehnte nachdem Kaiserslautern mit dem Gewerbemuseum seinen auf lange Zeit repräsentativsten Neubau

Abb · 4
Kaiserslautern, Villa Kröckel, Pirmasenser Straße 59, Carl Spatz, 1886 (Foto: Sabrina Dohle)

bekommen hatte, füllte der Bauamtmann Eugen Bindewald den von dem Eisenbahnbaupionier Paul Camille von Denis (1796–1872) in weitem Bogen um die Feuchtgebiete der Stadt gelegten Schienendamm mit einem geometrischen Straßenmuster auf. Er gab der Stadt eine Ringstraße, die es erlaubte, das verwinkelte alte Zentrum, das sich zwischen dem Bahnhof im Süden und dem sonnenbegünstigten Bauland rund um den Museumsbau im Norden legte, großräumig zu umfahren.

Der Plan, in der Tradition des Karlsruhers Reinhard Baumeister (1833–1917), war großzügig, zunächst sogar zu großzügig bemessen. Als mit dem jungen Hermann Hussong 1909 Bindewalds Nachfolger ins Stadtbauamt kam, war eine seiner ersten Amtshandlungen, die Anpassung der schnurgeraden Straßen und viel zu großen Plätze an eine organisch weiche, auf funktionale Erfordernisse reagierende Bebauungslinie. Verpönt waren bei Hussong auch die zerklüfteten Platzwände älterer Provenienz, die in ihrem Zentrum ebenso wie an ihren Ecken von Straßeneinmündungen zerschnitten waren. Hussong legte die Straßen so, dass ein geschlossener, beruhigter Raumeindruck entstand.

Der gebürtige Pfälzer Hermann Hussong (1881–1960) war in München ausgebildet worden.[4] Hier hatte er auch das von dem Werkbundgründungsmitglied Theodor Fischer in den 1890er Jahren entwickelte Instrument des Staffelbauplanes kennengelernt. Es erlaubte, den Stadtkörper wie eine Plastik nach höher und niedriger bebauten Grundstücken und Grundstücksteilen zu differenzieren. Natürlich hatte das auch finanzielle Auswirkungen. Als sich nach dem Ersten Weltkrieg mit der Neuordnung des Wahlrechts die Möglichkeit ergab, die Macht der Grundbesitzer im Stadtparlament zurückzudrängen, nutzte Hussong, der in der Weimarer Zeit zu einem politischen Beamten aufstieg, die Gelegenheit zur gesetzlich verbindlichen Verabschiedung dieses Planes. Dabei suchte er von Beginn an für übergreifende Projekte auch das Bündnis mit den gemeinnützigen

Abb·5 Kaiserslautern, Wohnanlage Fischerstraße 25, Hermann Hussong, 1919–1927 (Foto: Bernhard Friese)

Abb·6 Kaiserslautern, Rundbau (1926–1928) und Buntes Viertel (1919–1925), Hermann Hussong (Foto: Bernhard Friese)

Abb·7
Kaiserslautern, Waschmühltalbrücke, Paul Bonatz, 1935–1937 (Foto: Postkarte)

Wohnungsbaugenossenschaften, die im Umbruch 1918/19 in Kaiserslautern gegründet und Anfang der 1920er Jahre zu einem gemeinschaftlichen Unternehmen, der Bau AG, fusioniert worden waren.

Die Bau AG blieb nicht der einzige Verbündete. Hussongs stadtbildprägende Tätigkeit umfasste weit mehr als die immer wieder genannten Siedlungen an der Fischerstraße (1920 bis 1923 von Reparationsgeldern des Reiches für die französische Besatzung errichtet), das westlich gelegene sogenannte Bunte Viertel (1926) und natürlich den Rundbau (1928–1930) mit seinen grellen Farben. Seine architektonischen Referenzen finden sich sowohl im Berlin der 1920er Jahre (Hufeisensiedlung in Britz) als auch in den legendären Hofbebauungen des Roten Wiens der Zwischenkriegszeit. Abb·5, 6

Von den Planungen der NS-Zeit wurden nach dem Zweiten Weltkrieg die im Sinne der sogenannten Stuttgarter Schule architektonisch aus der Landschaft entwickelten Brücken über das Waschmühltal und über das Lautertal wiederaufgebaut. Ihr Architekt war Paul Bonatz (1877–1956) gewesen. Wo die Waschmühltalbrücke Abb·7 mit ihrer Bogenstellung die Enge des Tals, das sie überspannt, architektonisch thematisierte, waren die weitgestellten Pfeiler unter den Stahlträgern der Großbrücke einige hundert Meter weiter westlich das brückenbauliche Analogon zum lichten Lautertal. Das als künstlerischer Kontrast Zusammengehörige beider Bauten wurde von der Denkmalpflege nicht erkannt. In den Zehnerjahren des 21. Jahrhunderts ließ man die Lautertalbrücke im Zuge einer vor allem von den US-Truppen in Ramstein immer wieder geforderten Fahrbahnverbreiterung durch ein Betonbauwerk ersetzen. Der Waschmühltalbrücke setzte man eine Konstruktion an die Seite, deren groß dimensionierte Hängetrossen die feine Linienführung des Altbaus als eine Art Landmark überragen. Das mag noch angehen. Aber indem man den Abstand zwischen den beiden als getrennte Bogenstellungen ausgeführten Fahrbahnen des Altbaus auch noch rüde überdeckelte, beraubte man die

Abb·8
Kaiserslautern, Ausstellungspark (zeitgenössische Aufnahme), Hermann Hussong, 1925 (Foto: Die Bauzeitung, 18. Dezember 1926, 22. Jg., Heft 50)

Brücke des raffinierten Spieles einfallenden Lichts zwischen den Pfeilern. Obwohl sie noch steht, ist die Brücke heute ästhetisch zerstört (Schirren 2017).

Verluste

Nur 40 Prozent der Bauten von Kaiserslautern waren bei Kriegsende noch benutzbar. Nicht wenige qualitätvolle Ensembles wurden aber ohne Not auch nach 1945 noch abgerissen. Hermann Hussongs kürzlich unter heftigem öffentlichem Protest und mit fadenscheinigen Argumenten abgerissene sogenannte Sanitätskolonne an der Augustastraße aus dem Jahr 1913 war samt ihrer Feuerwachenerweiterung aus dem Jahr 1927 ein so unauffällig-selbstverständlicher, gerade deshalb identitätsstiftender Teil der Stadt geworden, dass ihre planmäßige Zerstörung erst viel zu spät bemerkt wurde.

Schon Ende der 1950er Jahre traf es mit den zwar im Krieg beschädigten aber keineswegs unrettbaren Ausstellungshallen im Osten der Stadt – sie waren mit ihrem Ehrenhof auf die von Neustadt an der Weinstraße heranführende Bahnstrecke orientiert – eine der repräsentativsten Anlagen der 1920er Jahre in Kaiserslautern. Vom Geld einer wohltätigen Stiftung finanziert, hatte Hussong die Gründung der Bauten in dem sumpfigen Gelände aufwendiger herstellen lassen als unmittelbar notwendig,

Abb·9
Kaiserslautern, Villa Gläser, Eselsfürth 22, Hans Herkommer, 1928/29 (Foto: Pawlik)

um zu einem späteren Zeitpunkt daran anknüpfen zu können. Das wurde ihm zu Beginn des Dritten Reiches als Veruntreuung von Spendenmitteln ausgelegt. In den 1950ern rettete die Qualität der Ausführung die Bauten dennoch nicht. Sie wurden – gegen den Protest des für die Architektur der Stadt damals zuständigen Architekten Tinti, dem die Stadt das heute unter Denkmalschutz stehende Casino für die französischen Besatzungsoffiziere in der Schneiderstraße verdankt – von einem Sprengkommando der Bundeswehr niedergelegt. Abb·8

Als ich mich 2010, kurz nach meiner Berufung an die hiesige Universität, um ein verfallendes Landhaus der 1920er Jahre am östlichen Stadtrand kümmerte, die sogenannte Villa Gläser, Abb·9 ehemalige Wohnstatt eines in der Region bekannten Sammlers moderner Kunst, der den Stuttgarter Kirchenbaumeister Hans Herkommer mit dem Bau beauftragt hatte (Schirren 2010), wandte ich mich auch an den damals bereits emeritierten Albert Speer und seine Stiftung, um gegebenenfalls zusammen mit Stadt und Universität ein Finanzierungskonzept entwickeln zu können, mittels dessen man die Villa hätte retten können. Speer, zunächst aufgeschlossen, winkte ab, als er hörte, dass die politische Stadtgemeinde Kaiserslautern im Spiel sein würde. Hier wirkten ganz offensichtlich Erfahrungen nach, die er in seiner hiesigen Zeit an der Universität mit der Stadtgemeinde gemacht hat, für die er sich noch zu Beginn seiner Tätigkeit vehement eingesetzt hatte. Speers Skepsis sollte sich bestätigen: Als der Herkommer-Bau

Abb·10
Kaiserslautern, ehemalige Pfaff-Werke, Königstraße 154, Peter Paul Seeberger, 1955–1958 (Foto: Sabrina Dohle)

Abb·11
Kaiserslautern, Rathaus, Willy-Brandt-Platz 1, Roland Ostertag, 1964–1968 (Foto: Alicia Clemens)

einige Zeit später veräußert wurde – hier hätte die Stadt im Rahmen des Vorkaufsrechts zugreifen müssen – verschleierte man den Besitzerwechsel der interessierten Öffentlichkeit und ließ zu, dass ein Käufer die Immobilie erwarb, in dessen Eigentum schon ein anderes denkmalgeschütztes Objekt der Region dem Verfall überlassen worden war. Heute ist auch die Villa Gläser nicht mehr zu retten.

Ein Einschnitt, der bis heute nachwirkt

Mit Hussongs Entfernung durch die Nationalsozialisten (befeuert in Denunziationschreiben von Grundbesitzern und von konkurrierenden Handwerkern und Architekten) im Jahr 1933 aus dem Amt, in das er auch nach dem Zweiten Weltkrieg nicht zurückkehrte (Hussong 2005), verloren Architektur und architektonische Stadtplanung in Kaiserslautern die starke Position, die der Stadtbaurat ihnen unter den Bedingungen der Weimarer Republik zum Wohle des Stadtbildes geschaffen hatte. Trotz hervorragender Einzelleistungen, wie solcher von Mitgliedern der Architektenfamilie Seeberger und des Stadtbaurates Tinti, der aber 1945 nicht in der starken

Position eingestellt wurde, über die Hussong einst verfügte (was einer eigenen Studie bedürfte), gelang es nicht, an diese Tradition wieder anzuknüpfen. Das neue Verwaltungsgebäude der Pfaff-Werke von Peter Paul Seeberger aus den 1950er Jahren konnte vor einigen Jahren nur durch den Denkmalschutz dem drohenden Abriss entzogen werden. Seeberger selbst hat Kaiserslautern noch in den 1950er Jahren verlassen, um im Saarland inzwischen hochgeachtete Bauten zu errichten.

Kurz vor der Universitätsgründung im Jahr 1970 glückte mit Roland Ostertags Turmbau des Neuen Rathauses neben den Ruinen der staufischen Pfalz (auch dessen – allerdings konträrer – Vorlauf in den Gauhauptstadtplanungen der späten 1930er ist historisch bislang nicht reflektiert) noch einmal ein großer architektonischer Wurf. Und es verwundert nicht, dass er einem überregional ausgeschriebenen Wettbewerb entstammte, auch wenn es zusätzlich des beherzten Eingriffs des Oberbürgermeisters Walter Sommer bedurfte, damit Ostertags im Wettbewerb nur mit dem dritten Preis prämierter Entwurf ausgeführt werden konnte.

Mit dem Bau griff die Stadt, an der Schwelle zur Großstadt, gewissermaßen nach architektonischen Sternen. Ostertag, ein ehemaliger Assistent des Stuttgarter Architekturtheoretikers Jürgen Joedicke (1925–2015), der die CIAM-Akten des berühmten Team-X-Kongresses von 1959 in Otterlo herausgegeben hatte (Joedicke 1961), bezog sich mit seinem feinsinnigen Bau auf niemand Geringeren als den Japaner Kenzo Tange und seine brutalistische Übersetzung der Shinto-Tradition seines Heimatlandes in die vom architektonischen Metabolismus seiner Schüler geprägte Gegenwart der 1960er und 1970er Jahre (Schirren 2018). Abb·10

Der erste Neubau für die damalige Doppeluniversität Trier-Kaiserslautern, das sogenannte Verwaltungs- und Verfügungsgebäude auf dem in den Wald am Pfaffenberg eingeschlagenen Campus, knüpfte kurz darauf in seiner Horizontalgliederung noch an das Rathaus an. Das Verwaltungs- und Verfügungszentrum steht bis heute nicht unter Denkmalschutz, aber das muss nicht schlecht sein. Denn die Zukunftsfähigkeit von Architektur und Städtebau wird sich unter den Bedingungen von Klimakatastrophe und neuem Imperialismus auch in Kaiserslautern vor allem daran erweisen, was und wie man dem gebauten Erbe Neues entlocken kann. Auch die *longue durée* der Moderne ist schließlich nie bloße Vorlaufzeit gewesen, sondern vielmehr immer schon ein zur Freiheit im Überkommenen öffnender Vorstellungsraum. Er ist wahrnehmbar, auch wenn man ihn in Kaiserslautern immer wieder negiert. Abb·11

Anmerkungen

1 Zusammenfassend hierzu Braudel, Fernand: *Raum und Geschichte*. Stuttgart 1992.
2 Zur bloßen Ereignisgeschichte siehe Friedel, Heinz: *Kaiserslautern. Von den Anfängen bis zur Reichsgründung*. Kaiserslautern 1992, sowie Friedel, Heinz: *Kaiserslautern. Von der Kaiserzeit bis zur Universitätsgründung*. Kaiserslautern 1998. Einen inspirierten Überblick vermittelt die Festschrift Mack, Dietrich: *Kaiserslautern – Aspekte und Perspektiven einer Stadt. 700 Jahre Stadt Kaiserslautern 1276–1976*. Kaiserslautern 1976.
3 Zur Firmengeschichte siehe Eisenwerke Kaiserslautern: *100 Jahre Eisenwerke Kaiserslautern. Die Geschichte eines deutschen Unternehmens. EWK 1864–1964*. Wiesbaden 1964.
4 Den besten Überblick zu Hussong bietet Christmann, Daniela (Hg.): *Die Moderne in der Pfalz. Künstlerische Beiträge, Künstlervereinigungen und Kunstförderungen in den zwanziger Jahren*. Heidelberg 1999, S. 98–124.

Literatur

Bloch, Marc/Braudel, Fernand/Febvre, Lucien u. a.: *Schrift und Materie der Geschichte. Vorschläge zur systematischen Aneignung historischer Prozesse*. Herausgegeben von Claudia Honegger. Frankfurt am Main 1977
Braudel, Fernand: *Raum und Geschichte*. Stuttgart 1992
Christmann, Daniela (Hg.): *Die Moderne in der Pfalz. Künstlerische Beiträge, Künstlervereinigungen und Kunstförderungen in den zwanziger Jahren*. Heidelberg 1999, S. 98–124
Eisenwerke Kaiserslautern: *100 Jahre Eisenwerke Kaiserslautern. Die Geschichte eines deutschen Unternehmens. EWK 1864–1964*. Wiesbaden 1964
Friedel, Heinz: *Kaiserslautern. Von den Anfängen bis zur Reichsgründung*. Kaiserslautern 1995
Friedel, Heinz: *Kaiserslautern. Von der Kaiserzeit bis zur Universitätsgründung*. Kaiserslautern 1998
Hussong, Ulrich: „Die Absetzung von Oberbaudirektor Hermann Hussong in Kaiserslautern im Jahre 1933". In: *Kaiserslauterer Jahrbuch für Pfälzische Geschichte und Volkskunde*. Band 4, 2004, S. 199–221
Joedicke, Jürgen: *CIAM'59 in Otterlo. Arbeitsgruppe für die Gestaltung soziologischer und visueller Zusammenhänge. Dokumente der modernen Architektur*. Band 1. Stuttgart 1961
Mack, Dietrich (Hg. im Auftrag der Stadtverwaltung): *Kaiserslautern – Aspekte und Perspektiven einer Stadt. 700 Jahre Stadt Kaiserslautern 1276–1976*. Kaiserslautern 1976
Nerdinger, Winfried (Hg.): *Gottfried Semper. 1803–1879. Architektur und Wissenschaft* [anlässlich der Ausstellung „Gottfried Semper 1803 – 1879" im Architekturmuseum der TU München in der Pinakothek der Moderne (4. Juni–31. August 2003) und im Museum für Gestaltung Zürich (1. November 2003–25. Januar 2004). München 2003
Schirren, Matthias (Hg.): *Moderne Architektur exemplarisch. Hans Herkommer (1887–1956). Katalog zur Ausstellung in der Architekturgalerie Kaiserslautern*. Kaiserslautern 2010
Schirren, Matthias: „Von Brücken und Landschaften". In: *Die Rheinpfalz* vom 07.01.2017
Schirren, Matthias: „Kyoto, Hiroshima, Kaiserslautern". In: *Die Rheinpfalz* vom 15.12.2018

Integrierte Städtebaulehre in den 1970er Jahren

Gerold Reker

Die Gründungsidee der TU Kaiserslautern

Die Historie der Technischen Universität Kaiserslautern wurde im Zuge der Fünfzigjahrfeier umfänglich aufgearbeitet und beleuchtet. Das Memorandum der Landesregierung Rheinland-Pfalz zur Gründung einer Landesuniversität datiert in den Juli 1969. Die konstituierende Sitzung des Strukturausschusses und des Organisationsausschusses tagte am 27.01.1970. Anschließend wurden sehr schnell Unterausschüsse, insbesondere für Berufungs- und Standortfragen, gebildet. Die kurze Zeitspanne zwischen Landesgesetz und Umsetzung lässt immer noch staunen. Im August 1970 übergab man die umgebauten Gebäude der ehemaligen pädagogischen Hochschule in Trier und Kaiserslautern an die Universität. Man ernannte die ersten Professor*innen der Universität. Zum Wintersemester 1970/71 waren bereits 650 Student*innen eingeschrieben. Am 15.10.1970 nahmen die Fachbereiche Mathematik, Physik und Technologie den Studienbetrieb auf.

Zum Fachbereich Technologie zählten Ingenieurfächer, die anfangs Berufsschullehrer ausbilden sollten. Von Anfang an waren selbstständige Fachbereiche vorgesehen. Architektur, Raum- und Umweltplanung und die Erziehungswissenschaften gehörten dazu. Bernhard Vogel, damaliger Kultusminister, gestand dies als strategischen, politischen Schachzug bei der Fünfzigjahrfeier ein. Die im Oktober 1970 in den Fachbereich Technologie eingeschriebenen Student*innen waren Lehramtsstudenten, die ein Studium an Ingenieurschulen/Fachhochschulen abgeschlossen hatten, und Student*innen, die mit dem Ziel „Diplom" in die höheren Verwaltungslaufbahnen einsteigen wollten. Rheinland-Pfalz hatte bis dahin keine Technische Hochschule. Vielen Student*innen blieb nur der Weg über die vier landeseigenen Ingenieurschulen. Die Fachhochschule Rheinland-Pfalz wurde 1971 eingerichtet und an verschiedenen Fachhochschulstandorten zu einer übergeordneten Fachhochschule zusammengefasst. Zu Beginn des Jahres 1971 hatte die Fachhochschule Rheinland-Pfalz insgesamt etwa 5000 Studierende. Der Weg über die Ingenieur-/Fachhochschule bot wenig Aufstiegschancen in den höheren technischen Verwaltungsdienst. Um das zu erreichen, brauchte es das Diplom einer Technischen Hochschule (TH) oder Universität (TU).

Wer diplomieren wollte, ging bis dahin an eine TH oder TU eines anderen Bundeslandes. Dadurch wanderten viele begabte Absolvent*innen an Hochschulen, in Büros oder in Verwaltungen anderer Bundesländer ab – und blieben dort. Viele Ingenieurstudent*innen der Siebzigerjahre kamen aus Bauberufen, hatten technisches Zeichnen gelernt oder kamen über eine Ausbildung als Techniker*in zur Ingenieurschule. In der Regel ohne Abiturabschluss. Für diese Studierenden gab es Sonderregelungen. Bei wachsenden Ansprüchen an Raum- und Landesentwicklung, Stadtentwicklung und Ortsentwicklung erkannte man die fehlenden Studienmöglichkeiten als Manko. Die TU Kaiserslautern sollte dieses Problem heilen. Im Oktober 1970 begann der Studienbetrieb, zum Wintersemester 1971 kamen weitere Student*innen hinzu. Im Frühjahr 1972 zog man in das Aufbau- und Verfügungszentrum (AVZ) ein.[Abb. 1] Die Zentrale Vergabestelle für Studienplätze in Dortmund (ZVS) vergab zum Wintersemester 1972 die ersten Studienplätze für die Abiturjahrgänge zum Studium der Architektur und der Raum- und Umweltplanung mit einem Numerus clausus.

Neue Studiengänge der Architektur und Raumplanung

1972 begann ich mit rund 30 bis 40 Kommiliton*innen mein Architekturstudium im Gebäude 1 in der Pfaffenbergstraße 95. Das Wintersemester 1972 galt als das erste offizielle „Abitursemester". Mit Einzug in das AVZ wurden die Fachbereiche Chemie und Biologie neu gebildet, und der bisherige Fachbereich Technologie wurde in die Fachbereiche Maschinenwesen, Elektrotechnik und Architektur/Raum- und Umweltplanung sowie Erziehungswissenschaftliche Begleitstudiengänge aufgeteilt. Die Abitursemester begannen 1972 ihr Studium unter der Kurzbezeichnung ARU/ERZ (und nicht ARUBI). Das Entstehen des Fachbereichs kann man einordnen, wenn man weiß, dass die Fachrichtungen ARU/ERZ unter „einem Dach" saßen. Sie hatten einen Fachbereich, eine gemeinsame Bibliothek. Man traf sich mittags in der „alten Mensa", die sich für alle im Gebäude 1 befand. Man saß beieinander, man kannte sich, man ging miteinander aus, man freundete sich an. Fachrichtungen gab es – aber man spürte sie kaum. Es gab einen gemeinsamen Fachbereichsrat. Die „Zentralbibliothek" (alte

Turnhalle) und der 1972 für Architekturstudenten zugängliche einzige Thermopapier-Kopierer waren Treffpunkte. Im Café warten und für Kopien anstehen war eine geübte Tugend.

Die Typologie des Gebäudes 1 mit der zentralen Erschließungstreppe, dem Fachschaftsraum (Glaskasten) und dem gemeinsamen Dekanat förderte Begegnungen. Die Doppeluniversität Trier-Kaiserslautern teilte man am 1. Januar 1975 in zwei eigenständige Universitäten. Zeitgleich teilten sich die Fachbereiche Maschinenwesen und Elektrotechnik. Der Fachbereich Informatik entstand. Er übernahm um 1974 auch die EDV-Schulung für den Fachbereich ARU/ERZ. Damit begann eine andere Zeit, als Raum- und Umweltplaner mit Päckchen von Hollerithkarten ins Rechenzentrum wanderten. Man entwickelte Analysen und Statistiken. Es war die Zeit der aufwendigen Bürgerbefragungen und statistischen Auswertungen. Auch hier war man wieder zusammen und erfuhr als Architekt eine Menge über Statistiken und Auswertungen.

Von 1972 bis 1975 (1975 die ersten Vordiplomabschlüsse) studierte man nach einem Studienplan, der – an Ingenieurschullehrpläne angelehnt – stark verschult war. 16 Fächer wurden anfangs nach dem Semester durch Klausuren geprüft, in der Vordiplomprüfung noch einmal überprüft und durch mündliche Prüfungen zusätzlich abgesichert. Studentische „Vorläufer" gab es nicht, man war auf sich allein gestellt. Lehrpersonal der neuen Fachhochschulen und Lehrbeauftragte wurden eingeworben. Verschulte Methoden waren dort noch verinnerlicht. Es gab zwar sehr gute Professoren und Lehrbeauftragte, die Menge des Abverlangten war dennoch schwer zu bewältigen. Eine steigende Zahl Studierender und ein dabei zahlenmäßig kleiner Mittelbau von Assistent*innen führte zu Engpässen. Helfen konnten sich die ersten Semester (nur) dadurch, dass sie versuchten, mit älteren, erfahrenen Semestern aus der ersten Phase zusammenzukommen. Diese an die vierzig Jahre alten Kommiliton*innen waren oft geschulte Entwerfer*innen oder Umsetzer mit langer Berufspraxis, Architekt*innen und Stadtplaner*innen, denen aber die Voraussetzungen oder der Abschluss für eine akademische Hochschulausbildung fehlten. Hürden waren häufig naturwissenschaftlich orientierte Fächer wie Statik, Bauphysik, Baustoffkunde, aber auch theoretisch angelegte Referate und Studienarbeiten. Es ergaben sich Win-win-Situationen für beide Seiten. Die Altersgruppen kamen sich gezwungenermaßen näher. Das geschah in einer damals umfangreichen Kneipen- und Weinstubenszene. Kaiserslautern galt zu der Zeit als die deutsche Stadt mit der höchsten Kneipendichte pro Quadratkilometer. Bauphysik, Statik und andere Hürdenfächer wurden gegen Entwurfs- und Konstruktionsratschläge getauscht.

Dazu gehörten Raum- und Umweltplaner wie Erziehungswissenschaftler, mit denen man gemeinsame Fachgebiete besuchte. Man lernte früh interdisziplinäres Denken kennen und fand Helfer, die einen häufig

Abb·1
Aufbau- und Verfügungszentrum (AVZ) Anfang der 1970er Jahre (Foto: TU Kaiserslautern)

auch nach dem Studium, zum Beispiel als zwischenzeitlich diplomierte Amtsleiter, helfend begleiteten. Die geschilderte Situation brachte es mit sich, dass die Abitur-Student*innen eine Studienreform einforderten. Der Allgemeine Studierendenausschuss (AStA) und Fachschaften hatten sich zu dieser Zeit formiert.

Erste Studienreformen

Zeitgeschichtlich sollte man dies in die „Nach-68er-Zeit" einordnen – zeitgleich mit dem Club of Rome 1972, der Olympiade in München 1972, der Ölkrise 1973, den Aktivitäten der RAF, der Schleyer-Ermordung 1974 und Mogadischu 1977. Eine Zeit, die nicht weniger aufgeregt war als die heutige. Engagierte Studierende führten vor, was ein Normalstudent (mit Abitur) an Leistungen – allein bis zum Vordiplom – zu erbringen hatte. Das Pensum wurde von der Fachschaft ARU/ERZ zusammengetragen und als dokumentierter „Mengennachweis" nachprüfbar in einem Seminarraum aufgebaut. Professoren, Mitarbeiter und der Prüfungsausschuss erkannten, dass das so nicht weitergehen konnte. Dies führte zu einer schnellen Inangriffnahme einer umfassenden Studienreform.

In dieser Phase zogen Architekten und Raum- und Umweltplaner/Stadtplaner an einem Strang, denn bis zum Vordiplom lief das Grundstudium überschneidend. Gemäß der Prüfungsordnung vom 26. April 1974 (hier zitiert Stand 4. Juni 1974) waren die Anforderungen in den Fachrichtungen

A Gestaltung
B Konstruktion
C Ingenieurwissenschaft
D Sonstiges

gemäß der Studienpläne:

→ Grundstudium Architektur/Grundstudium Raum- und Umweltplanung
→ Hauptstudium Architektur/Hauptstudium Raum- und Umweltplanung

so identisch, dass eine „Disziplinarität" kaum spürbar wurde. Architekten und Raum- und Umweltplaner/Stadtplaner studierten gemeinsam. Entwürfe von Architekten waren dabei eher im Bereich der Stadtplanung/Stadtplanerischer Entwurf angesiedelt als im Bereich Raum- und Umweltplanung. Es gab eine gewünschte Durchlässigkeit. Absolvent*innen dieser Zeit wechselten etwa zu Beginn der 1980er Jahre nach dem Diplom als Raum- und Umweltplaner als Assistent*innen in die universitäre Lehre der Architektur. So war das Fachgebiet „Grundlagen des Entwerfens und Gebäudelehre" regelmäßig auch mit Assistent*innen besetzt, die Absolventen der Stadtplanung waren.

Maßgabe wurde dabei ein Gestaltungsdenken, das nach dem Denkmalschutzjahr 1975 und mit dem Einsetzen der Postmoderne das Stadtbild und die Stadtgestaltung in den Vordergrund stellte. All dies erfolgte unter gemeinsamem Arbeiten und in gegenseitiger Wertschätzung. Der Fachbereich bewarb diese Zusammenarbeit sogar, indem eine Gruppe von Architektur- und Stadtplanungsstudierenden 1978 sechs große Wandpaneele entwickelte, die zu einer Gesamtschau zusammengefügt die Durchlässigkeit dieses Systems zeigten, und in einer großen Übersichtsausstellung europäischer Ausbildungsstätten in Paris große Beachtung fand. Die Tafeln zierten noch lange eine Wand des alten Dekanats.

Stärkere Ausdifferenzierung

Das Thema „gesellschaftliche Modernität" war bereits erkannt. Instinktiv, aber auch durch die Soziologie erforscht, spürte man die kommenden Auswirkungen einer entstehenden Struktur der „modernen Gesellschaft" durch anwachsende Differenzierung und Arbeitsteilung. Je differenzierter die Dinge, desto leistungsfähiger die einzelnen Teile. Je leistungsfähiger die einzelnen Teile, desto weniger eine Perspektive aufs Ganze. Man spürte, dass durch Spezialisierungen Abhängigkeiten entstanden. Die Teilung von Arbeit führt zur Teilung von Problemlösungen. Die Wechselwirkung dieser unterschiedlich differenzierten Teile erzeugt ein Problem. Man strebt danach, ein Mehr zu „produzieren", nach den eigenen im System steckenden Regeln. Man spürte weiter: Auf dieses Problem kann man nicht als Gesamtes reagieren, dafür sind die Differenzierungen zu stark. Sicher ein Problemkreis der auch heute, in Zeiten großer anstehender Transformationen, wieder zu betrachten wäre.

Daher gab es in den Siebzigern immer wieder den Versuch, die gleichzeitig wirksamen unterschiedlichen Logiken wieder in eine einzelne zurückzuführen (ein Problem, das bis heute in der Frage des Generalisten oder der des Spezialisten diskutiert wird). Deshalb darf es nicht verwundern, dass damals auch die Einbeziehung der Fachrichtung Bauingenieur in den Fachbereich bedacht wurde. Gehört hatte man von einem „Dortmunder Modell", einem gemeinsamen Ausbildungskonzept für Architektur und Bauingenieurwesen der TU. Der Architekt Harald Deilmann und der Ingenieur Stefan Polony hatten es 1974 initiiert. Ihr Ziel war, die seit dem ausgehenden 19. Jahrhundert getrennten Ausbildungswege für Architekten und Bauingenieure wieder zusammenzuführen. In der Projektarbeit sollte ein möglichst realistisches Abbild des Bauens generiert werden. Das Dortmunder Modell knüpfte an das Berufsbild des früheren „Baumeisters" an. Gedanklich versuchte man, dies auch in Kaiserslautern auf das Zusammenspiel von Architektur, Raum- und Umweltplanung, Stadtplanung und Bauingenieurwesen zu übertragen.

Am 1. September 1978 erfolgte die Trennung des Fachbereichs Architektur, Raum- und Umweltplanung sowie Erziehungswissenschaftliche Begleitstudiengänge in die Fachbereiche Architektur/Raum- und Umweltplanung und in die Sozialwissenschaften. Für den Fachbereich bedeutsam war schließlich die Einführung des Studienganges Bauingenieurwesen mit der neuen Fachbereichsbezeichnung ARUBI am 1. Oktober 1979. Zu dieser Zeit war dies der größte Fachbereich der TU Kaiserslautern. Im Bauingenieurwesen konnte man nach dem Grundstudium in zwei Vertiefungsrichtungen weiterstudieren:

→ Konstruktiver Ingenieurbau
→ Infrastruktur und Umweltschutztechnik

Die zweite Vertiefungsrichtung unterstützte Raum- und Umweltplanung/Stadtplanung wie Architektur. Der Wechsel der naturwissenschaftlich/ingenieurwissenschaftlich orientierten Fächer aus der Fachrichtung Architektur in die Fachrichtung Bauingenieurwesen führte zu einer Verlagerung und Unterstützung fachtechnischen Entwurfswissens in die ingenieurtechnische Forschungsbearbeitung, aus der die Architekten und Raum- und Umweltplaner von der Fachrichtung Bauingenieurwesen „beliefert" wurden. Der Architekturzweig war zu dieser Zeit stark auf das projektorientierte Entwerfen gerichtet. Wissenschaftliches Handwerkszeug erhielten die Architekt*innen durch begleitende Fächer in naturwissenschaftlichen (Bauphysik, Statik, Baustoffkunde) wie in gesellschaftlich orientierten Bereichen (Recht, Soziologie etc.). Königsdisziplin war aber der Entwurf in seiner klassischen Auslegung. In der Regel waren das objektorientierte Aufgaben, die nur bedingt aus städtebaulichen Analysen entwickelt wurden. Viele Studierende sahen das als Nachteil.

Auch der „Mittelbau" suchte neue Wege. Studierende – auf den Weg gebracht – folgten. Man erkannte, dass Wettbewerbe nicht allein unter der Betrachtung des einzelnen Objektes gewonnen werden konnten. Einflüsse von Mitarbeiter*innen und Stadtplaner*innen aus anderen Hochschulen wirkten sich ebenfalls aus. Zu Beginn der 1980er Jahre belegten Studierende zunehmend auch Entwurfsthemen des Städtebaus im sogenannten städtebaulichen Entwurf. Auch im konstruktiven Entwurf griff man gern auf die Fähigkeiten und Möglichkeiten der ingenieurtechnischen Disziplinen zurück. Im Umkehrschluss ließen sich Bauingenieure auch auf gestalterische Beratungen durch die Architekt*innen ein.

Kooperationen zwischen den Studiengängen

Die genutzten Möglichkeiten der Zusammenarbeit zwischen den verschiedenen Disziplinen der Architektur, des Bauingenieurwesens und der Raum- und Umweltplanung möchte ich noch einmal besonders hervorheben. Zwischen der wissenschaftlich und der entwurflich geprägten Lehre entwickelten sich mit der Zeit Diskussionen, die auf unterschiedlichen Denkansätzen beruhten. Während aus der Sicht der Architekten die Bauingenieure eine klare naturwissenschaftlich orientierte Vorgehensweise haben, gingen Raum- und Umweltplaner analytisch und statistisch unterlegt vor. Bei den Stadtplanern sah man eine Mischung aus Analyse und städtebaulichem Entwurf, während die Architekten eher dazu neigten, mit einem assoziativen Denkansatz Aufgabenstellungen zu lösen. Man spürt das heute noch deutlich in den Kammern. Man spricht häufig von Interdisziplinarität, insbesondere wenn es um Fragen einer qualitätvollen Baukultur geht, die ja die Disziplinen verbinden soll. In den Architektenkammern, die als Körperschaften Öffentlichen Rechts die Interessen und baukulturellen Fragen des Berufsstandes vertreten, zeigen sich Verhältnisse dergestalt, dass Mitglieder aus folgenden Fachrichtungen die Kammer bilden:

→ Freie Architekten/Angestellte und Beamtete
→ Stadtplaner
→ Landschaftsarchitekten
→ Innenarchitekten

Die Bauingenieure sind in einer eigenen Ingenieurkammer organisiert, die sich in Rheinland-Pfalz aus mehreren Ingenieurdisziplinen (nicht nur Bauingenieurwesen) zusammensetzt. Die Teilung von Arbeit führt zur Teilung von Problemlösungen. Man kann konstatieren, dass die

Wechselwirkung dieser unterschiedlich differenzierten Teile, die alle ein Mehr wollen, nach den ihnen eigenen Regeln und in ihrer Gesamtheit ein Problem erzeugen, auf das man nicht als Gesamtheit reagieren kann, weil die Differenzierungen so stark sind. Deshalb bemüht man sich in den Kammern, über den Tellerrand zu schauen. Denn selbst unter dem Dach der gemeinsamen Berufsbezeichnung „Architekt" tun sich die gleichen Probleme und Fragen auf, wie seinerzeit unter den in einem Fachbereich aufgestellten Studierenden.

Lösungsansätze

Wer heute über Veränderungen nachdenkt, muss wissen, dass er es nicht mit einer einzelnen Logik, sondern mit der Gleichzeitigkeit unterschiedlicher Logiken zu tun hat. Also muss man über ungewöhnliche Verbindungen nachdenken, wie es der Soziologe Armin Nassehi vor Kurzem sehr anschaulich in einem hörenswerten Vortrag beschrieben hat. Ungewöhnliche Verbindungen brechen Muster auf und erzeugen neue Lösungen. Als Studierende spürten wir das – vielleicht unbewusst. Es geht darum, aus dem Medium „Differenzierung", das besonders erfolgreich darin gewesen ist, die Logik zu entnehmen, die Differenzierung zum einen in Anspruch zu nehmen, sie andererseits aber auch zu unterlaufen, um Probleme zulösen.

In den Siebzigerjahren fehlte der Netzwerkgedanke. Man nannte es damals „Beziehungsgeflecht", aber inhaltlich war das etwas ganz anderes. Heute erkennt man *the strength of weak ties* – die Stärke schwacher Bindungen. Schwache Bindungen sind Netzwerke. Sie sind nicht vororganisiert. Aber gerade diese schwachen Bindungen verändern unseren Informationshaushalt. Wenn man nur mit den Menschen redet, mit denen man sowieso redet, die man sowieso kennt, kommuniziert man vielleicht mehr. Ob man aber an seinem Informationshaushalt etwas ändert, bleibt fraglich. Wenn man die schwachen Verbindungen in Anspruch nimmt, ist man überrascht von Informationen, die die eigenen Perspektiven zumindest einigermaßen verunsichern.

So lässt sich auch die Frage nach einer „Integrierten Stadtentwicklungsplanung" in den Siebzigerjahren beantworten. Der Begriff „Integrierte Stadtentwicklung" verweist auf die Notwendigkeit, Planungsprozesse nicht sektoral, sondern ganzheitlich zu gestalten. Der Begriff war zu der Zeit nicht geläufig (zumindest nicht den Architekturstudierenden). Ein integriertes Stadtentwicklungskonzept will die unterschiedlichen Interessen einer Stadt zu einer gemeinsamen Gesamtstrategie zusammenführen. Die Studierenden der Raum- und Umweltplanung und die der Stadtplanung werden das in den Jahren 1970 bis 1980 bereits gespürt haben. An der Umsetzung arbeiten sie noch heute.

Das Lehr- und Forschungsgebiet Stadtplanung 1995

Matthias Grunwald
Suzanne Mösel
Lothar Lukoschek

Lehre und Forschung in den Neunzigerjahren

Die Lehre von Prof. Albert Speer hatte drei wesentliche Säulen: Die Vorlesungen zur Wissensvermittlung, eine klare Projektorientierung, die es von den Studierenden abverlangte, das theoretisch Erlernte in die Planungspraxis umzusetzen, und die Anschauung von Best-Practice-Projekten im Rahmen von Fachexkursionen. In den Vorlesungen des Grundstudiums wurden methodische, stadtfunktionale und städtebauliche Grundlagen vermittelt. Schon sehr früh wurde den Studierenden klar, dass die Stadtplanung räumliche Konzepte und Prozesse erarbeitet und dabei insbesondere ökonomische, ökologische, soziale, gestalterische und technische Gesichtspunkte berücksichtigt. Stadtplanung wird also als eine fachübergreifende Disziplin begriffen, die auch den stärker architektonisch ausgerichteten Städtebau einbindet, der sich vor allem mit den sichtbaren und gestalterischen Aspekten befasst. Die räumliche und gelebte Nähe zu den planungsbeteiligten Fachdisziplinen in der Architektur und dem Bauingenieurwesen war die große Stärke des damaligen Fachbereichs ARUBI, und sie war das Alleinstellungsmerkmal der Raum- und Umweltplanung an der Universität Kaiserslautern gegenüber anderen Planungsstudiengängen in Deutschland.

Die von Prof. Albert Speer gehaltenen Vorlesungen im Hauptstudium zählten für viele Studierende zu den Höhepunkten ihres Studiums. Hier wehte der Duft der großen weiten Welt durch den Hörsaal in Kaiserslautern. Albert Speer behandelte Themen am Puls der Zeit und erläuterte den Studierenden, wie sich verändernde politische Rahmenbedingungen und fortschreitende Entwicklungen in Technik und Gesellschaft zu tiefgreifenden Veränderungen in der Raumentwicklung führen. Er zeigte auf, welche Antworten darauf national und international entwickelt wurden.

Abb·1
Broschüre *Planungen für die Universitätsstadt* des Lehrstuhls Stadtplanung 1992 (Quelle: TU Kaiserslautern)

Exemplarische Beispiele

Stadtreparatur: Zu Beginn der 1990er Jahre standen die Stadtreparatur und die Stadterneuerung Berlins im Mittelpunkt der nationalen Stadtplanung. Widerstreitende Fachdiskussionen um die kritische Rekonstruktion, insbesondere um den Wiederaufbau des Stadtschlosses und die neue Urbanität, griff Prof. Albert Speer auf und erörterte sie in seinen Vorlesungen.

Städtebauliche Wettbewerbe: Die zahlreichen internationalen städtebaulichen Ideenwettbewerbe zur Hauptstadt Berlin veranlassten Albert Speer zu einer Auseinandersetzung mit dem Planungsinstrument „Städtebaulicher Wettbewerb“. In seiner Veröffentlichung *Die intelligente Stadt* aus dem Jahr 1992 stellt er zehn Thesen für städtebauliche Wettbewerbe auf, die er in seinen Vorlesungen behandelte, ebenso wie innovative Planungsverfahren.

Nachhaltige Stadtentwicklung: Anfang der 1990er Jahre beschloss die Generalversammlung der Vereinten Nationen, die zweite Konferenz der Vereinten Nationen über Wohn- und Siedlungsfragen (HABITAT II) im Jahr 1996 zu veranstalten. Gleichzeitig setzte sie einen Vorbereitungsausschuss für diese Konferenz ein. Die nationale Vorbereitung auf HABITAT II und die Auseinandersetzung mit der „Habitat-Agenda“ zur nachhaltigen Stadtentwicklung waren Gegenstand der Vorlesung zur Stadtplanung.

Folgen der ICE-Anbindungen: Der ICE-Vorläufer InterCityExperimental wurde 1985 der Öffentlichkeit vorgestellt. Die Planung sah damals vor, die neuen Züge ab 1991 zunächst auf zwei Linien zwischen Hamburg und München sowie zwischen Hamburg und Basel über Frankfurt am Main einzusetzen. Albert Speer erörtere mit den Studierenden, wie Hochgeschwindigkeitszüge die Städte verändern werden, wie Metropolen zusammenwachsen und neue Mobilitätsmuster infolge von verkürzten Reisezeiten entstehen.

Stadterneuerung durch Mega-Events: Der Stadtumbau Barcelonas in Vorbereitung der Olympischen Sommerspiele 1992 war Gegenstand der Speer'schen Vorlesungen. Im Frühjahr 1994 wurde der erste Masterplan für das Weltausstellungsgelände der EXPO 2000 in Hannover von AS+P vorgelegt. Zunächst als städtebauliches Grundkonzept angelegt, musste es aufgrund der wachsenden Komplexität der Planungsaufgabe und der ständigen Veränderungen zu einem dynamischen Masterplan als zentrales Koordinations- und Steuerungsinstrument weiterentwickelt werden. Über diese Entwicklungen berichtete Albert Speer quasi tagesaktuell in seinen Vorlesungen.[Abb 1]

Bedeutung des Projektstudiums

Die Lehre war projektorientiert. Im Grundstudium wurde neben stadtfunktionalen und architektonischen Grundlagen die Methodik des städtebaulichen Entwerfens vermittelt. Über kleine Übungen wurde das Entwerfen erlernt. Die zentralen Maßstäbe waren auf Gesamtstadt- und Quartiersebene angesiedelt, also 1 : 5000, 1 : 2000, 1 : 1000, 1 : 500 und 1 : 250. Jeder Studierende der Raum- und Umweltplanung musste entwerfen – also das Entwerfen in den unterschiedlichen Maßstäben lernen. Trainiert und experimentiert wurde an konkreten Aufgaben – oft in enger Kooperation mit Kommunen. Skizzieren, Zeichnen und Modellbau waren wichtig. Ideen wurden ausgearbeitet, dargestellt und detailliert. Wer als Studierender noch nicht gut zeichnete, konnte es erlernen.

Die Lehre im Hauptstudium umfasste Tagesstegreife und Große Stegreife über 14 Tage ohne Betreuung sowie drei Große Entwürfe. Letztere wurden von Stadtplaner*innen, Architekt*innen, Landschaftsarchitekt*innen und Verkehrsplaner*innen gemeinsam betreut. Interdisziplinarität spielte eine große Rolle, das fachübergreifende Arbeiten war selbstverständlich und wurde den Studierenden intensiv vermittelt. Die Großen Entwürfe behandelten immer eine konkrete Planungsaufgabe. Es wurde je nach Themenstellung auf unterschiedlichen Maßstabsebenen gearbeitet. So wurden die informellen Planwerke der Stadtplanung wie Stadtentwicklungspläne, städtebauliche Rahmenpläne, Stadtteil- und Quartierskonzepte oder städtebauliche Nutzungsstudien eingeübt.

Das in der Vorlesung erlernte theoretische Wissen wurde in realisierbare Planwerke umgesetzt. Beispiele sind unter anderem die Entwicklung des Pfaff-Geländes Kaiserslautern (1991), das Stadtentwicklungskonzept Mainz (1995/96), die Innenstadtentwicklung Hanau (1996/97) oder das Städtebauliche Entwicklungskonzept Holtzendorffkaserne Kaiserslautern (1997/98). In Kooperation mit dem Planungsbeirat der Stadt Kaiserslautern wurden zwei Entwurfsworkshops „Vom Rathaus zum Hauptbahnhof" (1992) und „Rund ums Rathaus" (1996) durchgeführt. Letzterer beschäftigte

Abb·2 **Workshop in Arezzo 1994 (Foto: Lothar Lukoschek)**

sich in Vorbereitung der ersten Landesgartenschau in Kaiserslautern im Jahr 2000 insbesondere mit der Integration des Elementes Wasser (Lauter) in den öffentlichen Raum.

Internationale Entwurfsseminare

Die erlernten Fähigkeiten wurden in mehrwöchigen Entwurfsseminaren im europäischen Ausland vertieft. Ein gutes methodisches Fundament lässt sich in der Pfalz legen, aber danach musste der planerische Horizont deutlich erweitert werden. Die Großen Entwürfe in Lucignano, Arezzo, Pamplona und Kroměříž haben eine ganze Generation von studierenden Stadtplaner*innen und Architekt*innen geprägt, nicht nur fachlich, sondern auch als Motor der persönlichen Entwicklung. Sie gehörten zum internationalen Verständnis des Lehrstuhls dazu, genauso wie der Aufbau von internationalen Beziehungen und Austauschprogrammen für Studierende. Die Organisation lag hauptsächlich in den Händen der Assistenten. Prof. Speer kam regelmäßig „eingeflogen" und hat motivierend in die Korrekturen eingegriffen, abends auch gerne mal mit ein paar Flaschen Rotwein.

Kurz: In der Lehre von Albert Speer wurde „Handwerkszeug" vermittelt und anhand von Projekten erprobt. Im Vordergrund stand das „Machen" und das „Lösen von komplexen Aufgaben und Problemen". Über das Analysieren von räumlichen Problemen hinaus wurde Wert darauf gelegt, Zielvorstellungen und Handlungsstrategien zu entwickeln und diese in konkreten stadträumlichen Strukturen darzustellen. Kreatives Denken und Arbeiten war wichtig und wurde in Korrekturen, Stegreifen und Entwürfen verlangt. Diplomarbeiten bestanden aus einem Theorie- und einem Entwurfsteil. Entwürfe und Diplomarbeiten mussten in der Regel von den Verfasser*innen vorgestellt werden. Assistenten, Professoren und manchmal auch Gäste mussten von der Arbeit überzeugt werden, eine gute Schulung für den späteren Berufsalltag in Behörden und Planungsbüros. Abb. 2

Neugier für die Zukunft

Prägend für die Arbeit im Lehr- und Forschungsgebiet Stadtplanung waren die Neugier und die Offenheit des Lehrstuhlinhabers für Zukunftsthemen und neue Ideen. Neue Ideen mussten sich – und das war einheitliche Lehrstuhlauffassung – in klaren räumlichen Strukturen abbilden lassen. Gelang dies den Studierenden nicht sofort, wurde weitergearbeitet und experimentiert. Drohte das Experiment zu scheitern, gab es den väterlichen Rat des Lehrstuhlinhabers: „Versuchs doch mal mit Blöcken!"

Das Lehr- und Forschungsgebiet Stadtplanung 1995

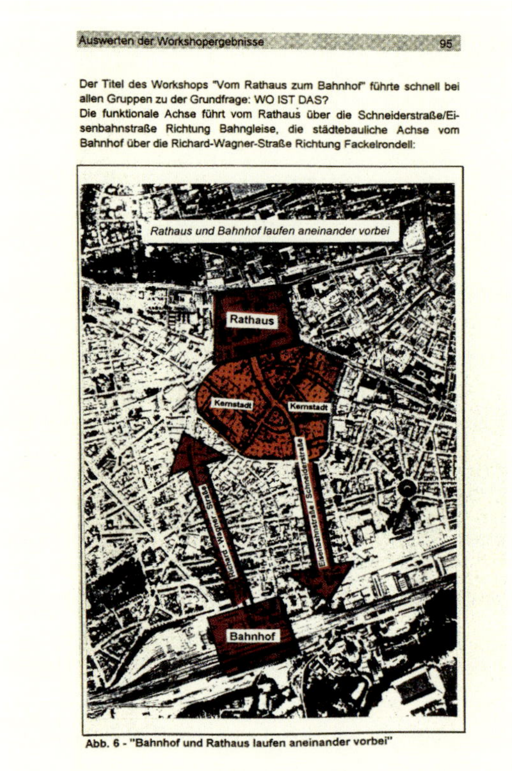
Auswerten der Workshopergebnisse 95

Der Titel des Workshops "Vom Rathaus zum Bahnhof" führte schnell bei allen Gruppen zu der Grundfrage: WO IST DAS?
Die funktionale Achse führt vom Rathaus über die Schneiderstraße/Eisenbahnstraße Richtung Bahngleise, die städtebauliche Achse vom Bahnhof über die Richard-Wagner-Straße Richtung Fackelrondell:

Abb. 6 - "Bahnhof und Rathaus laufen aneinander vorbei"

Abb · 3
Der Workshop im Städtebau
(Quelle: TU Kaiserslautern)

Forschung am Lehrstuhl von Prof. Albert Speer war ebenfalls wichtig, hatte jedoch angesichts der planungspraktischen Ausrichtung des Lehrgebietes nicht den vermuteten Stellenwert. Mit der Systematik der klassischen Drittmittelforschung hatte die damals praktizierte Forschung wenig gemeinsam. Die Forschung in den Neunzigerjahren war projektorientiert, im Kern anwendungsbezogen und weniger theoretisch. Als Alternative zur üblichen Dissertation hatten die wissenschaftlichen Mitarbeiter*innen zum Beispiel die Möglichkeit, in der vorlesungsfreien Zeit eigene Wettbewerbe zu bearbeiten, um sich auf diese Weise weiter zu qualifizieren. Darüber hinaus wurden am Lehrstuhl unter Mitwirkung der Hiwis regelmäßig städtebauliche Studien oder Planungsgutachten erarbeitet – häufig auch mit regionalem Kontext.

Schaukästen – Wissen, Kunst und Können

Die Raum- und Umweltplanung nutzt das Wissen vieler Fachgebiete und bedient sich wissenschaftlicher Methoden, eine eigene Raumwissenschaft musste erst aufgebaut werden. Die Übertragung dieses Wissens in die Berufspraxis war damals wie heute eine große Schwierigkeit.

Die Wirksamkeit der Planung hängt sehr vom Können der beteiligten Planer*innen ab und deren Fähigkeit, ihre Überlegungen anschaulich und nachvollziehbar darzustellen und zu präsentieren.

Für die Studierenden waren die Darstellung und Vermittlung ihrer stadträumlichen Entwurfsideen zum Ende des Semesters oftmals eine Herausforderung. Aus diesem Grund waren die Abschlusspräsentationen, die Kritik und der fachliche Austausch eine der wichtigsten Veranstaltungen im Semester. Die besten Arbeiten wurden in Schaukästen gehängt und dienten den unteren Semestern als Vorbild für zukünftige Projekte. Üblich war es auch, die Entwurfsergebnisse in einer Broschüre zusammenzufassen, die den Planungspartnern und beteiligten Kommunen als „Ideenpool" zur Verfügung gestellt wurde. Diese Entwurfsdokumentationen sind aus ihrer Zeit heraus zu verstehen, in der Sache waren sie jedoch Anschauungsmaterial und somit ein wichtiges Lehrmittel, das an die nachfolgenden Semester gerichtet war.

Pläne und Prozesse

Nach 25 Jahren hat sich auch in Kaiserslautern vieles geändert. Die Schaukästen sind weg. Die Flure der Fakultät wirken aufgeräumt und klinisch weiß. In der Nachfolge von Prof. Albert Speer wurde häufig postuliert, dass Raum- und Umweltplaner*innen nicht mehr entwerfen, sondern lediglich Pläne beurteilen müssen. Vor dem Hintergrund dieses Paradigmenwechsels und der Fokussierung des Lehrgebietes auf das Planungsrecht wurde ab 1998 das städtebauliche Entwerfen – eine Kernkompetenz der Kaiserslauterer Planerausbildung – auf ein Minimum reduziert.

Die Auswirkungen dieser Richtungsänderung sind bis heute deutlich spürbar. Bei den Absolventen ist die Entwurfsqualifikation, also die Fähigkeit, städtebauliche Aufgaben und Probleme kreativ und ideenreich zu lösen, nicht mehr vorhanden. Wer selbst nie Entwerfen gelernt hat, kann Pläne auch nicht auf deren Qualität und praktische Umsetzbarkeit hin beurteilen. Dieser Kompetenzverlust ist sowohl in den freien Büros als auch in den kommunalen Ämtern deutlich zu spüren. Gerade in den Kommunen ist der Verlust an planungspraktischem Know-how schwer zu kompensieren.

Angesichts der aktuellen Anforderungen an die Planungs- und Baukultur wird es daher dringend erforderlich, hier gegenzusteuern. Die vor uns liegenden Aufgaben wie Klimaschutz, Klimafolgenanpassung, Digitalisierung, Mobilitätswende, der Neubau von Stadtquartieren oder der Umbau von Bestandsquartieren können nicht ohne Kreativität und Entwurfskompetenz gelöst werden. Mit Sicherheit haben Planer*innen von Morgen andere Aufgaben als vor 25 Jahren. Sicher ist aber auch, dass komplexe Aufgaben nur interdisziplinär durch ein Zusammendenken von

Das Lehr- und Forschungsgebiet Stadtplanung 1995

Architektur, Grünordnung und Landschaftsarchitektur, Verkehrsplanung, Siedlungswasserwirtschaft, Städtebau und Stadtplanung in Verbindung mit passgenauen Planungsprozessen gelöst werden können. Daher ist es für die Planerausbildung von zentraler Bedeutung, die verloren gegangene Entwurfskompetenz und die Interdisziplinarität wieder in den Lehrplänen der Studiengänge zu verankern. Ein kontinuierliches Entwurfstraining während des gesamten Bachelor- und Masterstudiums befähigt dazu, erworbenes Fachwissen anzuwenden, gesellschaftliche und räumliche Probleme zu analysieren, Leitbilder und Planungsalternativen zu entwickeln sowie kreative Lösungen zu erarbeiten und darzustellen.

Angesichts der bevorstehenden Zukunftsaufgaben ist es an den Lehrstühlen endlich an der Zeit, die alten Grabenkämpfe zwischen theoretischen und praxisorientieren Planern zu beenden. Schließlich ist Planung praxisorientiert und kein Selbstzweck. Bei der Planung geht es um nichts anderes als um die gute Gestaltung der gebauten und nicht gebauten Umwelt – nicht mehr und nicht weniger.

Abb. 4
Albert Speer, Strategie zur Weiterentwicklung des Lehrgebiets „Stadtplanung" im Studiengang Raum- und Umweltplanung, 1996

UNIVERSITÄT KAISERSLAUTERN

Architektur/
Raum- und Umweltplanung/
Bauingenieurwesen

Prof. Dipl.-Ing. Albert Speer
Lehr- und Forschungsgebiet
Stadtplanung

Universität Kaiserslautern · Postfach 3049 · 67653 Kaiserslautern

Hausadresse:
Pfaffenbergstraße 95
67663 Kaiserslautern

Gebäude 1

Telefon (0631) 205-2547, 2343
Telefax (0631) 205-2430
Telex 45627 unikl d

Ihre Zeichen | Ihre Nachricht vom | Unsere Nachricht vom | Unsere Zeichen | Kaiserslautern

Strategien zur möglichen Entwicklung des Lehrgebiets „Stadtplanung" im Studiengang Raum- und Umweltplanung

---

Seit fast 25 Jahren werden in Kaiserslautern Raum- und Umweltplaner ausgebildet. Mittlerweile haben sich die Absolventen fest auf dem Arbeitsmarkt etabliert. Sie arbeiten in erster Linie in Stadtverwaltungen und in freien Architektur- und Planungsbüros oder haben sich als Spezialisten in den Bereichen Planungsrecht oder Ökologie mit eigenen Büros etabliert. Beispielsweise beschäftigt zur Zeit allein Albert Speer & Partner 18 Absolventen der Raum- und Umweltplanung aus Kaiserslautern als Stadtplaner. Gerade in den letzten Jahren zeigten sich die Absolventen überdurchschnittlich geeignet, den sich wandelnden Aufgaben der räumlichen Planung gerecht zu werden. Damit dies auch in Zukunft so bleibt, sollte die nun anstehende Neubesetzung des Lehrgebiets „Stadt- und Regionalplanung" genutzt werden, um die aktuellen Entwicklungen unseres Arbeitsfeldes im Lehrangebot nachzuvollziehen und um sich abzeichnende, künftige Veränderungen zu antizipieren. Dabei muß es auch ein Ziel sein, sich dauerhaft am liberalisierten europäischen Markt für Planungsleistungen zu behaupten. Das zukunftsorientierte Aufgabenspektrum der RU-Absolventen erscheint hierzu grundsätzlich besonders geeignet

Der weitaus größte Teil unserer Absolventen der Raum- und Umweltplanung arbeitet im weitesten Sinne als „Stadtplaner". Dies bedeutet natürlich nicht, daß hierzu überwiegend die vom Lehrgebiet „Stadtplanung" vermittelten Fähigkeiten nützlich sind. Es ist festzustellen, daß gerade ein durch die Gesamtheit des Lehrangebots vermitteltes, besonders breites Wissensspektrum den Anforderungen der Stadtplanung entspricht.

In einer Zeit schrumpfender ökologischer und ökonomischer Ressourcen sowie zunehmender Verrechtlichung und Politisierung der Planung findet der generalistisch orientierte Raumplaner in der Stadtplanung ein Arbeitsfeld, dem sich Architekten und Städtebauer immer weniger gewachsen zeigen. Dieser Entwicklung trugen durch die Einführung von „Stadtplanerlisten" bereits die Architektenkammern der meisten Bundesländer Rechnung.

Die Begriffe „Stadtplanung" und „Städtebau" sind nicht exakt definiert und werden bisweilen sogar synonym verwendet. Bedingt durch die fortlaufende Ausdifferenzierung unterschiedlicher Arbeitsfelder in diesem auf die menschlichen Siedlungen bezogenen Teil der räumlichen Planung haben wir uns allerdings angewöhnt, mit dem Begriff „Städtebau" die vorwiegend baukünstlerisch-entwerferisch orientierte Beschäftigung mit überschaubaren Gebäudeensembles zu bezeichnen. Unter „Stadtplanung" verstehen wir großflächigere Planungsaufgaben, deren besondere Problematik in einer Vielzahl von zu beachtenden Teilaspekten liegt. Neben dem künstlerischen Entwurf stellen ökologische und ökonomische Aspekte, der inhaltliche Abgleich zwischen unterschiedlichen Ingenieurtätigkeiten, die rechtliche Umsetzung der Planung und ebenso auch die strategische Steuerung des eigentlichen Planungsprozesses gleichberechtigte Element der Gesamtaufgabe dar. Grob vereinfachend könnte man nach dieser Definition erklären, daß Planungsaufgaben „zwischen" der reinen Gebäudeplanung (Architektur) und etwa dem Planungsmaßstab 1: 1000 mit besonderem Schwerpunkt im baukünstlerischen Entwurf als „Städtebau" zu bezeichnen sind. „Stadtplanung" umfaßt somit die Beschäftigung vom Entwurfsmaßstab 1: 1.000 bis hin zur Betrachtung des Siedlungskörpers in seiner Gesamtheit, etwa bis in die Maßstäbe 1: 10.000 und 1: 25.000. Dabei gewinnen ingenieurtechnische, juristische, umwelttechnische, landschaftsplanerische und managementorientierte Aspekte gegenüber dem eigentlichen Entwurf an Bedeutung.

Auch in der Planungspraxis findet diese Entwicklung mittlerweile ihren zaghaften Niederschlag. Immer häufiger scheitern großflächige und inhaltlich besonders anspruchsvolle Projekte, deren Entwicklungskonzepte allein auf das überkommene, eindimensionale Instrument städtebaulicher Wettbewerbe zurückzuführen sind. Kooperative Gutachterverfahren, strategisch angelegt und durch ganzheitlich orientierte Planer gesteuert, erlangen demgegenüber größere Bedeutung und erweisen sich in der Regel als zielführend. Der gesteuerte Planungsprozeß erlangt neben dem Entwurfskonzept die gleiche Bedeutung für den Erfolg des Vorhabens. Der Stadtplaner und Entwerfer wird weniger Baukünstler, dafür mehr Dienstleister und Steuerer. Dabei behält allerdings auch die dritte Dimension des Entwurfs ihre Bedeutung. Sie wird durch die sogenannte „vierte" Dimension, dem Planungsfaktor Zeit, ergänzt.

Für das so gewandelte und erweiterte Aufgabenfeld war der Raumplaner bislang besser gerüstet als seine Konkurrenten auf dem Arbeitsmarkt. Das erklärt die Erfolge der Absolventen gerade in der jüngeren Vergangenheit. Nun muß es Ziel der Ausbildung sein, diesen Vorsprung weiter zu entwickeln.

Grundsätzlich ist das vorhandene Lehrangebot mit seinem breiten Spektrum geeignet, weitgehend allen Anforderungen des beschriebenen Aufgabenfeldes gerecht zu werden. In den letzten Jahren ergänzt durch die Themen „EDV-Anwendung" und „Ökologie" sollte lediglich die weitere Vertiefung ökonomischer Aspekte der Siedlungsplanung die Ausbildung abrunden. Gleichzeitig ist zu bemerken, daß die Vermittlung der juristischen Ausbildungsinhalte auf gewohnt hohem Niveau sowie auch weiterhin ein enger Bezug zur Architektur von grundsätzlicher Bedeutung für den Erfolg der Absolventen in der berufspraxis sind.Gerade im weiteren Aufgabenfeld der Stadtplanung allerdings zeichnet sich aufgrund der beschriebenen Entwicklungen die Notwendigkeit einer Verschiebung von Ausbildungsschwerpunkten an.

In den ersten Jahren des Studiengangs vertrat das Lehrgebiet Stadt- und Regionalplanung die Ausbildungs- und Forschungsinhalte der Siedlungsplanung sozusagen in den Maßstäben 1: 200 bis 1: 50.000. Das Lehrgebiet Regional- und Landesplanung übernahm dann die kleineren Planungsmaßstäbe und künftig kann die Aufgabe des Lehrgebiets Stadt- und Regionalplanung auch formal auf „Stadtplanung" reduziert werden. Durch die spätere Einrichtung des Lehrgebiets „Ländliche Ortsentwicklungsplanung" wurde ein inhaltlicher Aspekt der Stadtplanung ausgegliedert. Beide Lehrgebiete arbeiten seitdem allerdings in den gleichen Maßstäben und gleichermaßen entwerferisch sowie planungsmethodisch grundsätzlich mit den gleichen Werkzeugen und Strategien an Aufgaben unterschiedlicher Siedlungsstrukturen. Die besondere Thematik des ländlichen Raumes, gerade auch im Hinblick auf den Standort der Universität Kaiserslautern bedeutet auch weiterhin eine sinnvolle Bereicherung des Lehrangebots. Dennoch konnte mit dieser Aufgabenverteilung nur bedingt eine notwendige Spezialisierung der Lehrgebiete erreicht werden. Erst in den letzten Jahren ergab sich aufgrund der Aktivitäten einiger Entwurfslehrgebiete der Fachrichtung Architektur der Ansatz einer Veränderung. Die Kollegen boten in nennenswertem Umfang „städtebauliche Entwürfe" auch für Studenten der RU an. Diese Entwicklung ist grundsätzlich zu begrüßen, kann allerdings nur dann zielführend sein, wenn es sich bei den gestellten Aufgaben tatsächlich um „Städtebau" handelte und nicht Stadtplanungsthemen, die lediglich eindimensional entwerferisch angegangen werden.

Das Lehrgebiet Stadtplanung muß auch weiterhin eine der zentralen Rollen in der Raumplanerausbildung besetzen. Seine Lehrinhalte müssen dazu den aktuellen Entwicklungen des Arbeitsalltags insbesondere der Stadtplaner angepaßt werden. Folgende drei Schwerpunkte sind zu erfassen:

1. **Der städtebauliche- und Stadtplanungsentwurf**
   Wie bisher werden in hohem Maße Entwurfsfähigkeiten zu vermitteln sein. Der städtebauliche- und Stadtplanungsentwurf muß eine der zentralen Aufgaben des Planers bleiben. Über die Angebote des Lehrgebiets Stadtplanung hinaus ist dazu weiterhin architektonisches Grundlagenwissen zu vermitteln, das im Entwurf zum Einsatz kommt. Das Lehrgebiet Stadtplanung stellt die wichtigste Schnittstelle zur Architektur dar.

2. **Der generalistische Planungsansatz**
   Dem generalistischen Ansatz des Berufsbildes muß gerade in der Stadtplanung - wie sonst nur bei der Vermittlung der planungsrechtlichen Kenntnisse - Rechnung getragen werden. Entwurf, Ingenieurdisziplinen, Ökologie und Ökonomie müssen durch den Stadtplaner zu einem durchgängigen Gesamtkonzept verwoben werden können. Dieses Konzept stellt das Produkt des Planers dar. Das Lehrgebiet Stadtplanung muß diesem generalistischen Ansatz in Lehre und Forschung gerecht werden.

3. **Prozeßorientierte Planungsmethodik**
   Neben den fachbezogenen Lehrinhalten wird zukünftig den Methoden und Werkzeugen der Steuerung von Planungsprozessen größere Beachtung beizumessen sein. Dazu sind strategisch-managementorientierte Inhalte zu vermitteln. Diese Fähigkeiten bilden die Grundlage für die mehr dienstleistungsbezogenen Aufgaben der Planer. Neben dem Entwurf bietet sich hier künftig ein zweiter Schwerpunkt der Zusammenarbeit mit dem Lehrgebiet „Computergestützte Planungs- und Entwurfsmethoden".

Dieser Forderungskatalog für ein zukünftiges Lehrgebiet „Stadtplanung" umfaßt ein sehr großes Spektrum, dessen qualifizierte Vertretung in Lehre und Forschung nur von einem generalistisch gebildeten und orientierten Kollegen erwartet werden kann, eben durch einen Stadtplaner im oben beschriebenen Sinn. Die Reduzierung des Lehrgebiets auf architektonisch orientiertes, städtebauliches Entwerfen oder aber alleine auf Planungsmanagement und -methodik würde die Arbeitsmarktchancen der Absolventen definitiv verschlechtern.

Selbst im besten Fall einer Neubesetzung aber muß nach Möglichkeiten der Einschränkung des Arbeitsspektrums gesucht werden. In erster Linie bietet sich hier die Aufteilung in je einen Lehrstuhl für Städtebau und für Stadtplanung an. Da dies zur Zeit nur schwer durchsetzbar ist, sollte die sich abzeichnende Annäherung seitens der Architektur zu einem ähnlichen Effekt genutzt werden. Auch weiterhin sollen städtebauliche Entwürfe von Lehrgebieten der Architektur angeboten und entsprechende Lehrinhalte vermittelt werden. In enger Abstimmung mit dem Lehrgebiet Stadtplanung muß dabei allerdings eine sinnvolle Aufgabenverteilung zwischen rein städtebaulichem Entwerfen, Stadtplanungs- und Städtebauentwurf gefunden werden. Im Gegenzug dazu wird es weiterhin auch für Absolventen der Fachrichtung Architektur eine Zusatzqualifikation darstellen, zumindest in Grundzügen das aktuelle Repertoire der Stadtplanung zu kennen und nutzen zu können. Wie bisher muß das Fach Stadtplanung zur Grundausbildung in der Architektur gehören. Darüber hinaus sollte zunehmend auch im Hauptstudium die Vermittlung der aktuellen Lehrinhalte der Stadtplanung an interessierte Studenten der Architektur möglich sein.

Kaiserslautern, 15. April 1996

A. Speer

Prof. Dipl. - Ing. Albert Speer

Abb·5 Feier zum 60. Geburtstag von Albert Speer an der TU Kaiserslautern 1994
(Foto: Lothar Lukoschek)

2. Innovationen für Planungsverfahren/Planung von Großprojekten

Reale Aufgaben als Labor für innovative Planungsverfahren: Reflexionen zum Gedenken an Professor Albert Speer

Bernd Scholl

Prolog

Raumplanung soll, vor dem Hintergrund nie versiegender räumlicher Konflikte, Lebensräume in erwünschter Weise gestalten helfen. Synergien mit Vorhaben aus anderen sektoralen Planungen sollen genutzt werden, um mit geringem Aufwand optimale Wirkungen für angestrebte Richtungen der räumlichen Entwicklung zu erzielen. Dies ist nur mit wirkungsvoller Koordination zu erreichen, und deshalb ist die Koordination raumwirksamer Tätigkeiten in vielen Ländern eine zentrale Aufgabe der Raumplanung. Effektive Koordination soll zu integrierten, gesamtheitlichen Lösungen führen. Formelle planerische Verfahren haben die in sie gesetzten Erwartungen nicht erfüllt. Stark ausgeprägter hierarchischer Aufbau, zu viele Entscheidungsebenen und lange Verzugszeiten sind Gründe dafür. Vor allem fehlt der organisatorische Rahmen, mögliche Lösungen in Rede und Gegenrede vorurteilsfrei und in Konkurrenz zu untersuchen. Typische Verhaltensweisen werden offensichtlich, wenn Personen, Gruppen und Organisationen mit Unübersichtlichkeit, Unsicherheit und Komplexität konfrontiert werden. Schutzziele verdrängen dann die Sachziele. Um das Geschehen in den Griff zu bekommen, werden Regeln – wozu auch Gesetze gehören – geändert und vermehrt, nicht zuletzt solche, die der Kontrolle dienen. Die Regeldichte wächst und mit ihr wachsen die Widersprüche. Falschen Regeln wird die Schuld zugewiesen, um sich zu schützen. Regeln zu umgehen oder zu brechen nimmt zu. Modelle und formalisierte Bewertungsverfahren wiegen in Scheinsicherheiten. Illusionen ersetzen die Wirklichkeit.

Aus all diesen Gründen werden informelle Ergänzungen benötigt, meist im Vorlauf zu formellen Verfahren, um den Diskurs bei der Suche nach den besten Lösungen zu stimulieren und in Rückkopplung mit den

Betroffenen Akzeptanz zu ventilieren. Das frühzeitige Einbeziehen gut vernetzter Akteure ist für die Akzeptanz und damit für das Realisieren von Lösungen wichtig. In der Schweiz mit ihrer direkten Demokratie sind wir es gewohnt, einmal gefundene Lösungen für raumbedeutsame Probleme aller Staatsebenen dem Volk zur Abstimmung zu unterbreiten. Dieses fordert und fördert Klarheit im Argumentieren in einer allgemeinverständlichen Alltagsprache und stellt vorgeschlagene Lösungen schon im Vorfeld auf den Prüfstand. Trotz dieser, für andere Länder kaum vorstellbaren, Mitwirkung der Bevölkerung, wird ihr frühzeitiger Einbezug auch in der Schweiz schon im Prozess der Lösungsfindung immer wichtiger. Dies geschieht, um Akzeptanz zu fördern und die hohen Aufwendungen bis zur Abstimmung bei einem „Nein" nicht abschreiben zu müssen. Eine immer besser ausgebildete und vernetzte Bevölkerung wünscht dies und hat ein Anrecht darauf, mit ihren Interessen ernst genommen zu werden.

Mindestens genauso wichtig erscheint es mir, integrierende Langfristperspektiven für Städte, Gemeinden und Regionen frühzeitig zu entwerfen. Hier ist die Raumplanung in der Pflicht, die Initiative zu ergreifen. Ihr Auftrag ist die „vorausschauende" Koordination. Aber vorausschauende Koordination ohne weitsichtige Vorstellungen über die räumliche Entwicklung von Regionen, von Städten und Gemeinden – wie wäre das möglich? Wie sollte ohne solche Vorstellungen erkannt werden, welche Themen und Räume von besonderer Bedeutung sind? Wie sollte erkannt werden, was koordiniert werden soll? Und wo sollten, bei stets begrenzten Mitteln, Schwerpunkte gesetzt werden? Ohne eine Vorstellung von der mittel- und längerfristigen räumlichen Entwicklung läuft die Raumplanung den sich weiter beschleunigenden Entwicklungen hinterher, sie reagiert und repariert bestenfalls. Wie sonst sind beispielsweise flächige Zersiedelung, zerschneidende Verkehrsbauten und Verheerungen durch Naturgefahren erklärbar? Die für übliche formelle Planungen verwendeten 20 Jahre Zeithorizont sind zu kurz gegriffen, zumal große Infrastrukturvorhaben meistens über einen weit längeren Planungshorizont verfügen.

Deshalb sind Akteure der Raumentwicklung aufgerufen, neben den klassischen Aufgaben der Koordination und der formellen Planung Initiativen für innovative Verfahren und Prozesse zur Lösung strategisch bedeutsamer Aufgaben zu ergreifen. Diese sogenannten informellen Verfahren ergänzen die formellen, ersetzen sie aber nicht. Durch informelle Verfahren sollen sich die unterschiedlichen Akteure auf Augenhöhe begegnen, ein gemeinsames Verständnis für die Ausgangslage und die unterschiedlichen Interessen entstehen. Vor allem aber soll ein organisatorischer Rahmen für gemeinsames Lernen an schwierigen Aufgaben geschaffen werden. Denn bei schwierigen Aufgaben ist die Lösung unbekannt, und niemand ist im Besitz letztgültiger Weisheiten. Das gilt auch für die „Planung der Planung".

Die für das Auffinden und Prüfen von Problemlösungen verwendbaren Modelle können wertvolle Einsichten und Grundlagen ergeben, doch sie ersetzen selten den realen Raum als Labor. Erst durch gemeinsames Testen möglicher und unterschiedlicher Lösungen entsteht das für die Realisierung so wichtige Verständnis der organisatorischen, sozialen, rechtlichen und politischen Zusammenhänge. Vieles kann man aus Büchern und im Studium lernen, noch mehr lehren persönliche Erfahrungen.

Wurzeln innovativer Verfahren: Rahmenplanung Olympia in Frankfurt am Main

Meine erste Anstellung Anfang der Achtzigerjahre fand ich damals im Frankfurter Büro Speerplan. Auf das Büro war ich als junger Absolvent der Technischen Hochschule Darmstadt beim Blättern durch eine Broschüre wichtiger deutscher Planungsbüros aufmerksam geworden. Die darin vorgestellten Referenzprojekte im In- und Ausland mit ihren unterschiedlichen Maßstäben und interdisziplinärer Zusammenarbeit faszinierten mich und weckten meine Abenteuerlust. Noch während meiner Diplomarbeit suchte ich das Büro auf, und schon beim Empfang sprang der Funke über. Das Klima hier schien anders zu sein als in allen Ingenieur- und Planungsstuben, die ich bis dahin kennengelernt hatte. Die unkomplizierte herzliche Begrüßung durch den Büroleiter, die Fragen nach meinen Interessen und vor allem die Frage, was ich nach dem Studium denn beruflich vorhätte, hinterließen einen bleibenden Eindruck. Eigentlich wollte ich nur nach Hinweisen für meine Diplomarbeit fragen, nun hatte ich eine Einladung zum „Mitmachen" als Hausaufgabe bekommen, die ich aber rasch löste.

Im Frühjahr 1980 begann meine Tätigkeit. Ich hatte das Glück, als etwas exotischer Bauingenieurabsolvent mit Städtebauvertiefung gleich in mehrere Aufgaben einbezogen zu werden. Besonders die Arbeiten am Museumsufer hatten es mir angetan. Frei über einen damals arg heruntergekommenen Stadtraum nachdenken zu dürfen und Vorschläge, insbesondere für die zukünftige Gestaltung der Verkehrs- und Freiräume inklusive einer neuen Fußgängerbrücke über den Main, dem späteren Holbeinsteg, unterbreiten zu können, all das erzeugte starke Motivation und bereitete große Freude. Bei diesem Projekt lernte ich auch Albert Speer kennen und mir schien, er schätzte meine Vorschläge.

Monate später fragte Albert Speer mich an, ob ich mir vorstellen könne, für einige Zeit in der Region Taif (Saudi-Arabien) im dortigen Team mitzuwirken. Kurzfristig würde ein Typ gebraucht, der auch vom „Ingenieurmäßigen", wie er sich ausdrückte, etwas Ahnung hätte. Für das Projekt hatte sich das Büro nach erfolgreichen Planungen für ein neues

Abb·1
Frankfurt: Blick in den Stadtraum am Main mit dem 2006 errichteten Holbeinsteg (Foto: Bernd Scholl)

Diplomatenviertel in Riyad empfohlen. Schon bald lernte ich, dass in einem absolutistischen monarchischen System andere Regeln als in einer Demokratie gelten. Kritik zählte wenig. Über Vorschläge entschieden wurde meist nach partikularen Interessen, auch wenn dabei sinnvolle Lösungen auf der Strecke blieben. Mindestens genauso verstörte mich das dort verwendete, offensichtlich angelsächsisch inspirierte hierarchische Planungssystem mit einem Masterplan, aus dem alle anderen Maßstabsebenen (Quartierpläne, Subquartierpläne bis hinunter zur Bordsteinkante) „abgeleitet" wurden. Plan und Realitäten lagen und liefen weit auseinander. Das konnte man auch vor Ort sehen. Deshalb habe ich bis heute große Vorbehalte gegen Masterpläne. Planer neigen dazu, von einem Plan zu träumen, der alle Probleme auf einen Schlag löst und der durch eine starke und einheitliche Führung realisiert wird. Im Hintergrund ihres Denkens lauert die Vorstellung von Planung als einem Projekt, ähnlich einem klar definierbaren Bauprojekt. Manche Politiker hegen ähnliche Illusionen. Das hindert zu erkennen, dass es sich bei komplexen Aufgaben der Raumentwicklung um eine schwierige Problematik handelt, die sich nicht auf einen Schlag mit einem „großen Plan" lösen lässt. Für das Lösen komplexer, strategisch bedeutsamer Aufgaben existiert keine Patentlösung. Deshalb bevorzuge ich in informellen Prozessen erarbeitete fortschreibungsfähige Konzepte und Programme.

All das regte mich zum Nachdenken über Planung an und bewog mich schließlich, mehr über Planung zu lernen. Ich beichtete Albert Speer meinen Entschluss, im Nachdiplomstudium Raumplanung an der ETH Zürich zu studieren. Er akzeptierte meinen Entscheid und gab mir alle guten Wünsche mit auf den Weg, nicht ohne mich zu fragen, ob ich nach dem zweijährigen Studium meine Erfahrungen nicht einmal an der TU Kaiserslautern vorstellen wolle. Natürlich sagte ich zu, war aber dann doch ziemlich überrascht, als ich 1984 eine Einladung zu einem Kolloquium erhielt. Damals berichtete ich über die Planungen zur Donauinsel in Wien, die ich als Assistent von Jakob Maurer an der ETH Zürich aus nächster Nähe kennengelernt hatte – eines der ersten innovativen informellen Verfahren. Die in Wien erstmals verwendeten Prinzipien wie „Ideenkonkurrenz", „Simultanverfahren" und „Kupplungen" wurden intensiv diskutiert (Freisitzer/Maurer 1984).

Noch mehr überrascht war ich, als mich eines Samstagnachmittags im Herbst 1986 ein Anruf von Albert Speer in Zürich erreichte: Ob ich mir vorstellen könne, an der Aufgabe für die Olympia-Bewerbung Frankfurts in seinem Büro an leitender Stelle mitzuwirken. Ich bat um eine kurze Bedenkzeit und schon am nächsten Tag rückte ich mit der Idee heraus: Ja, ich könne mir vorstellen mitzumachen, aber ich würde gerne mit einem eigenen Büro, das erst noch mit einem Schweizer Partner zu gründen wäre, mit ihm zusammenarbeiten. Nach einem Moment der Stille meinte ich, sein schelmisches Lächeln sehen zu können, und er bat mich, demnächst nach Frankfurt zu kommen. Wir nannten unser Büro Scholl + Signer, und unsere erste Aufgabe war, für die Olympia-Bewerbung ein Vorgehen zu entwickeln, das die faszinierenden Herausforderungen, aber auch die tückischen Klippen meistert. „Die weitreichendsten Fehler werden am Anfang gemacht" – dieser Satz meines Zürcher Lehrers Jakob Maurer leuchtete Albert Speer sofort ein, und er hat den Satz oft zitiert. Abb·1

Als Erstes schlugen wir vor, eine bürointerne Ideenkonkurrenz durchzuführen. Das war ein fast verrückter Vorschlag, denn es hieß, das dem Büro zur Verfügung stehende Budget mit anderen zu teilen. Aber die Gründe leuchteten Albert Speer ein. Konkurrenz spornt an, es eröffnet Möglichkeiten des direkten Vergleichs unterschiedlicher Ansätze durch unterschiedliche Teams und ihre jeweiligen Denkmuster. Und es eröffnete die Möglichkeit, Talente zu fördern. So entstand die Idee, auch ein Universitätsteam seines Lehrstuhls in Kaiserslautern (unter anderem den heutigen Geschäftsführer von AS+P Friedbert Greif) in die Konkurrenz einzuladen. Hinzu kam ein Team des Frankfurter Büros, ein Universitätsteam seines damaligen Partners von der Gesamthochschule Siegen und ein weiteres Team unter der Leitung des Landschaftsplaners Richard Bödeker.

Diese Teams arbeiteten simultan an einer von uns vorbereiteten Aufgabenstellung und sie hatten an zwei Terminen Gelegenheit, ihre Ansätze zunächst im Büro Speer zu präsentieren. Der im jeweiligen Team gereifte Ansatz wurde schließlich einem unabhängigen Expertengremium vorgestellt, das die gesamten Arbeiten der Olympia-Rahmenplanung begleitete. Diese Gruppe bestand mehrheitlich aus externen Experten und den Fachvertretern aus den Planungs-, Bau- und Sportdezernaten der Stadt Frankfurt. Für den Vorsitz konnte Jakob Maurer aus Zürich gewonnen werden, der sich mit Albert Speer gut verstand. Auch Tom Sieverts und der Landschaftsplaner Günther Grzimek sowie der Generalintendant der Bayerischen Staatstheater August Everding und der Herausgeber der FAZ Joachim Fest wurden von der Stadtregierung in dieses Gremium berufen. Wir nannten es das Olympia-Konsilium. Es diente als Plattform für den ungefilterten Austausch zwischen der Fachexpertise und den politischen Vertretern, darunter der damalige Oberbürgermeister von Frankfurt Walter Wallmann. Dies erlaubte die vorurteilsfreie Prüfung aller infrage kommenden Lösungen, also auch jener, die sich beispielsweise städtische Vertreter nicht vorstellen konnten. Dies würde es den Teams erlauben, kühne Ideen zu entwickeln, die sich dann im Kreuzfeuer fachlicher Kritik bewähren mussten. Dadurch entstanden robuste Konzepte, die auch dann funktionieren würden, wenn Frankfurt die Olympischen Spiele nicht erhalten sollte. Zwei der vier Teams, das „Team Kaiserslautern“ und das Frankfurter Speer-Team, kamen zu dem Schluss, dass die Olympischen Spiele der umfassenden inneren Erneuerung, Ergänzung und Ausgestaltung des Stadtraums am Main dienen sollten.

Dazu gehörte beispielsweise die Umnutzung des Westhafens und von Teilen des Osthafens sowie der Schlachthofareale auf der Südseite des Mains. Das zentrale Motto der Olympischen Spiele sollte „Urbane Spiele am Main“ lauten. Da die Chance des Zuschlags zur Austragung Olympischer Spiele nicht sehr hoch war, hieß eine andere zentrale Maxime: „Die Nachnutzung ist die Hauptnutzung“. Nach dem Fall der Berliner Mauer zogen alle deutschen Bewerberstädte ihre Bewerbung zugunsten von Berlin zurück. Aufgrund der faszinierenden Perspektive, eine neue belebte Mitte am Wasser zu kreieren, wurde das Staffelholz vom Olympia-Konsilium an ein neu gegründetes Konsilium Stadtraum Main (Vorsitz wiederum Jakob Maurer) weitergereicht. Die Umsetzung des Konzepts erfolgte jetzt unter der politischen Führung des Oberbürgermeisters Volker Hauff und des Planungsdezernenten Martin Wentz.

Drei zentrale bewährte Prinzipien innovativer Verfahren

Die in der Geschichte zur „Rahmenplanung Olympia“ erwähnten Prinzipien bilden bis heute den methodischen Kern innovativer Planungsverfahren (Scholl et al. 2018):

- → Konkurrenz der Ideen für das Erkennen der Spannbreite möglicher Lösungen
- → Unabhängiges Expertengremium zur Begleitung und Beurteilung von Lösungsvorschlägen
- → Verlässlicher und wohlüberlegter zeitlicher Ablauf

In der Schweiz hat sich aus diesen Prinzipien die Methode der Testplanung und der Ideenkonkurrenz durch viele Anwendungen als informelles Verfahren herauskristallisiert und auch etabliert (ARL 2011). Testplanungen nennen wir Verfahren, in denen für dominierende Problemstellungen durch verschiedene Teams alternative Lösungen gefunden werden sollen. Kerngedanke von Testplanungen ist es, Lösungsvorschläge für komplexe Schwerpunktaufgaben zu entwickeln. Unterschiedliche Ideen werden durch simultan an einer Aufgabe arbeitende Teams und im Wechselspiel von Entwurf und Kritik durch ein begleitendes Expertengremium auf Herz und Nieren geprüft. Die besten Vorschläge der einzelnen Teams werden schließlich wie Puzzleteile von einem Begleitgremium zu einem Lösungskonzept zusammengefügt. Der im Rahmen des Prozesses geführte Dialog liefert die argumentative Grundlage und qualifizierte Begründung für das Ausscheiden nicht verfolgenswerter Lösungen.

Ideenkonkurrenzen folgen denselben Prinzipien. Ihr Einsatz steht im Vordergrund, wenn grundsätzliche Ideen und Konzepte für Lösungen schwieriger Probleme in einem Bezugsraum gesucht werden, ohne dass ein spezielles Problem dominiert. Ein zentrales Element solcher Verfahren ist ein verlässlicher zeitlicher Ablauf. Im Kern geht es darum, die üblicherweise konsekutive Abfolge von Argumenten durch Gutachten und Gegengutachten in ein Simultanverfahren mit direkter Rede und Gegenrede zu überführen. Durch regelmäßige Treffen entsteht ein Planungsrhythmus und eine für alle Mitwirkenden verlässliche Zeitordnung. Im Wiener Modell wurden diese Treffen „Kupplungen" genannt. Dauer und Rhythmus solcher Kupplungen folgen eigenen Maximen zum zweckmäßigen Umgang mit der Zeit. Waren im Wiener Modell noch fünftägige Kupplungen im quartalsweisen zeitlichen Abstand die Regel, lässt sich diese zeitliche Intensität – insbesondere was die Dauer der Kupplungen angeht – aus verschiedenen Gründen nicht mehr aufrechterhalten. Wir arbeiten heute zum Teil mit kürzeren Zeitintervallen und auch mit kürzeren Kupplungen.

Paradigmenwechsel in der Schweiz: Siedlungsentwicklung nach innen

Wegen der Kleinheit der Schweiz und der begrenzten Flächenressourcen nahm die Raumplanung schon immer einen hohen Stellenwert ein, und dies nicht nur in den größeren Städten, sondern auch in der Peripherie. So konnte zum Beispiel 2008 die Transformation eines 110 Hektar großen Areals einer ehemaligen Zellulosefabrik im Raum Solothurn mittels Testplanungen bewerkstelligt werden: Nördlich der Aare entstand ein gemischt genutztes Quartier, südlich davon ein Standort für eine pharmazeutische Fabrik. Der zuvor nicht öffentlich zugängliche Flussraum der Aare wurde geöffnet und aufgewertet. Abb. 2

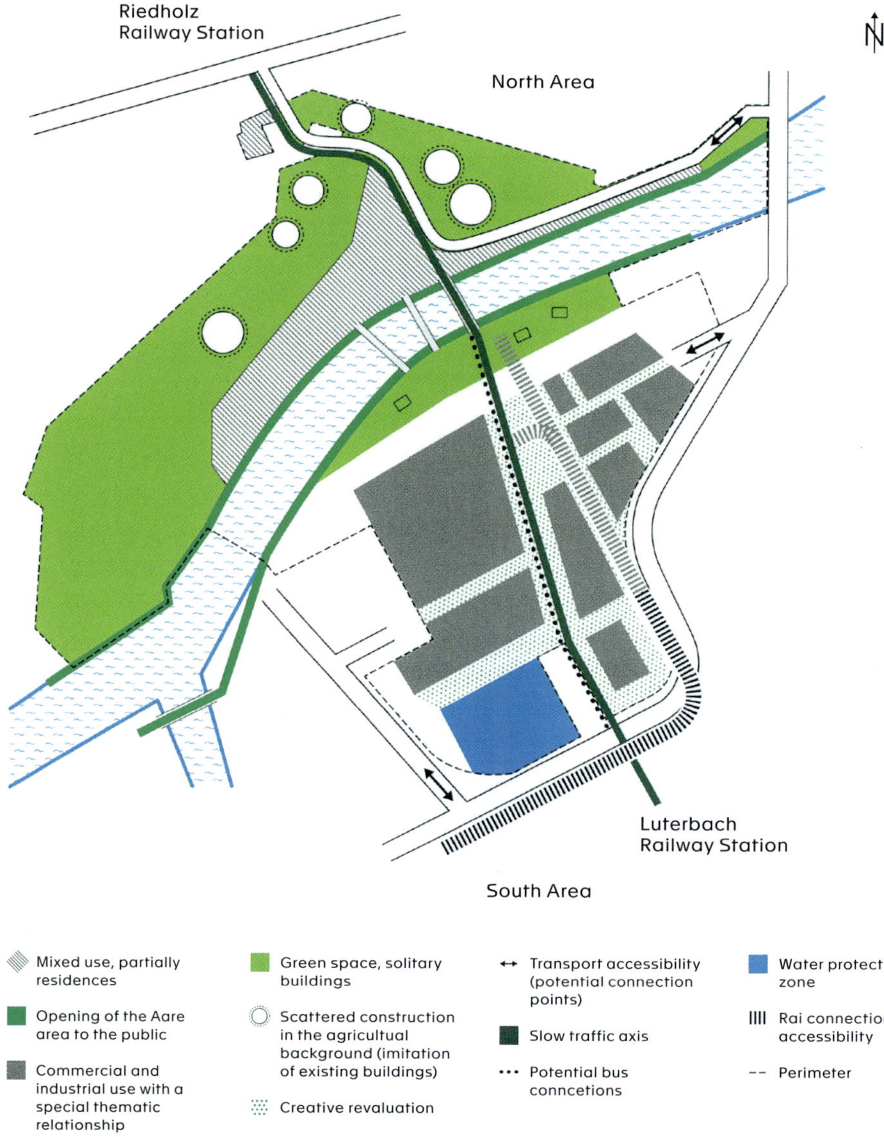

Abb·2 Rahmenplanung Testplanung Attisholz, Bericht des Beurteilungsgremiums (Quelle: DiSP 2017)

Wenngleich dieses und viele andere erfolgreiche Beispiele belegen, dass die Transformation des Bestands mit Qualität machbar ist, verhinderte es nicht, dass große Teile des Schweizer Mittellandes zersiedelt wurden. In den Berggebieten war der Zweitwohnungsbau ein Treiber des Flächenverbrauchs.

Erst mit der Revision des Schweizer Raumplanungsgesetzes 2014 setzte ein Paradigmenwechsel ein, weil die Bevölkerung der „Zubetonierung" der immer noch vielfältigen Kulturlandschaften nicht länger zusehen wollte. Der aus der sogenannten Landschaftsinitiative hervorgegangene Gegenvorschlag des Parlaments wurde großmehrheitlich von der Bevölkerung angenommen. Er verlangt prioritär eine Siedlungsentwicklung nach innen, und Bauen „auf der grünen Wiese" wird damit in den nächsten Jahrzehnten nur noch in Ausnahmefällen erlaubt sein. Deshalb werden kleinteiligere Flächen mit meist zersplitterter Grundstückseigentümerschaft für die Siedlungsentwicklung nach innen immer wichtiger. Testplanungen haben sich deshalb auch bei kleineren Planungsperimetern von wenigen Hektaren etabliert, weil dadurch frühzeitig ein Konsens über zielführende Konzepte unter den Grundstückseigentümern und Akzeptanz bei der betroffenen Bevölkerung erreicht werden kann.

Auf der anderen Seite wird auch im regionalen Maßstab mit informellem Verfahren experimentiert. So zum Beispiel mit der Ideenkonkurrenz im Limmattal, die ich kurz nach meiner Berufung an die ETH Zürich zusammen mit verschiedenen Gemeinden, den Standortkantonen und Bundesstellen initiieren konnte. Der Raum mit einer Bevölkerung von gut 200.000 Menschen gehört zu den am dichtest besiedelten in der Schweiz. Das rasche Wachstum führt zu zahlreichen grenzüberschreitenden Herausforderungen, die mit einer Ideenkonkurrenz angegangen wurden. Abb·3

Um die in der Konkurrenz entwickelten Ideen umzusetzen, wurde 2015 eine Trägerschaft „Regionale Limmattal 2025" gegründet. 2025 wird zum Abschluss eine regionale Projektschau durchgeführt, bei der die Ergebnisse zehnjähriger intensiver Zusammenarbeit mit der Bevölkerung gefeiert werden soll.

Die erfolgreiche Ideenkonkurrenz im Limmattal ermutigte, ein ähnliches Verfahren auch im Berggebiet zu erproben. Hier ergab sich die Gelegenheit im Urserntal im Kanton Uri. Die Region hatte ab 2006 mit der Transformation eines ehemaligen Militärareals in eine Tourismusdestination in Andermatt auf sich aufmerksam gemacht. Eine Ideenkonkurrenz startete 2019 als Wettstreit der Ideen (mit drei beteiligten Planungsteams) und beschäftigte sich mit der Siedlungs-, Landschafts- und Mobilitätsentwicklung sowie der regionalen Zusammenarbeit. Die besten Vorschläge der Teams wurden in einem konsistenten und robusten Konzeptbild zusammengefügt und stehen nun der Bevölkerung, der Politik und weiteren Akteuren als langfristiger Kompass zur Verfügung. Abb·4

Abb. 3
Das Limmattal – Raum von nationaler Bedeutung (Foto: ETH Zürich)

Epilog

Wie meinem persönlich gefärbten Beitrag zu entnehmen ist, habe ich Albert Speer viel zu verdanken. Er hat sich um innovative Verfahren bei herausgehobenen Aufgaben der Raum- und Stadtplanung verdient gemacht. Seine Bereitschaft, persönlich und mit seinem Büro Verantwortung für die Suche und das Ausprobieren innovativer Planungsverfahren zu übernehmen und auch Risiken einzugehen, zeichneten ihn aus. Das Beispiel der Olympia-Rahmenplanung zeigt für mich auch noch eine andere Stärke dieser außerordentlichen Persönlichkeit. Für ihn eröffneten solche Aufgaben Möglichkeiten, Talente zusammenzubringen, zu fördern und so Anlässe und Konstellationen für abenteuerliches Lernen zu schaffen. Und das ist es auch, was innovative Verfahren zu allererst auszeichnen muss. Einen Rahmen zu schaffen, der ein stimulierendes Klima für Zusammenarbeit, intensiven kritischen Austausch der Argumente, der verschiedenen Interessen und selbstverständlich auch für konstruktive Kritik bereitet. Denn niemand ist im Besitz der letztgültigen Weisheit. Und weil Planung in besonderer Weise mit Denkmustern, Sprache und Kultur eines Landes verbunden ist, jeder Ort seine eigene Geschichte hat und eine eigene Zukunft haben soll, gilt dies umso mehr.

Es sind diese „Erfahrungen", bei deren Schilderung man im Hörsaal in den Bann gezogen wurde. Albert Speer konnte aus einem reichen Fundus persönlich erlebter Erfahrungen aus den realen Aufgaben schöpfen. Für ihn waren solche Aufgaben immer auch ein Labor zum Ausprobieren neuer Ideen. Praxis befruchtet die Lehre. Im kritischen Austausch mit dem Nachwuchs wird das bestehende Wissen auf den Prüfstand gestellt, und dabei entsteht nicht selten Neues. Kritik zu üben und damit umzugehen lernen, ist eine der wesentlichen Essenzen für wissenschaftlichen

Abb. 4
Blick von Andermatt ins Urserntal (Foto: Uri)

Fortschritt. Karl Popper legt in seinem erhellenden Essay dar, dass schon Thales von Milet (624–538 v. Chr.) seine Schüler ausdrücklich zur Kritik an seinen Hypothesen ermutigte. Diese an nachfolgende Schulen weitergegebene kritische Haltung führte zur Tradition der kühnen Vermutungen und der freien Kritik, „welche die wissenschaftliche Methode hervorbrachte und mit ihr unsere westliche Zivilisation, die einzige Zivilisation, die auf Wissenschaft gegründet ist (allerdings selbstverständlich nicht auf Wissenschaft allein)" (Popper 2006). An den meisten Universitäten ist bei der Planungsausbildung deshalb die Projektarbeit an schwierigen realen Aufgaben der eigentliche Kern akademischer Studien in unserem Gebiet (Scholl 2008). Deshalb ist eine lösungsorientiere Ausbildung an den Hochschulen mit der Verantwortung verbunden, sich schwierigen realen Aufgaben zu stellen. Sie müssen die Freiräume dafür wieder schaffen oder zumindest bewahren, wenn es solche noch gibt.

Hier schließt sich für mich der Kreis. In späteren Jahren konnte ich mit Albert Speer bei verschiedenen Gelegenheiten über die Verantwortung der akademischen Freiheit sprechen. Wir waren uns darüber einig, dass Lehre, Forschung und Mitwirkung bei schwierigen praktischen Aufgaben drei zentrale Säulen universitären Wirkens sind. Neueste Erkenntnisse aus der Forschung können auf ihre praktische Bedeutung getestet werden, und umgekehrt befruchten eigene Erkenntnisse beim Lösen schwieriger Aufgaben die Forschung. Lehre und Forschung in unserem Gebiet beziehen sich immer auf die Zukunft und die im Nebel der Ungewissheit verborgenen zukünftigen Aufgaben. Ein rein akademisches Glasperlenspiel ohne Beteiligung an der vordersten Front schwieriger realer Aufgaben erscheint sehr fragwürdig. Theorie und Praxis stehen in unserem Gebiet in einem unverzichtbaren Wechselspiel. Unser wichtigstes Labor sind reale Aufgaben!

Literatur

ETH Zürich, IRL-Raumentwicklung: *Ideenkonkurrenz Perspektive Raumentwicklung Limmattal.* Projektbericht Zürich 2014

ETH Zürich, Professur für Raumentwicklung Limmattal: *Informelle Planungsverfahren in kleinen und mittleren Gemeinden. Ansätze und Empfehlungen aus der Planungspraxis.* Zürich 2019

Freisitzer, Kurt/Maurer, Jakob (Hg.): *Das Wiener Modell. Erfahrungen mit innovativer Stadtplanung. Empirische Befunde aus einem Großprojekt.* Wien 1985

Justizdirektion des Kantons Uri: *Lagebeurteilung Tourismusentwicklungsraum Urserntal.* Altdorf 2019

Justizdirektion des Kantons Uri: *Regionales Entwicklungskonzept Tourismusentwicklungsraum Urserntal 2040.* Altdorf 2021

Popper, Karl R.: *Die Welt des Parmenides. Der Ursprung des europäischen Denkens.* München 2006

Scholl, Bernd: „Neuere Erfahrungen mit dem Wiener Modell am Beispiel der Rahmenplanung Olympia Frankfurt". In: *Aspekte der Raumplanung in Europa. Festschrift zum 60. Geburtstag von Jakob Maurer.* Zürich 1990, S. 231–251

Scholl, Bernd: „Die Methode der Testplanung. Exemplarische Veranschaulichung für die Auswahl und den Einsatz von Methoden in Klärungsprozessen". In: *Grundriss der Raumentwicklung.* Akademie für Raumforschung und Landesplanung. Hannover 2011, S. 330–345

Scholl, Bernd: „Zur Bedeutung des Limmattals als Laborraum für die Schweiz". In: *Forschungslabor Raum. Das Logbuch.* Berlin 2012, S. 84–85

Scholl, Bernd: „Das Limmattal als Gesamtraum verstehen". In: Schlegg, Bruno (Hg.) *immo!nvest – Das Schweizer Magazin für Standorte und Immobilien.* Nummer 2, Dietikon 2015, S. 15–16

Scholl, Bernd (Hg.): *HESP – Higher Education in Spatial Planning. Positions and Reflections.* Zürich 2012

Scholl, Bernd/Perić, Ana/Signer, Rolf (Hg.): *Spatial Planning Matters! Inspiring Stories and Fundamental Topics.* ETH Zürich. Zürich 2018

Scholl, Bernd/Sieverts, Thomas/Natrup, Wilhlem: „Neue Ansätze in der Planungspraxis schaffen". In: *disP – The Planning Review.* 208, Band 53/1, Zürich 2017, S. 75–81

Scholl, Bernd/Staub, Bernard: *Test Planning: A New Method with a Future.* ETH Zürich. Zürich 2012

Schweizerischer Ingenieur- und Architektenverein (SIA): *Wegleitung zur Ordnung SIA 143 „Testplanungen".* Zürich 2018

Wékel, Julian (Hg.): *Zeitzeugen: Vom Museumsufer zum Stadtraum Main.* Wiechers Stiftung für Menschen. Darmstadt 2016

Internetlinks

https://frankfurt.de/themen/umwelt-und-gruen/orte/main, 27.01.2022
https://www.wien.gv.at/umwelt/gewaesser/donauinsel/, 27.01.2022
https://masraumplanung.ethz.ch/forschung/lehrfilme1.html, 27.01.2022
https://attisholz-areal.ch, 27.01.2022
https://regionale2025.ch, 27.01.2022
https://www.ur.ch/themen/4274, 27.01.2022

Strategische Handlungsfähigkeit in der Stadtentwicklung

Uwe Altrock
Grischa Bertram

Seit vielen Jahren scheint die Stadtentwicklung immer komplexer zu werden. Dies stellt vor allem in Metropolen mit vielfältigen und sich überlagernden Nutzungsansprüchen die Handlungsfähigkeit der Städte infrage. Immer wieder wird eine Beschneidung von Beteiligungsrechten oder eine Vereinfachung von Verfahren gefordert. Analysiert man die Verfahren genauer, wird jedoch deutlich, dass mit einer Verkürzung von Beteiligungsfristen nur wenig gewonnen wäre. Gründe für die lange Verfahrensdauer sind unter anderem Anforderungen der Rechtssicherheit, politische Auseinandersetzungen, Überlastung von Verwaltungen und lautstarke Proteste.

Hindernisse komplexer Stadtentwicklungsvorhaben

Neben vielen anderen Gründen behindern nicht selten manifeste Interessenkonflikte und mangelnde Strategiefähigkeit des politisch-administrativen Systems die Umsetzung von Stadtentwicklungsvorhaben. Relevant sind hier die hohen Anforderungen an Planungsprozesse und ihre Verrechtlichung, die lokalen Governance-Arrangements sowie die hohe Belastung der öffentlichen Verwaltung durch die Bewältigung einer sprunghaft gestiegenen Planungstätigkeit. Hinzu kommen die begrenzte Verfügbarkeit von Flächen, steigende Baukosten, eingeschränkte Kapazitäten im Bauwesen sowie kostenträchtige Energie- und Umweltauflagen. Gibt es vor dem Hintergrund dieser vielfältigen Hindernisse realistische Möglichkeiten, Stadtentwicklung zu beschleunigen, ohne wesentliche Qualitätsansprüche zu verletzen? Dies soll im Folgenden aufbauend auf einer Analyse bedeutender Wohnungsbauvorhaben in deutschen Großstädten umrissen werden.

Eine Verbesserung der lokalen Handlungsfähigkeit durch strategische Stadtentwicklungsplanung?

Immer wieder stoßen planende Verwaltungen auf Unverständnis, wenn sie sich für langfristig-strategische Planung einsetzen. Politiker möchten flexibel sein und sich nicht an abstrakte Pläne binden, gerade wenn sie glauben, ihre wesentlichen Entwicklungsrichtungen und Potenziale auch ohne Strategieprozesse zu kennen. Doch strategische Pläne verfolgen heute ganz andere Ziele als manche umfassende Stadtentwicklungspläne aus der Mitte des 20. Jahrhunderts:

→ Sie loten neue Entwicklungsrichtungen und disruptive Ansätze auf dem Weg zu einer nachhaltigeren Zukunft aus.
→ Sie geben Orientierung über einen engen Kreis von Fachleuten hinaus.
→ Sie bereiten auf mögliche unerwartete Zukünfte vor.
→ Sie setzen bewusste Prioritäten beim Einsatz knapper Ressourcen.
→ Bei aller Ungewissheit und Volatilität längerfristiger Entwicklungen sowie Unzuverlässigkeit von Prognosen sensibilisieren sie dafür, welche Voraussetzungen für bestimmte Entwicklungen zu schaffen sind.
→ Sie sichern dafür frühzeitig Flächen.
→ Sie erlauben eine Vorabeinschätzung möglicher Wirkungen, sodass notwendige Weichenstellungen frühzeitig erfolgen können und Sachzwänge möglichst nicht übermächtig werden.

Die Planungstheorie hat sich intensiv mit den Veränderungen des Strategieverständnisses auseinandergesetzt. Als wesentliches Merkmal neuerer strategischer Pläne wird immer wieder auch deren gewandeltes Selbstverständnis genannt (Albrechts 2004). Sie versuchen, Top-down- und Bottom-up-Ansätze zu verknüpfen, kurzfristigen Maßnahmen einen Rahmen zu geben und Schlüsselentscheidungen kontinuierlich anzuleiten. Wichtige Prinzipien sind Inklusivität, Anschlussfähigkeit und selektive, umsetzungsorientierte Priorisierung. Planer*innen formulieren dabei inhaltliche Visionen mit, sichern demokratische Standards und versuchen, Machtgefälle auszugleichen. Dafür werden kreative und differenzierte Lösungen durch Mobilisierung und Abgleich unterschiedlicher Interessen gesucht.

Ein solches Verständnis erscheint nach wie vor erstrebenswert, um die mittel- bis langfristige Handlungsfähigkeit der Stadtentwicklung zu sichern und auf stärkere Veränderungen der Rahmenbedingungen vorbereitet zu sein. Vielerorts ist die stärker neoliberal geprägte Phase zu Beginn der 2000er Jahre mit verantwortlich dafür, dass Stadtentwicklung nicht in ausreichendem Umfang über notwendige Ressourcen wie öffentliche Flächen oder planerische Fachleute verfügt, um in den Ballungsräumen mit einer angespannten Lage am Wohnungsmarkt in überschaubaren

Zeiträumen reagieren zu können. Künftig wird es stärker als bisher darauf ankommen, sich planerisch frühzeitig auf absehbare oder bevorstehende Veränderungen vorzubereiten. Dafür ist eine größere Kontinuität im strategischen Handeln erforderlich.

Perspektiven strategischer Planung – ein Blick auf aktuelle Wohnungsneubauvorhaben

Doch wie agieren Städte in der aktuellen dynamischen Stadtentwicklungsphase vor dem Hintergrund ihres angespannten Wohnungsmarkts? Dies wurde in einem Forschungsvorhaben für den vhw anhand von mehreren Fallstudien in Hamburg, Frankfurt am Main, Freiburg im Breisgau, Leipzig und München[1] genauer untersucht (Bertram/Altrock 2021). Beim Versuch, neue Quartiere zu entwickeln, stoßen die Städte auf zahlreiche Schwierigkeiten, sodass die Fertigstellungsraten neuer Wohnungen hinter den selbst gesteckten Zielen zurückbleiben. Optionen für eine konkrete Umsetzung strategischer Überlegungen bestehen auf unterschiedlichen Ebenen. Immer wieder spielen dabei standortübergreifende Stadtentwicklungs- und Nachhaltigkeitsstrategien sowie städtebauliche, Entscheidungs-, Kommunikations- und Legitimationsstrategien eine besondere Rolle. Deren Perspektiven und Grenzen sollen nachstehend kurz aufgezeigt werden.

Standortübergreifende Stadtentwicklungs- und Nachhaltigkeitsstrategien

Um den Wohnungsbau zu beschleunigen, werden integrierte Stadtentwicklungskonzepte erstellt, die für die Einbettung, Verträglichkeit und Funktionsfähigkeit neuer Quartiere mit ausschlaggebend sind. Eine systematische Kopplung von Wohnungs- und flächenhafter Stadtentwicklungspolitik ist aber keine Selbstverständlichkeit. Intersektorale Wechselwirkungen von Fragen der Versorgung mit sozialer Infrastruktur und Freiflächen sowie einer leistungsfähigen Verkehrsanbindung werden in sektoralen Wohnflächenkonzepten häufig nicht abschließend geklärt. Mittelfristig wäre es wichtig, dass Stadtentwicklungsplanung diese Konflikte bearbeitet und für eine intersektorale Integration sorgt.

Bei der Abwägung von Einzelstandorten fällt auf, dass in den Städten vorrangig Flächen mit geringen Entwicklungshemmnissen bebaut werden, da der Druck auf dem Wohnungsmarkt so hoch erscheint, dass die schnelle Verfügbarkeit von Flächen eine wichtigere Rolle als ihre Eignung zu spielen scheint. Dies spricht dafür, eine umfassende Abwägung in der Stadtentwicklungsplanung im Zusammenspiel mit werkstattähnlichen Verfahren zur Konkretisierung von Einzelvorhaben erfolgen zu lassen. Auch wenn Widerstand gegen Vorhaben damit kaum vermieden werden kann,

Abb · 1 Wahlkampfplakat gegen das Neubaugebiet Hamburg-Oberbillwerder (Foto: Uwe Altrock)

Abb · 2 Protestplakat „Liebenswertes Bonames" (Quelle: N. Vassiliev)

entsteht für die Auseinandersetzung immerhin eine flexible und dennoch sinnvoll abgewogene Argumentationsgrundlage.

Im Rahmen der Standortentwicklung kommt es gerade am Stadtrand immer wieder zum Konflikt zwischen planerischen Leitvorstellungen nachhaltiger Kompaktheit und umfeldverträglicher Dichten. Der Planung wird kaum zugetraut, bei Neubauvorhaben die Situation im Umfeld zu verbessern, etwa durch eine erhöhte Auslastung von Nebenzentren, eine Verdichtung des Takts im öffentlichen Verkehr oder ergänzende soziale Infrastruktur. Diese sollten als systematische Überlegungen zur Kompensation lokal entstehender Belastungen frühzeitig thematisiert und kommuniziert werden. Abb. 1, 2

Betrachtet man die wohnungspolitischen Ansprüche neuer Wohnungsbauvorhaben, so werden häufig unterschiedliche Träger in eine differenzierte Vergabe- und Belegungspolitik einbezogen. Eine kleinteilige räumliche Anordnung unterschiedlicher Wohnungstypen und Standards können zur Vorbeugung von Segregationsphänomenen sowie der Schaffung preisgünstigen Wohnraums beitragen. Allerdings bilden langfristige Strategien für dessen Sicherung, etwa durch eine aktive Bodenpolitik, eine wichtige Ergänzung, die nur in wenigen Städten konsequente Anwendung findet. Dabei gilt es auch, private Eigentümer vertraglich in die Bereitstellung sozialer Infrastruktur einzubinden und leistungslose Gewinne zugunsten der Schaffung preiswerten Wohnraums zu begrenzen.

Wenngleich vielerorts umfangreiche Anstrengungen einer Kopplung von Flächenausweisung und Verkehrsinfrastrukturentwicklung beobachtbar sind, stellt die verkehrliche Belastung durch Neubauquartiere nach wie vor einen wesentlichen Konfliktpunkt der strategischen Stadtentwicklung dar. Wie erfolgreich die ambitionierten Ansätze zur Förderung alternativer Mobilität sein können, muss sich in den nächsten Jahren erst noch herausstellen. Sie werden allerdings für die Akzeptanz neuer Quartiere mit entscheidend sein.

Städtebauliche Strategien

Im Hinblick auf die städtebauliche Form und Nutzung ist in den letzten Jahrzehnten viel getan worden, um die negativen Merkmale monofunktionaler Wohnquartiere auf der grünen Wiese zu vermeiden. Dennoch ist bislang noch offen, ob sich eine höhere „Urbanität" außerhalb der Innenstädte realisieren lässt. Überdies sprechen stadtklimatische und freiraumplanerische Ansprüche gegen eine einfache Replikation traditioneller innerstädtischer Stadtquartiere. Nutzungsmischung über die Schaffung von Wohnfolgeeinrichtungen gelingt nach wie vor eher selten, und unter dem Druck, schnell Wohnungen produzieren zu müssen, werden diesbezügliche Forderungen häufig vernachlässigt.

Stadt	Projekt	Planungs-beginn	Nennung in...		
			Stadtentwicklungs-konzept	Flächennutzungs-plan	Wohnungsbau-konzepte
Hamburg	Mitte Altona	2009	2007	1997	erst 2017
	Oberbillwerder	2016	2007	1997	2010
	Östlich Haferblöck	2016	2007	1997	Nein
	Pergolenviertel	2013	2007	1997	2012
	Wulffsche Siedlung	2010	2007	n/a	erst 2012
München	Appenzeller Straße	2016	n/a	n/a	2013
	Münchner Nordosten	2011	2010, teilw. 1994	teilw. 1965	ist STEK
	Ratold-/Raheinstraße	2016	2011	1965	ist STEK
Frankfurt am Main	Am Eschbachtal	2012	erst 2019	ca. 1972	2008
	Ernst-May-Viertel	2011	erst 2019	2010	2008
	Schönhof-Viertel	2013	erst 2019	teilw. 2010	teilw. 2008 u. 2011
	Stadtteil der Quartiere	2017	erst 2019	2010	2015
Freiburg	Dietenbach	2012	erst 2017	2008	erst 2013
	Gutleutmatten	2007	erst 2017	1980	erst 2013
Leipzig	Eutritzscher		2009	2015	2010
	Freiladebahnhof	2016			

Abb · 3 Verhältnis großer Wohnungsbauvorhaben und gesamtstädtischer Planwerke (Quelle: Grischa Bertram & Uwe Altrock)

In diesem Zusammenhang geplante hohe Dichten werden kaum als städtebauliche Qualität neuer Quartiere dargestellt, und dezidierte stadtstrukturelle Konzepte zur Verteilung von Dichtewerten im Stadtraum sind selten. Die flächensparenden Eigenschaften verdichteter Neubauquartiere überzeugen außerhalb der Fachwelt nicht immer. Sorgfältige Begründungen und eine Berücksichtigung sensibler Kontexte sind hier ebenso ausschlaggebend wie die frühzeitige Diskussion mit der Bevölkerung vor Ort.

Ein weiteres wichtiges städtebauliches Ziel betrifft die Kleinteiligkeit von Quartieren. Hierbei wird die zentrale Rolle strategischer Überlegungen besonders deutlich, denn echte Kleinteiligkeit lässt sich vor allem durch aktive Liegenschafts- und Vergabepolitik beeinflussen, die aber ein gewisses Risiko für eine zügige Entwicklung bedeutet. Ohne städtisches Eigentum an Grund und Boden wird sie aber ohnehin nur sehr schwer durchsetzbar sein.

Entscheidungs-, Kommunikations- und Legitimationsstrategien

Größere Entwicklungsvorhaben werden klassischerweise durch Wettbewerbsverfahren mitgesteuert. In den letzten Jahren haben außerdem komplexere (kooperative) Werkstattverfahren an Bedeutung gewonnen. In ihnen kann neben der Auslotung städtebaulicher Rahmenbedingungen ein besserer Abgleich konkurrierender Nutzungsansprüche und eine Weiterqualifizierung von Entwurfslösungen vorgenommen werden. Darüber hinaus sind heute bei aller Kritik weitreichende Beteiligungsangebote für die Umsetzung komplexer Vorhaben unerlässlich und werden vielerorts praktiziert. Allerdings fällt auf, dass Befürworter und Gegner oft mit eher unspezifischen Argumenten (allgemeiner Wohnraumbedarf vs. direkte Betroffenheit von Auswirkungen) aufeinandertreffen. In der moderierten Auseinandersetzung liegt, so banal es klingen mag, ein – keineswegs selbstverständlich verfügbarer – Schlüssel zum Projekterfolg, da von den Beteiligten nicht immer eine Bereitschaft zur Suche nach gemeinsamen Lösungen erwartet werden kann. Naheliegend ist eine frühzeitige und nicht erst in Reaktion auf Widerstände gegen Planungsvorhaben eingeleitete Verständigung über Sinn, Form und Intensität von Beteiligungsverfahren. Sie sollte darauf achten, dass weder Organisator*innen überfordert werden, noch Beteiligten der Eindruck vermittelt wird, ihre Mitwirkung sei nur zum Schein. Bei aller professioneller Kommunikation von Planungsalternativen erscheint es ratsam, mit der von den Betroffenen verspürten abstrakten „Bedrohung" durch große Zahlen theoretisch realisierbarer Wohneinheiten oder bebaubarer Flächen umzugehen und die angestrebten Entwicklungen für sie fassbar zu machen. Abb. 3

Ausblick

Eine einfache Rückkehr zu schlanken Verfahren und einer schnellen Umsetzung von Stadtentwicklungsvorhaben ist unrealistisch. Die intensive Auseinandersetzung mit den Rahmenbedingungen des Bestands und des jeweiligen Umfelds, die hohen planerischen Qualitätsanforderungen und die vielfältigen Ansprüche von Planungsbeteiligten stehen dem ebenso entgegen wie die Kapazitätsgrenzen im Bausektor. An vielen Stellen ist zu beobachten, dass Qualitätssicherung in der Stadtentwicklung ernst genommen wird – dies sollte nicht gering geschätzt werden. Eine schlichte Beschleunigung von Verfahren durch den Abbau von Qualitätsstandards ist also keine angemessene Antwort auf die aktuellen Herausforderungen. Eine noch stärkere Berücksichtigung umsichtigen und strategischen Handelns könnte jedoch, so die Hoffnung, einen nicht zu unterschätzenden Beitrag zur Entschärfung der Verfahrenshemmnisse ohne erhebliche Qualitätsverluste mit sich bringen.

Anmerkungen

1 Die Fallstudien sollten sehr unterschiedliche Rahmenbedingungen einfangen. Untersucht wurden das Pergolenviertel, die Wulffsche Siedlung, die Mitte Altona, das Quartier „Östlich Haferblöcken" und Oberbillwerder in Hamburg, Am Eschbachtal, Frankfurt Nordwest, das Ernst-May-Viertel und das Schönhof-Viertel in Frankfurt, der Eutritzscher Freiladebahnhof in Leipzig, Dietenbach und Gutleutmatten in Freiburg sowie Ratold-/Raheinstraße, der Münchner Nordosten und die Appenzeller Straße in München.

Literatur

Albrechts, Louis: „Strategic (spatial) planning reexamined". In: *Environment and Planning B: Planning and design*. Band 31/5, 2004, S. 743–758

Bertram, Grischa/Altrock, Uwe: *Wachstumsschmerzen. Kommunale Strategien und ihre Wirkungen. vhw Schriftenreihe*. Nummer 30. Berlin 2021

Planung der Allianz Arena München

Christiane Thalgott

„Es wird sich doch einer finden lassen, der das Olympiastadion in die Luft sprengt!", so dachte und sprach Franz Beckenbauer einmal im Lauf der Diskussionen über ein zeitgemäßes Fußballstadion, als der notwendige Umbau des Olympiastadions für die Anforderungen des Fußballs zwischen FC Bayern München und der Stadt erörtert wurden. Es fehlte das Dach für alle, die Entfernung zwischen Zuschauern und Spielfeld war wegen der Laufbahnen zu groß und die Atmosphäre zu entspannt, nicht der gewünschte Hexenkessel. Die Stadt München wollte das Olympiastadion für den Fußball erhalten. Die Lage mitten in der Stadt mit eigenem U-Bahnhof war attraktiv und die gesamte Erschließung für große Menschenmassen ausgelegt. Auch der finanzielle Beitrag des Fußballs für das Stadion und den Park schien unverzichtbar. Der Auszug des Fußballs aus dem Olympiastadion schien anfangs unvorstellbar für München. Diese Veränderung betraf den Sport in der ganzen Stadt, nicht nur das denkmalgeschützte Stadion und den Park. Das war nicht einfach, und es brauchte viele Gespräche und manchmal auch die Hilfe von außen, bis genug Vertrauen entstanden war, dass sich die Stadt und der FC Bayern gemeinsam auf den Weg zu einer Lösung und letztendlich einem neuen Stadion machen konnten.

Im Jahr 1998 bewarb sich die Stadt mit dem umgebauten Olympiastadion für die Weltmeisterschaft 2006. Im Juli 2000 fiel die FIFA-Entscheidung zur WM 2006 für Deutschland. Im Herbst 2000 legte das Büro Behnisch, die das Stadion für die Olympischen Spiele 1972 gebaut hatten, eine „Konsenslösung" für den Umbau vor. Es war leider nach einer kurzen Prüfung offensichtlich, dass die Überdachung der Gegengerade nicht funktionierte. Die Umbauplanungen wurden eingestellt. Aus heutiger Sicht kann man sagen, dass ein so weitgehender Umbau des Olympiastadions

Abb · 1 Allianz Arena München in der Bauphase, 2004 (Foto: Ailura/Wikimedia commons)

wahrscheinlich auch planungsrechtlich erhebliche Probleme ausgelöst und den Bestandsschutz infrage gestellt hätte. Die Nachbarbeschwerden über den Lärm waren ja nicht unberechtigt.

Noch im Jahr 2000 fasste die Stadt einen Grundsatzbeschluss zur Unterstützung des Neubaus eines Fußballstadions für beide Münchner Vereine, FC Bayern München und TSV 1860 München, und beauftragte das Planungsbüro Albert Speer + Partner, die München gut kannten, mit der Standortsuche. 25 Standorte wurden untersucht, aber schnelle Verfügbarkeit, ausreichender Lärmschutz und gute, gegebenenfalls verbesserungsfähige Erschließung mit der U-Bahn und Autobahn waren nur am Standort Fröttmaning gegeben. Diese gewerbliche Reservefläche wurde mit Zustimmung des Stadtrats im Juli 2001 für das neue Stadion beider Vereine zur Verfügung gestellt.

Ich erinnere mich an einen Besuch vor Ort mit Franz Beckenbauer, der dem Standort Fröttmaning, weit im Norden, unweit des Klärwerks – dessen Geruch er fürchtete – wenig abgewinnen konnte; die begeistert kickenden Jungs an der P&R-Anlage versöhnten ihn etwas. Zur Sicherheit wurde noch im Sommer 2001 ein Bürgerbescheid zum Stadion in Fröttmaning auf den Weg gebracht. Nach den unerwarteten und unberechenbaren Aktivitäten gegen den Wohnungsbau und der aufkommenden Hochhausdebatte wollte man kein Risiko eingehen. Die gute und lehrreiche Öffentlichkeitsarbeit der beiden Fußballvereine, die die Befürworter aktivierte, führte zu 65,8 Prozent Zustimmung.

Acht Büros, alles international renommierte Stadienbauer, wurden Ende 2001 zum Wettbewerb für das Stadion aufgefordert. Im Februar 2002 fiel die Entscheidung. Der Entwurf von Herzog & de Meuron war anders und ungewöhnlich, inspiriert vom Globe Shakespeare Theater versprach er die gewünschte dichte Atmosphäre. Er begeisterte und überzeugte die Bauherren vom FC Bayern München und TSV 1860 München damit, dass ihr Stadion unverwechselbar wäre (kein beliebiges Baseball-Stadion, wie Beckenbauer immer wieder betonte) und den erhofften Hexenkessel versprach.

Im April 2002 wurde München zum Austragungsort der WM 2006 bestimmt. Im Mai 2002 wurde der Bauantrag eingereicht, 2003 genehmigt. Jetzt musste die Umsetzung auf der Ebene der neuen Materialien und der komplexen Konstruktion angegangen werden. Abb. 1 Brandschutz, Wetter und Windschutz waren große Herausforderungen, aber auch, wie die von den Architekten versprochene unterschiedliche Farbigkeit zu realisieren wäre. Die erfolgreiche Bewältigung dieses Versprechens glückte erst nach einigen Jahren. 2004 ging der TSV 1860 München aus unterschiedlichen, auch persönlichen Gründen als Bauherr verloren. Er spielt aber weiterhin in der Allianz Arena. 2005 wurde das Stadion eröffnet und 2006 die WM dort mit vielen internationalen Besuchern durchgeführt. Schön waren die gute Stimmung im Stadion, auch bei den Gästen, und die fröhlichen Gesänge in der proppenvollen U-Bahn. Der neue, vergrößerte U-Bahnhof hat, wie das Stadion selbst, die Bewährungsproben gut bestanden. Die Esplanade auf dem Parkhaus (11.000 Plätze) hat sich als „Sammlungs- und Abkühlort" bewährt. Das Stadion ist innen in den letzten Jahren von 70.000 auf 75.000 Plätze erweitert worden, und weitere Änderungen, nicht nur die mannigfaltigere Beleuchtung, sind erfolgt oder stehen an. Auch wenn der Standort weiter draußen liegt als das Olympiastadion, finden viele Touristen ihren Weg dorthin.

Für mich waren die persönlichen Begegnungen mit dem Manager des FC Bayern München, Uli Hoeneß, den meine Sekretärin wegen seiner verdreckten Schuhe nicht leiden konnte, und dem Vereinsvorsitzenden Franz Beckenbauer eindrucksvoll und wichtig. Die schnellen Entscheidungen und sicheren Einschätzungen von Handlungsoptionen haben mich, ebenso wie die Menschenkenntnis, beeindruckt. Auf dem Spielfeld muss in Bruchteilen von Sekunden entschieden werden, dies und die Beurteilung von jungen Spielern nach kurzer Beobachtungszeit sind unter anderem Grundlagen des Erfolgs. Beim Abschied von der gemeinsamen Arbeit, vielleicht war es auch bei einem Besuch im Stadion, sagte Franz Beckenbauer zu mir: „Jetzt weiß ich, dass man nicht auf jeder Wiese, die einem gut geeignet erscheint, ein Stadion bauen kann".

Erfahrungen bei der Planung von Großprojekten in den letzten 30 Jahren

Engelbert Lütke Daldrup

Planungsgruppe Potsdam

Meine ersten Erfahrungen mit innovativen Planverfahren sammelte ich unmittelbar nach dem Fall der Mauer im Frühjahr 1990. Damals wurde die später nach ihrem Arbeitsort benannte Planungsgruppe Potsdam vom West-Berliner Senat, dem Ost-Berliner Magistrat sowie den DDR-Bezirken Potsdam und Frankfurt/Oder gegründet. Der Auftrag, der noch am Runden Tisch mitformuliert wurde, war die Steuerung der Siedlungsentwicklung der Metropolregion durch einen Regionalplan. Dieser Regionalplan sollte wegen der explodierenden Bautätigkeit binnen weniger Monate erarbeitet werden. Damit schieden die traditionellen Verfahren aus. In einem stark fokussierten, workshop-artigen Klausurprozess mit zwölf qualifizierten Planer*innen, die von den vier Gebietskörperschaften paritätisch entsandt wurden, gelang dieser Kraftakt. Informelle, vorurteilsfreie fachliche Kooperation und die Begeisterung in der historischen Stunde der Wiedervereinigung waren das Erfolgsrezept. Die Planungsarbeit wurde technisch maßgeblich durch die neue grafische Datenverarbeitung der West-Berliner Senatsverwaltung unterstützt.

Dieser erste qualifizierte Regionalplan basierte auf dem Modell des Siedlungssterns, der die bauliche Entwicklung entlang der S-Bahnradialen vorsieht und den Schutz der Freiräume in den Zwischenräumen sicherstellt. Leider wurde das Planungskonzept nach der Bildung der neuen Länder politisch zerrieben und zunächst im Brandenburger Hinterland durch das unrealistische Modell der „dezentralen Konzentration" ersetzt. Zehn Jahre später wurde das Sternmodell mit ergänzenden Wachstumskernen rehabilitiert und es ist seit Ende der 1990er Jahre offizielles Planungsleitbild für die gesamte Hauptstadtregion. Abb. 1

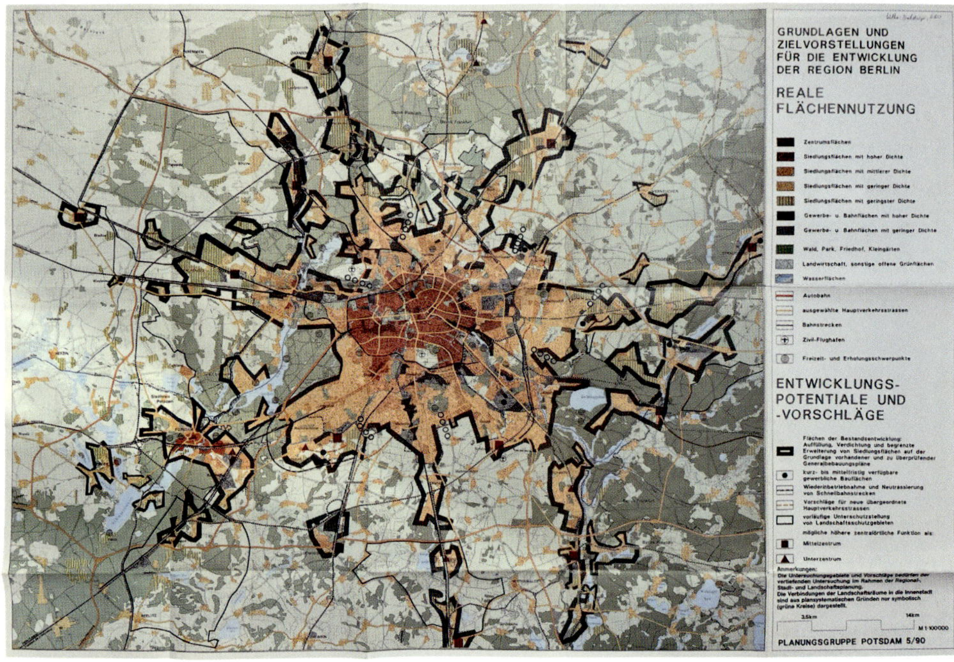

Abb · 1 Grundlagen und Zielvorstellungen für die Entwicklung der Region Berlin (Quelle: Provisorischer Regionalausschuss Planungsgruppe Potsdam)

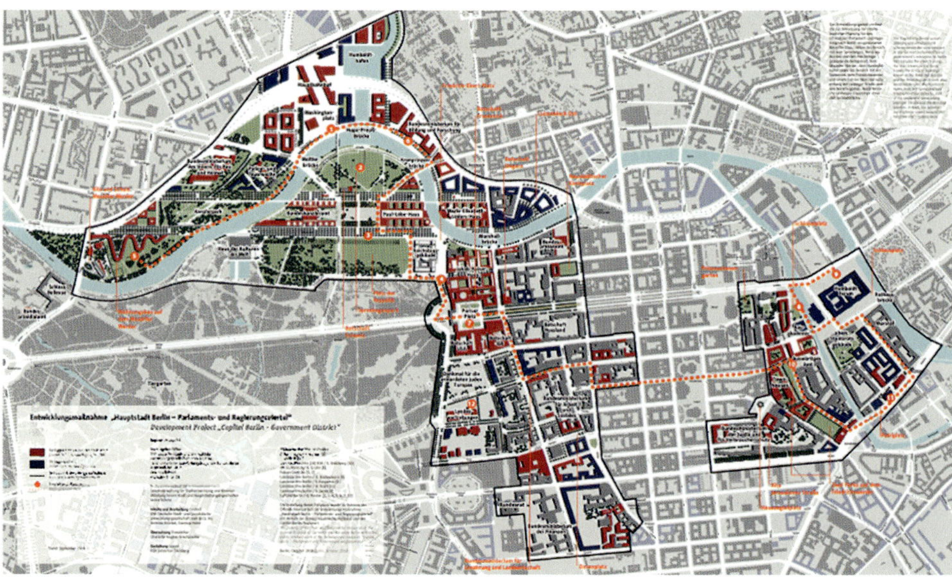

Abb · 2 Hauptstadtplanung Berlin (Quelle: Stadt Berlin)

Hauptstadtplanung Berlin

Nach der Wiedervereinigung durfte ich bis 1995 ein zweites Projekt begleiten, die Hauptstadtplanung Berlin. Im Kontext der kritischen Rekonstruktion des Berliner Stadtgrundrisses wurde vor allem um die Integration der Ministerien in den historischen Stadtkontext der Berliner Mitte gerungen. In der konfliktbelasteten Kooperation der umzugsunwilligen Bonner Ministerialbürokratie mit der Berliner Verwaltung ging es planerisch insbesondere um die Nutzung vorhandener Bausubstanz und die Vernetzung der Hauptstadtfunktionen mit dem städtischen Alltag.

Der öffentliche Diskurs wurde von uns strategisch als Gegengewicht zur „Bonner Planung" eingesetzt, unter anderem im Berliner Stadtforum und zahllosen Architekturgesprächen. Mit dem Hauptstadtvertrag und der Entwicklungsmaßnahme Parlaments- und Regierungsviertel wurde ein institutioneller Rahmen geschaffen, um die neuen Funktionen stadtverträglich und zügig im Berliner Stadtorganismus zu integrieren. Die sorgfältigen vorbereitenden Untersuchungen zur Entwicklungsmaßnahme (Büro Peter Zlonicky und andere) legten dafür wichtige Grundlagen. Eine Vielzahl von Wettbewerben und Beteiligungsformaten sorgte für baukulturelle Qualität. Abb. 2

Perforierte Stadt Leipzig

In der zweiten Hälfte der Neunzigerjahre, nachdem der Nachwendeboom drastisch in sich zusammengebrochen und der bekannte Slogan „Leipzig kommt" eher zum Pfeifen im Walde verkommen war, haben wir im Leipziger Planungsdezernat mit dem Diskurs um das letzte Drittel und die perforierte Stadt die Aufmerksamkeit auf den Leerstand und die Bevölkerungsverluste der inneren Stadt gelenkt. Unter dem programmatischen Anspruch einer „Neuen Gründerzeit" wurde aktiv und strategisch die Inwertsetzung der unsanierten, aber hochwertigen innerstädtischen Gebäude gefördert.

Durch Aufwertung der öffentlichen Räume und unkonventionelle Planungskonzepte („Dunkler Wald" und „Hirschgehege" mitten in der Stadt) trieben wir die Revitalisierung voran. Dazu gehörten auch Innovationen in der neu strukturierten Verwaltung, die gute Kooperation zwischen Ost- und Westplaner*innen und die unkomplizierte Nutzung von Expertise aus anderen Städten. Besondere Projekte waren die Etablierung einer Stadtwerkstatt Leipzig, die 1998 mit dem Diskurs über „das letzte Drittel" noch unsanierter Bausubstanz der Gründerzeitstadt startete. Die Förderung der Eigeninitiative und kleiner Bauherrengemeinschaften (Selbstnutzer.de, Vermittlungsagentur Brache, Projekt „HausHalten") gehörte ebenso zum neuen Instrumentenkasten der Stadterneuerung wie die Nutzung der Kunst als Katalysator für Revitalisierung (zum Beispiel das Projekt „Stadthalten"). Abb. 3, 4

Abb. 3 Zwischen Urbanem Kern und Äußerer Stadt: Stadtumbau im Leipziger Osten – Das Grüne Rietzschkeband (Quelle: Stadt Leipzig)

Abb. 4
Leipzig EXPO 2000: Weg auf alter Eisenbahntrasse in Leipzig-Plagwitz (Foto: Stadt Leipzig)

Olympia-Bewerbung Leipzig

Der innerdeutsche Wettbewerb zur Auswahl einer Bewerberstadt für die olympischen Sommerspiele 2012 löste in fünf deutschen Städten einen Planungsschub aus. Nachdem Leipzig diesen Wettbewerb für sich entschieden hatte, etablierte sich die Stadt auf internationalem Parkett, wenngleich man in der nächsten Phase knapp ausschied. Das Konzept „Olympia Leipzig" musste innovative Wege gehen, weil eine Stadt mit nur einer halben Million Einwohnern keinen großen Olympia-Stadtteil bauen und sinnvoll nachnutzen kann. Daraus entstand die Idee der „Spiele mitten in der Stadt" mit menschlichem Maßstab, ein Gegenentwurf zur immer dominanter werdenden Ideologie der *„big games – big money"*.

Mit einem innovativen Beherbergungskonzept, das auf der Zwischennutzung sanierungsbedürftiger Altbausubstanz setzte, einem ambitionierten Verkehrskonzept mit S-Bahntunnel, der später auch gebaut wurde, und recycelbaren Stadionstrukturen, die vernünftige Nachnutzungsmöglichkeiten eröffneten, gingen wir unkonventionell vor. Planerisch wurde die Aufgabe durch einen Planungsstab der Stadt, eine enge Verzahnung von Verwaltung und Olympia GmbH sowie einem sehr leistungsfähigen Planungsbüro (Albert Speer + Partner) und den Mut zu Improvisation und unkonventionellen Wegen gelöst. Die Bewerbung Leipzigs löste 2002 und 2003 eine große Begeisterung in der Stadt aus, Bürgerbefragungen ergaben eine Zustimmung von über 90 Prozent. Das Olympia-Projekt signalisierte das Wiederankommen Leipzigs in der Liga wichtiger deutscher Städte und stärkte das Selbstwertgefühl.

Die Legacy der Olympia-Bewerbung wurde im „Planwerk Leipzig 2030" kondensiert und als städtebauliches Leitbild vom Stadtrat verabschiedet. Dabei standen die Stärkung der urbanen Kerne und Freiräume, die Stadterneuerung und der Stadtumbau, die neuen Arbeitswelten im Norden, die

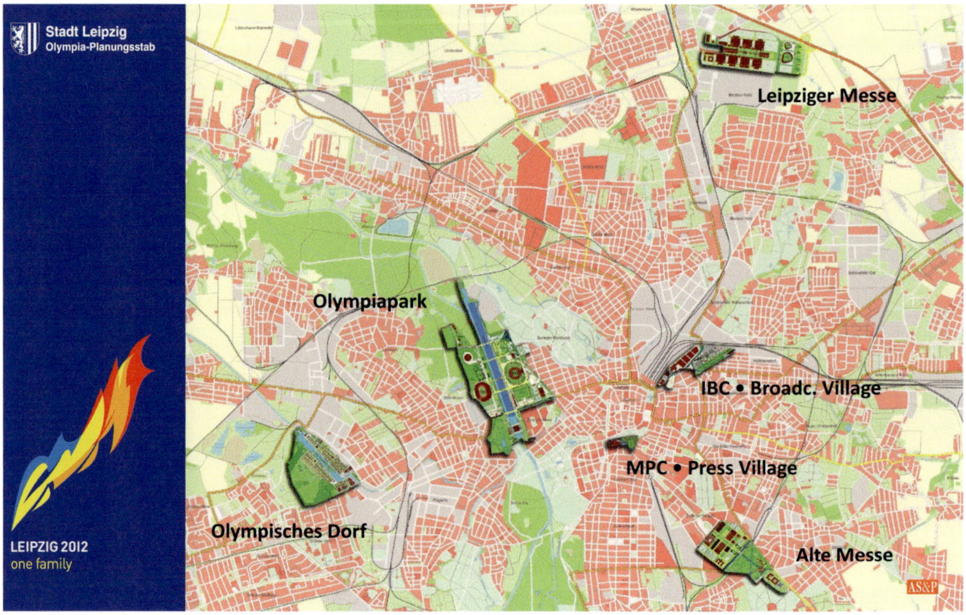

Abb · 5 Olympia-Konzept Leipzig, Sportstätten (Quelle: Stadt Leipzig)

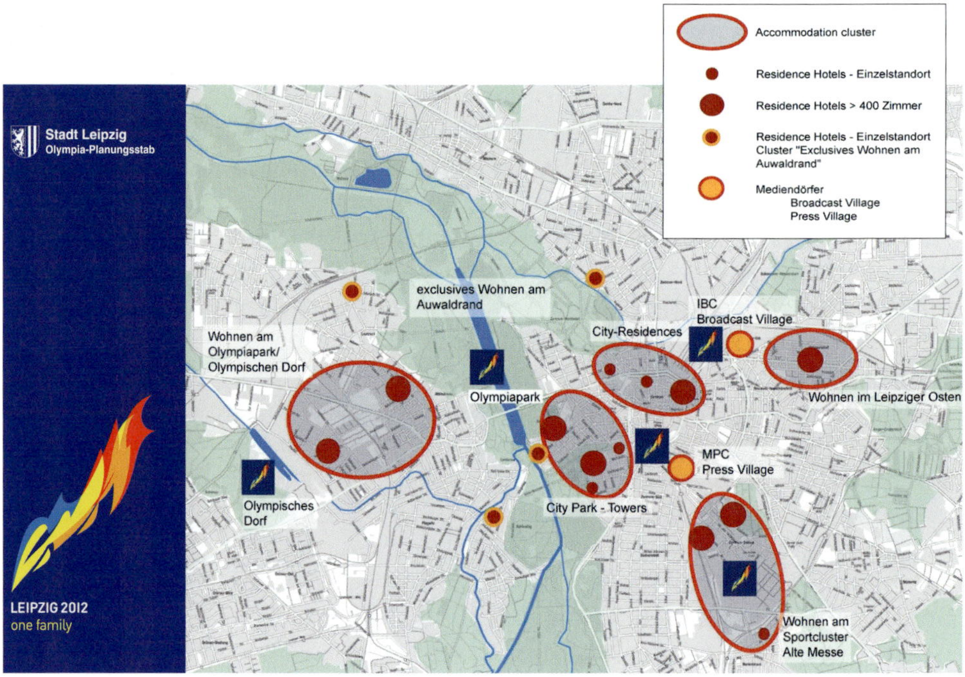

Abb · 6 Unkonventionelles Beherbergungskonzept in sanierten Altbauten für Olympia (Quelle: Stadt Leipzig)

grünen und blauen Bänder und die neue Seenlandschaft im Süden im Fokus. Mit dem Planwerk, dem Planungsbüro um Michael Braum und das Leipziger Stadtplanungsamt, wurde ein langfristig wirksames, starkes stadträumliches Konzept mit Bildwirkung erarbeitet, das noch heute die Stadtentwicklung prägt. Auch dies zeigt den starken politischen Willen, die Legacy der Olympia-Bewerbung zu sichern (vgl. Doehler-Bezardi/Lütke Daldrup 2004). Abb. 5, 6

Nationale Stadtentwicklungspolitik

Ein ganz besonderes Projekt initiierte ich gemeinsam mit Ulrich Hatzfeld und Oliver Weigel im Bundesministerium für Verkehr, Bau und Stadtentwicklung (BMVBS) im Nachgang zur deutschen EU Ratspräsidentschaft 2007. Mit der *Leipzig-Charta zur nachhaltigen europäischen Stadt* war es uns gelungen, die Herausforderungen und Chancen der europäischen Städte auf die politische Agenda der EU zu setzen. Dabei wurden zwei Themen in besonderer Weise adressiert: die intensive Förderung einer integrierten Stadtentwicklungspolitik und die besondere Aufmerksamkeit für die benachteiligten Stadtquartiere im gesamtstädtischen Kontext. Mit der „Nationalen Stadtentwicklungspolitik" haben wir diese in Europa prominent verankerten Gedanken schließlich in Deutschland umgesetzt. Mit dieser Initiative sollen die Städte und Regionen in Deutschland im Sinne der Leipzig-Charta gestärkt werden, um die aktuellen ökonomischen, ökologischen und gesellschaftlichen Herausforderungen erfolgreich zu bewältigen und lebenswerte Orte für alle Bevölkerungsgruppen zu bleiben. Die Initiative zeichnet sich durch die enge Kooperation des Bundesministeriums, der Länderminister, des Deutschen Städtetags und des Deutschen Städte- und Gemeindebundes aus. Ihr Fokus liegt – neben der Weiterentwicklung der Städtebauförderungspraxis – auf den Projekten für Stadt und Urbanität und der nationalen Austauschplattform. Die Stadtentwicklung braucht nicht nur gute Ideen, sondern auch beispielhafte Umsetzungen und Erfolgsgeschichten. Deshalb war die Förderung innovativer und experimenteller Projekte sowie lokaler Initiativen ein guter Weg, um gemeinsam mit den Partnern die öffentliche Wahrnehmung für die wichtigen Themen der Stadtentwicklung zu stärken.

Die Leipzig-Charta und die Nationale Stadtentwicklungspolitik konnten aufgrund einer besonderen personellen Konstellation im Bundesbauministerium auf den Weg gebracht werden. Ein ehemaliger Oberbürgermeister war Minister und sein Baustaatssekretär war vorher Stadtbaurat; beide wollten ihre Leipziger Stadtentwicklungserfahrungen auf nationaler Ebene in einer stadtpolitischen Initiative produktiv werden lassen. Dies gelang, der Kairos-Moment wurde genutzt. Wie so oft in der Stadtentwicklung kam es auch hier darauf an, die Entscheidung zum richtigen Zeitpunkt

Abb · 7
Minister Tiefensee und Staatssekretär Lütke Daldrup bei der Diskussion der Leipzig-Charta 2007 (Foto: BMVBS Berlin)

zu treffen. Dies trifft auch auf die im November 2020 erfolgte Fortschreibung der Leipzig-Charta zu, als die Stadtentwicklungsminister sich auf die *Neue Leipzig-Charta* einigten, die die Gemeinwohlorientierung in den Fokus rückt und dafür die transformative Kraft der Städte nutzt, und die eine integrierte Stadtentwicklung auf der Grundlage eines ortsbezogenen, partizipativen und Mehrebenenansatzes unterstützt. Abb · 7

Stadterweiterung und Bodenpolitik Berlin

Zum Abschluss noch ein kurzer Blick auf zwei große Projekte im letzten Jahrzehnt, die ich mitinitiieren durfte. Im Jahr 2015 haben wir in Berlin nach vielen Jahren behutsamer Stadterneuerung die Stadterweiterung und vor allem den großflächigen Umbau der inneren Peripherie planerisch wieder auf die Agenda gesetzt. Die neuen Stadtquartiere stellten eine Antwort auf die Wohnungsnot und die Flächenknappheit der schnell wachsenden Metropole dar. Die Wiederentdeckung einer aktiven Bodenpolitik (Einlage von städtischem Grundbesitz in die kommunalen Wohnungsbaugesellschaften, das kooperative Baulandmodell, eine Renaissance der Entwicklungsmaßnahmen) und eine intensive Verwaltungskooperation (Planung, Bau, Verkehr und Umwelt) waren wesentliche Grundlagen der neuen Strategie. In den Folgejahren wurden die Verwaltungen allerdings erneut aufgesplittert, Bau und Verkehr getrennt, die Innovationschance einer IBA-Idee verspielt, und die Umsetzungsgeschwindigkeit blieb auch aufgrund mangelnder politischer Unterstützung unzureichend. In der Folge wurde die stadtentwicklungspolitische Debatte auf Mietenpolitik und Enteignungsfragen verengt, wodurch der eklatante Wohnungsmangel weiter steigt. Die neue Landesregierung steht nun vor der Herkulesaufgabe, beim Wohnungsbau die Konfrontation aufzulösen und Mieterschutz und Neubau zu versöhnen.

Abb · 8
Eröffnung des Flughafens Berlin-Brandenburg 2020 (Foto: Flughafengesellschaft Berlin Brandenburg GmbH)

Flughafen Berlin Brandenburg

Am Flughafen Berlin Brandenburg (BER) ging es nicht nur darum, die Baukatastrophe in Ordnung zu bringen, sondern auch um eine Zukunftsstrategie für die Entwicklung der Flughafenstadt im Berliner Südosten. Auch wenn der Verkehrseinbruch durch die Corona-Pandemie einige Jahre prägen wird, ist ein strategisches und städtebauliches Leitbild für eine resiliente Entwicklung erforderlich. Mit dem BER hat sich in der Metropolregion eine erhebliche räumliche Schwerpunktverlagerung vollzogen; bereits heute sind 20.000 Arbeitsplätze im Flughafenumfeld konzentriert. Der Klimawandel, die Globalisierung und die Neubewertung der Mobilität in der Gesellschaft führen zu schwer vorhersagbaren Verhaltensänderungen. Damit ist die Planung der Flughafenstadt großen Unsicherheiten ausgesetzt. Der erkennbare Innovationsbedarf trifft auf eine von extrem hohen Fixkosten geprägte Flughafeninfrastruktur, die Veränderungsprozesse sehr langwierig und schwierig finanzierbar macht. Abb · 8

Resümee: Persönliche Erfahrungen mit Großprojekten

Aus den geschilderten Erfahrungen ergeben sich nachstehende Schlussfolgerungen:

1. Die besonderen Herausforderungen großer Projekte produzieren unter günstigen Umständen planerische und verfahrensbezogene Innovationen.
2. Jeweils andere und neue Kooperationsformen in den Verwaltungen mit externen Experten und der Bürgerschaft sind ein zentraler Erfolgsfaktor für das Gelingen.

3 Begeisterung ist ein zentraler Treiber für Innovation; es braucht engagierte Planer*innen, die nicht nur analysieren und kommentieren, sondern vor allem umsetzen wollen.
4 Die Nutzung der Kairoi, der richtigen Zeitpunkte, ist für erfolgreiche Planung und zügige Umsetzung essenziell. Es sind dies zum Beispiel politische Konstellationen, Marktsituationen, zivilgesellschaftliche Strukturen, Akteursverbünde und der Zeitgeist.
5 Zum Abschluss Albert Speer: „Jede Planung ist Einflussnahme und damit Veränderung von sozialen Gegebenheiten. Damit ist Planung eine politische Aufgabe. (...) Wir können nur Entscheidungshelfer sein, d. h. unsere Aufgabe in jedem der Teilbereiche ist, die Entscheidungen der Bürger und Politiker erst zu ermöglichen, da sie durch uns Wahlmöglichkeiten angeboten bekommen." (Speer 1992).

Literatur

Doehler-Bezardi, Martha/Lütke Daldrup, Engelbert (Hg.): *PlusMinus Leipzig 2030. Stadt in Transformation/City in transformation*. Wuppertal 2004

Speer, Albert: *Vorlesungsskript Grundstudium Stadtplanung*. Teil I: *Was ist Stadtplanung?*. Kaiserslautern 1992

Großprojekte: Strategien, Planungsprozesse und Fehlerresistenzen

Elisabeth Merk

Als neue, frisch gewählte Stadtbaurätin von München hatte ich in den ersten Jahren einige Begegnungen mit Albert Speer, die für mich aus mehreren Gründen sehr beeindruckend waren: Zuallererst die persönliche, vollkommen unprätentiöse Art, mit der er mich in meinem neuen Amt willkommen hieß und mir seine Münchner Einblicke als Unterstützung anbot. Dann die großartige Eigenschaft, Themen der Stadtentwicklung nicht nur theoretisch abzuhandeln, sondern tatsächlich in der Stadt zu verorten. Dabei immer mit Augenmerk auf eine enge Verknüpfung mit den jeweiligen Rahmenbedingungen des Städtebaus und der daraus resultierenden Bedeutung einer angemessenen und dennoch individuellen Architektursprache. Diese Begabung, in verschiedenen Maßstäben zu denken und zu arbeiten, gepaart natürlich mit seiner jahrzehntelangen Erfahrung aus der Umsetzung von Projekten, machten Albert Speer für mich zu einem außergewöhnlichen Gesprächspartner.

Das Thema Großprojekte lädt zur Reflexion ein über die Faktoren, die manche davon scheitern lassen und anderen – oft entgegen aller Prognosen – zum Erfolg verhelfen. In meinem Beitrag möchte ich Dimension und Komplexität von unterschiedlichen Projekten vergleichen, die in ihren Herausforderungen eine positive, dynamische Entwicklung erfahren. Zu Beginn möchte ich drei Typen von Großprojekten unterscheiden:

→ Projekte, die als einzelne Bauwerke wahrgenommen werden.
→ Großprojekte, bei denen es sich um konkrete große Planungsprojekte und Entwicklungsmaßnahmen handelt.
→ Strategische Großprojekte, die oft über mehrere Jahre und Jahrzehnte hinweg realisiert werden.

In Zeiten von Urbanisierungsdruck, Wohnungsnot und Infrastrukturstau haben Großprojekte und große Neubauflächen in der Stadtentwicklung wieder an Bedeutung gewonnen. Sie werfen eine Reihe von Fragen auf, die ich thematisch unter folgenden Oberbegriffen einordnen möchte:

→ Der Zeitfaktor von Großprojekten
→ Die politischen Rahmenbedingungen
→ Die partizipativen Erfordernisse
→ Die soziale Dimension/das Gemeinwohl und Gemeingut

Die Stadt als Großprojekt im 21. Jahrhundert

Wenn wir heute die Frage nach der Relevanz von Großprojekten stellen, liegt der Fokus auf strategischen Projekten, die langfristig eine Veränderung in denjenigen Themenfeldern herbeiführen können, die als Schlüssel zur Zukunftsfähigkeit unserer Städte und des ländlichen Raums gelten – insbesondere bezogen auf den Klimawandel. Damit wird an die vormals zum Teil isolierten Großprojekte, die oft ausschließlich unter dem Primat des weiteren Wachstums und der wirtschaftlichen Bedeutung gesehen wurden, nun die Erwartung geknüpft, eine Lösungsstrategie für Klimaschutz und Klimaanpassung inhärent mitzuliefern.

Tatsächlich lassen sich die verschärfenden Herausforderungen des Klimawandels nur bewältigen, wenn wir eine holistische Herangehensweise zugrunde legen. Dies bedeutet, strategische Großprojekte mit singulären Projekten zu verknüpfen und im jeweiligen Maßstab nach systemischen Zusammenhängen, Netzrelevanzen und Wirkungsgraden zu beurteilen. Hierbei gilt es, das viel beschworene globale Denken mit den lokalen Handlungsebenen von Region, Stadt und Quartier klug zu vernetzen. Die Kreislaufwirtschaft wird in Zukunft einen wesentlich stärkeren Einfluss auf die Art und Weise haben, wie wir Projekte in den Städten organisieren. Die Bedeutung von Recycling, Upcycling und Weiterverarbeitung der Materialien sowie Versorgungs- und Entsorgungsstrategien werden integraler Bestandteil von Planungsprozessen sein. Integrative Planungsprozesse werden die Nutzung von erneuerbaren Energien berücksichtigen und vor allem die graue Energie, die im Bestand in unseren Städten gespeichert ist, anders als bisher in den Fokus der Betrachtung nehmen.

Für die Transformation der Stadträume wird eine ausgleichende Balance des Ökosystems Stadt zwingend erforderlich, und die urbane Praxis wird als komplexe Wechselwirkung zwischen Natur, Biodiversität und gestalteten Räumen verstanden werden müssen. Sicherlich ist das größte Projekt der Zukunft die Transformation der bestehenden Stadt – eine Entwicklung, die mit innovativen und integrativen Projekten auf verschiedenen Maßstabsebenen umzusetzen ist. Denn Städte sind, all ihren Disbalancen zum Trotz, die Lebensform mit dem kleineren ökologischen Fußabdruck. Ein*e durchschnittliche*r Münchner*in hinterlässt einen nur halb so großen ökologischen Fußabdruck wie ein*e durchschnittliche*r Bewohner*in der Metropolregion München.

Großprojekte, die in der Vergangenheit oft zu Recht dafür kritisiert wurden, den menschlichen Maßstab zu missachten, müssen sich daher heute auch der Aufgabe stellen, den ökologischen Fußabdruck aktiv zu verringern und die Natur als gleichwertiges Subjekt in die Planungen mit einzubeziehen. Dies bezeugt der Beschluss des Bundesverfassungsgerichts in Karlsruhe vom 24. März 2021 zum Klimaschutzgesetz, der die Frage der Generationengerechtigkeit im Klimawandel als Grundlage unseres weiteren Handelns festlegt. Großprojekte müssen also Träger dieser Verantwortung sein. Damit verknüpft ist die Frage, wer im ideellen wie im direkten Sinn heute Eigentümer*in und Bauherr*in von großen Projekten sein kann und darf.

Der Zeitfaktor von Großprojekten

Zahlreiche Großprojekte der Vergangenheit haben eine lange Realisierungsphase, zu der unser rechtlicher Rahmen und vielfältige fachliche Faktoren, Bürgerbeteiligungen sowie qualitätssichernde Verfahren beitragen, selbst dann, wenn den Projekten eine hohe Prozess- und Durchführungsqualität bescheinigt wird. Daraus ergibt sich eine Notwendigkeit, die bisherigen Umsetzungsparameter zu hinterfragen und die dynamische und flexible Anpassung solcher Projekte auf den Prüfstand zu stellen. Bei diesen Vorhaben erscheint es in Zukunft noch unverzichtbarer, dass die Planungen wiederkehrend korrigiert, überarbeitet und angepasst werden können und in gewissem Umfang agil, wenn nicht sogar reversibel sind. Zeit-Raum-Relationen in der Stadtentwicklung lassen sich mit Blick auf die letzten Jahrzehnte grob in vier Typen einordnen, die sowohl im Kontext von Wachstum als auch von Schrumpfung auftreten:

→ Stadtteilentwicklung über lange Zeiträume
→ Konzentration auf punktuelle Standorte in kleinen Zeitfenstern
→ Brüchige Raum-Zeit-Strukturen
→ Kontinuität von räumlichen Entwicklungslinien

Lange Zeiträume

Das Neubaugebiet Freiham im Münchner Westen steht als Beispiel für eine langfristig geplante Stadterweiterung. Eine Fläche von über 350 Hektar wurde bereits in den 1960er Jahren unter dem damaligen

Abb · 1
Luftbild des Neubaugebiets Freiham im Westen von München (Foto: Landeshauptstadt München)

Oberbürgermeister Hans Jochen Vogel durch einen eigens dafür gegründeten Zweckverband als potenzielle Entwicklungsfläche gesichert. Zahlreiche Planungsüberlegungen und Wettbewerbe gingen in die Planungsgeschichte ein. Durch die Möglichkeit, die Kasernenflächen umzunutzen sowie Flughafen und Messe zu verlagern, musste das Gelände am Stadtrand zunächst nicht angetastet werden. Erst 2006 wurde die heutige Stadtteilstruktur mit einem Strukturkonzept und dann mit weiteren städtebaulichen Wettbewerben und Realisierungswettbewerben festgelegt.

Langfristige Siedlungsentwicklungen bedeuten immer auch einen Wertewandel. Im Fall Freiham betrifft dies vor allem den Umgang mit den Freiflächen, den Naturraum am Stadtrand sowie die Konzepte zur energetischen Versorgung und zur Mobilität. Heute wird es der erste Münchner Stadtteil sein, der ausschließlich mit Geothermie versorgt werden kann und der neben den technischen Fachkonzepten ein Quartierskonzept entwickelt, das auf soziale Nachhaltigkeit und Inklusion setzt. Zusätzlich wurde das Einzelhandelskonzept mehrmals neu aufgesetzt, sodass sich heute anstelle eines ursprünglich isolierten Einkaufszentrums zwischen Straße und Bahntrasse nunmehr ein offener Einkaufsbereich über den zentralen Platz erstreckt, der im Zentrum des neuen Stadtteils liegt. Gleichzeitig werden Erdgeschosszonen für Läden entwickelt und genossenschaftliche Aktivitäten im Quartier gefördert. Auch die Frage der richtigen urbanen Dichte, gepaart mit räumlichen Gestaltungsideen, vor allem im Hinblick auf den öffentlichen Raum, wurde mehrmals und in groß angelegten partizipativen Prozessen erörtert und die Planung daraufhin verändert. Realisiert wird eine Stadtentwicklungsmaßnahme mit über 350 Hektar, 25.000 Einwohnern und circa 15.000 Arbeitsplätzen sowie einem Schulcampus mit Bibliothek. Mittels Konzeptausschreibungen werden genossenschaftliche Entwicklungen und Kooperationsprojekte mit den kommunalen Gesellschaften favorisiert. Abb · 1

Abb · 2
Verkehrsknoten vor dem Hauptbahnhof (Foto: Landeshauptstadt München)

Der Bahnknoten München und der Münchner Hauptbahnhof

Die Planungen für die Neugestaltung des Münchner Hauptbahnhofes sind mittlerweile legendär. Während die Bahnachse selbst, frei geworden durch die Umstrukturierungsprozesse der Bahn, zügig in gemischt genutzte Quartiere umgewandelt werden konnte, scheiterte der Bahnhof als Mobilitätsschnittstelle der Zukunft an anderen Großprojekten der Infrastruktur. Zum einen wurde die geplante Magnetschwebebahn, die den Hauptbahnhof mit dem Flughafen verbinden sollte, nach langwierigen Verfahren beerdigt, was zu umfangreichen Umplanungen führte. Zum anderen gab es eine weitere große Streitfrage hinsichtlich der Ertüchtigung des S-Bahnnetzes, die sogenannte zweite Stammstrecke, die als Entlastungsspange das Schienennetz im Zentrum ergänzen sollte. Erst nach über 20 Jahren wurde über diverse groß angelegte Beteiligungsverfahren, Umplanungen und schwierige Finanzierungsverhandlungen mit den Akteuren Bund, Bahn und Freistaat Bayern eine Lösung gefunden. Ein Realisierungsabschnitt befindet sich bereits im Bau, während der dritte Bauabschnitt derzeit planfestgestellt wird. Abb · 2

Die Tatsache, dass sich diese Schienenanbindung 40 Meter unter der Oberfläche des Hauptbahnhofes befindet, macht deutlich, welches Anpassungserfordernis für die Planung des eigentlichen Bahnhofgebäudes notwendig wurde. Der architektonische Wettbewerb wurde 2006 unter meiner Vorgängerin Christiane Thalgott durchgeführt. 15 Jahre später sehen wir dem Bauprojekt langsam entgegen. Manches würde heute wohl etwas anders bewertet werden, aber es kann nicht noch einmal alles auf den Prüfstand gestellt werden. Dennoch bleibt die Frage, wie Projekte innovativ und zukunftsoffen gestaltet werden können, die eine Umsetzungsphase von circa 20 Jahren haben. Planungszyklen also, in denen sich Anforderungen sehr schnell verändern, zum Beispiel durch die

Abb · 3 Allianz Arena München (Foto: Landeshauptstadt München)

fortschreitende Digitalisierung, den drängenden Klimawandel und die Mobilitätswende. Diese Anpassungsnotwendigkeiten müssen als prozessimmanent hinsichtlich der Ressourcen anerkannt werden.

Konzentration auf punktuelle Standorte in kleinen Zeitfenstern

Der Bau eines Fußballstadions zur WM 2006, der Allianz Arena, mutet wie eine Punktlandung an. Obwohl hier einige Debatten über die bauliche Veränderung des bis dahin genutzten Olympiastadions vorausgingen, wurden die Entscheidungsprozesse aufgrund der Fußballweltmeisterschaft enorm beschleunigt. Projektstrukturen ersetzten die üblichen bürokratischen Verfahren, und so wurde wieder einmal bestätigt, dass Großevents als Motoren der Stadtentwicklung für Sonderprojekte durchaus hilfreich sind. Abb·3

Brüchige Raum-Zeit-Strukturen

Beim Konzertsaal für die Philharmonie fehlte dieses Großevent, sodass hier ebenfalls mehr als ein Jahrzehnt an Diskussion über den richtigen Standort verging, bis er nun auf dem Areal des Werksviertels realisiert wird. Das Werksviertel auf dem ehemaligen Pfanni-Gelände am Ostbahnhof steht, mit einer Reihe anderer Projekte in München, für einen langanhaltenden Planungsprozess, der Brüche und Diskontinuitäten aufweist. Hier wurde, ebenfalls unter meiner Vorgängerin, ein städtebaulicher Wettbewerb durchgeführt, der die Umstrukturierung dieses ehemaligen innerstädtischen Produktionsstandortes mit über zwölf Eigentümer*innen lösen sollte. Es folgten diverse Eigentümerwechsel und Umbrüche in der Konzeption. Dass nun nach über 20 Jahren ein Modellquartier von Urbanität und kulturellen Mischnutzungen mit 1.150 Wohneinheiten entstanden ist, das sogar für einen Konzertsaal attraktiv ist, verdankt das Projekt seinem Haupteigentümer, der sich ab einem bestimmten Zeitpunkt als Hauptverantwortlicher, sozusagen als Intendant des Quartiers verantwortlich fühlte. Abb·4

In enger Kooperation mit der Stadt wurde entschieden, den städtebaulichen Entwurf, der einen vollständigen Abriss des Areals bedeutet hätte, nicht weiterzuverfolgen. Stattdessen wurde sowohl von den kulturellen Nutzungen, die sich dort interimsmäßig etabliert hatten, als auch vom umfangreichen Gebäudebestand ausgegangen. Mit einer iterativen Planungsphilosophie konnte parallel zum Bebauungsplanverfahren vieles aus dem Bestand heraus und im Vorgriff genehmigt werden. Eine Vorgehensweise, die allen Beteiligten Mut zur Lücke und gegenseitiges Vertrauen abverlangte. Dies hat sich gelohnt, wie man nun angesichts des

Abb · 4
Werksviertel auf dem ehemaligen Pfannigelände (Foto: Landeshauptstadt München)

Abb · 5
Luftbild von Neuperlach (Foto: Klaus Leidorf)

lebendigen Quartiers und der diversen Auszeichnungen erkennt, wie dem renommierten Polis Award 2021 in der Kategorie „Urbanes Flächenrecycling", dem DAM-Preis 2021 für das WERK12, dem Bayerischen Staatspreis für Bauen im Bestand 2021 für das WERK3 sowie der Anerkennung für das WERK17 beim Deutschen Ziegelpreis 2021.

Kontinuität von räumlichen Entwicklungslinien

Neuperlach mit 500 Hektar und heute 55.000 Einwohner*innen wurde in den 1960er Jahren als größte Entwicklungsmaßnahme der Neuen Heimat realisiert und seitdem immer wieder weitergebaut. Heute stellt die Transformation von Münchens größtem Stadtbezirk die umfangreichste Sanie-rungsmaßnahme in Deutschland dar. Aufgabe ist es, ein kluges Nachverdichtungskonzept für bezahlbaren Wohnraum zu entwickeln, und gleichzeitig die enormen stadträumlichen Qualitäten der Großsiedlung zu wahren und weiterzudenken. Die Grün- und Freiräume stellen den Kern des Sanierungskonzeptes dar. Basierend auf einem gesamtstädtischen Freiraumkonzept für München – „Freiraum 2030" – und in Verbindung mit dem neuen Mobilitätsplan für Stadt und Region werden vor allem der öffentliche Raum und die Grünstrukturen neu bewertet und ergänzt. Dies wird sich zusammen mit unterschiedlichen Umstrukturierungsmaßnahmen, die Teil des neuen Stadtentwicklungsplans bis 2040 sind, in drei Durchführungsphasen über einen geschätzten Zeitraum von circa 20 Jahren realisieren. Die Konzepte sind so angelegt, dass sie die nötige Offenheit besitzen, sich anzupassen und zu verändern, aber dennoch räumliche Orientierung geben. Hier greift als strategisches Stadtentwicklungskonzept wieder die „Perspektive München", die mit einem übergeordneten Handlungsraumkonzept die städtebaulichen Sanierungsmaßnahmen mit den benachbarten Stadtquartieren vernetzt. Abb·5

Folgerungen

Die aufgeführten Fallbeispiele zeigen eine Bandbreite an Planungsansätzen auf, wie sie in vielen deutschen und europäischen Städten entwickelt wurden. Es ließe sich vielleicht noch diskutieren, inwieweit eine Vielzahl von kleineren, durchaus temporär angelegten Interventionen im Stadtraum als strategische Großprojekte gewertet werden könnten, wenn sie durch eine gemeinsame konzeptionelle Verabredung in einem definierten Handlungsraum wirksam werden. Die Landeshauptstadt München arbeitet seit den 1990er Jahren mit einem strategischen Stadtentwicklungskonzept, der „Perspektive München", das regelmäßig fortgeschrieben wird, sich über alle fachlichen Ressorts der Stadt erstreckt und als Grundlage für die finanzielle und zeitliche Steuerung dient. Derzeit wird eine Digitalisierung dieses Prozesses erarbeitet, um eine flexiblere Abbildung der räumlich-zeitlichen Zusammenhänge von Investitionen und Projekten zu ermöglichen. Herausgehobene gesamtstädtische Projekte diesbezüglich waren die Schulbauoffensive oder eine Kita-Taskforce, die eine direkte, schnelle Verknüpfung mit laufenden Planungen und Projekten der Stadtentwicklung in den verschiedenen Prozessstufen sicherstellte. Ebenso konnten Sonderprojekte, die aus den Coronamaßnahmen im vergangenen Jahr resultierten, in die Stadtentwicklungsmaßnahmen integriert werden. Aktuelle Konzepte beschäftigen sich mit der Vernetzung von Klimaschutz und Klimaanpassung in Planungsverfahren, um mithilfe eines Klimafahrplans einzelne Maßnahmen im Sinne einer systemischen Herangehensweise zu verknüpfen.

Politische Rahmenbedingungen

Die Umsetzungsdauer von Großprojekten erstreckt sich oft über mehrere Legislaturperioden. Sie sind somit immer wieder auch politischen Kurskorrekturen unterworfen. Das mag je nach Überzeugung fachlich oft ein Gutes haben und entspricht in jedem Fall einer demokratisch

Abb · 6
Temporäre Interventionen und Sommerstraßen (Foto: Landeshauptstadt München)

gewünschten Kontrolle. Dies erschwert jedoch auch die zügige Umsetzung einmal getroffener Entscheidungen und stellt die Frage nach der zeitlichen Legitimation von Entscheidungsprozessen, vor allem in Verknüpfung mit Bürgerbeteiligung, die ja immer ein Gegenüber und Verbindlichkeit benötigt.

Von Fachdisziplinen wird deshalb zu Recht ein integrierter und flexibler Ansatz gefordert. Stadtplaner*innen, Architekt*innen, Geograf*innen, Ingenieur*innen und Klimaexpert*innen müssen zusammenarbeiten und immer wieder die Inhalte des Projektes darstellen und vermitteln und dabei in die Lage versetzt werden, offene Prozesse zuzulassen. Dies erscheint umso relevanter, als die Großprojekte im Rahmen von Partizipationsverfahren in der Regel über eigene Prozess- und Entscheidungsketten verfügen. Wichtig ist es, die unterschiedlichen politischen Ebenen in den Projekten zusammenzubringen, also Stadtteilpolitiker*innen und Stadträt*innen über die parteipolitischen Grenzen hinweg als Tragende des Projektes zu gewinnen sowie die maßgeblichen Akteure im Stadtteil teilhaben zu lassen.

Partizipation

Wie also Partizipation so gestalten, dass einerseits die Glaubwürdigkeit dieser Mitbestimmungsverfahren nicht konterkariert wird, die Akteure – wenn auch in wechselnder Besetzung – dabei bleiben und andererseits die jeweils eingebrachten Aspekte und Forderungen nicht untergehen, sondern dauerhaft Teil des Planungsprozesses bleiben? Die Beteiligung von möglichst breiten Bevölkerungsschichten und einer ausgewogenen Akteurslandschaft erfordert viele Ressourcen im Sinne von Zeit und Geld. Diese partizipativen Kosten müssen von Anfang an Teil der Kostenbudgets von Großprojekten werden – es genügt nicht, sie lediglich unter Kommunikationskosten zu verbuchen. Es geht hierbei zwar auch um gutes, umfassendes Kommunikations- und Informationsdesign. Der eigentliche Schwerpunkt besteht jedoch darin, Entscheidungsvorschläge gemeinsam in kooperativen Verfahren zu erarbeiten sowie im Idealfall in jede Planungsphase ein Partizipationstool zu integrieren. Dies muss nicht nur Bestandteil der Projektkosten sein, sondern ebenso ein transparent vergüteter Auftragsbestandteil von Planer- und Architektenleistungen. Ich möchte hier auf die gemeinsame Veröffentlichung von BDA und DASL mit dem Titel *Vom Wert der Planung* (2021) hinweisen.

Als gute Beispiele dürfen in München die durchgeführten Bürgergutachten zum Kunstareal, zur Umgestaltung des Viktualienmarktes und das Bürgergutachten zur PaketPost-Areal gelten. So unterschiedlich die einzelnen Projekte sind, eint sie die Tatsache, dass es jeweils um gesamtstädtische Relevanz und um gestalterische Fragen ging. Auch bei der Umsetzung der zwei letzten großen Konversionsflächen in München, dem Neufreimann-Quartier (ehemals Bayernkaserne) und dem Kreativquartier, wird mit umfangreichen Beteiligungsprozessen gearbeitet, die als Projekte der nationalen Stadtentwicklung unterstützt werden.

Mobilitätsprojekte als strategische Großprojekte

Mobilitätsprojekte sind allein schon aufgrund der schieren Dimension von Ingenieurs- und Bauleistung und ihres Finanzvolumens generell als Großprojekte strategischer Natur zu betrachten. Dies gilt für den großangelegten Schienenausbau und zunehmend für umfangreiche Sanierungsprojekte. Denken wir nur an den Sanierungsstau deutscher Brücken oder U-Bahnsysteme, die 50 Jahre nach ihrer Inbetriebnahme nun in die Revision müssen. All diese Projekte entfalten räumliche Wirkung über ihren direkten Entstehungs- oder Einsatzort hinaus, wie beispielsweise an Bahnhöfen, Flughäfen oder Autobahntrassen deutlich wird. Sie alle erfordern ein ganzheitliches Konzept im Raum. Gleiches gilt für die Versuche, mithilfe von Mobilitätsmanagement in einer regionalen Dimension Mobilitätsverhalten und Pendlerströme erfolgreich zu steuern und zu regulieren.

Mobilitätsprojekte sind nach wie vor selten von einem gemeinsamen Verständnis einer breiten Öffentlichkeit getragen. Gerade hier wird angesichts der meist hohen investiven Kosten öffentlich kritisiert und bekämpft, was in den städtischen oder regionalen Parlamenten bereits beschlossen wurde. Um das zu verhindern, müssen wichtige Projekte der Mobilität rechtzeitig kommuniziert und verhandelt werden. Darüber hinaus sollten Mobilitätsziele in kleinen Projekten, zum Beispiel als temporäre Interventionen im Stadtraum mit Parklets, Sommerstraßen oder Pop-up-Radwegen, vermittelt werden. Dafür sind Budgets notwendig, die den Schwerpunkt nicht nur zum Teil auf die investiven Maßnahmen legen, sondern ihren Fokus eben gerade auf diskursive Verfahren lenken. Abb. 6

Das Projekt „Modellstadt 2030“ untersuchte auf den verschiedenen Maßstabsebenen von Stadt, Quartier und Block die Möglichkeiten, größere Infrastrukturmaßnahmen mit kleineren Mobilitätsveränderungen im Viertel und temporären Projekten zu verzahnen. Die in Konzeption befindliche IBA mit dem Titel „Räume der Mobilität“ versucht, eine Maßstabsebene weiter zu gehen und die Europäische Metropolregion München als Schlüssel zur Mobilitätswende zu aktivieren.

Fazit

Die Transformation der Stadt darf als ganzheitliches Großprojekt gesehen werden, bei dem die Bereitschaft eingefordert wird, sich immer wieder zwischen Kontinuität und Aufbruch zu definieren. Die in der *Neuen Leipzig-Charta* und in der Initiative „New European Bauhaus“ dargestellten Parameter und Kriterien sowie vor allem die im *Memorandum „Urbane Resilienz“* ausgeführten Themen können als valide Strategie für den Umgang mit großen Vorhaben gelten. Stadt war schon immer Experimentierlabor für die Zukunft!

Stadtplanung und Projektentwicklung

Elmar Schütz

Wirtschaftlichkeit als Regulativ

Es gibt zwischen den beiden Bereichen Stadtplanung und Projektentwicklung keinen grundsätzlichen Dissens darüber, was eine gute Quartiersentwicklung ausmacht. Prinzipien wie Nutzungsmischung, Stadt der kurzen Wege usw. sind anerkannt. Für beide steht es insbesondere außer Zweifel, dass auch sie ihren Beitrag zu Klimaschutz und Nachhaltigkeit leisten müssen. In der Immobilienwirtschaft ist dieses Bewusstsein in den letzten beiden Jahren infolge der Regelsetzung der Europäischen Union zu den sogenannten ESG-Kriterien[1] sogar gestiegen.

Eine gute Zusammenarbeit von Stadtplanung und Projektentwicklung steht und fällt mit der Anerkennung der Wirtschaftlichkeit als Regulativ. Es muss akzeptiert werden, dass nur solche Projekte oder Projektteile umgesetzt werden, die auch wirtschaftlich sind. Anders ausgedrückt: Der private Investor muss dafür, dass er die Risiken eines Projekts auf sich nimmt, angemessen entlohnt werden können. Nimmt man das so an, dann ist eine schnelle und qualitätvolle städtebauliche Entwicklung möglich. Nicht rentierliche Projektteile können im Einzelfall von der Allgemeinheit und über Abschöpfung von Mehrwerten getragen werden.

Stadtplanung in diesem Zusammenhang ist amtliche Stadtplanung, sprich die Stadtplanung der öffentlichen Verwaltung im Auftrag der Politik, die versucht, die Stadtentwicklung positiv zu beeinflussen und in diesem Sinne bis auf das Quartier heruntergebrochene Ziele und Leitvorstellungen in Planungen und Maßnahmen umzusetzen. Sie ist vor allem dem Allgemeinwohl verpflichtet.

Projektentwicklung ist in diesem Beitrag das Berufsfeld und Leistungsbild der Immobilienwirtschaft, das sich dem Um- und Neubau von Gebäuden und Quartieren widmet und dadurch Wertschöpfung betreibt. Sie ist den Zwecken und Zielen ihrer Shareholder (Anteilseigner) verpflichtet und nimmt bei ihrer Produktentwicklung die Perspektive ihrer (potenziellen) Kunden (Nutzer und Investoren) ein. Im Kontext der Stadtplanung wird im Folgenden vor allem die Land- und Quartiersentwicklung beleuchtet.

Es geht also um die Fälle, in denen ein Investor (Projektentwickler) ganz oder überwiegend als Planungsbegünstigter auf der Basis eines städtebaulichen Vertrages die Folgekosten und Folgelasten einer städtebaulichen Entwicklung trägt. Das macht er in der Umsetzung seines Geschäftsmodells. Dies setzt voraus, dass er ganz oder überwiegend über das Eigentum der zu entwickelnden Fläche verfügt, die in der Regel Gegenstand eines Bebauungsplans ist.

Zu den Folgekosten und Folgelasten gehören etwa:

→ die Übernahme sämtlicher Planungskosten, die im Zusammenhang eines Bauleitplanverfahrens entstehen,
→ die Herstellung der Straßen, Wege und Plätze sowie der Grünanlagen des Quartiers,
→ die kostenfreie Übertragung aller öffentlichen Flächen, auch derjenigen für die soziale und technische Infrastruktur,
→ die Durchführung von Artenschutzmaßnahmen und
→ die Förderung von günstigem Wohn-, bisweilen auch Gewerberaum und Baukostenzuschüsse zur sozialen Infrastruktur.

In städtebaulichen Verträgen werden zudem häufig Verfahren zur (gestalterischen) Qualitätssicherung vereinbart, etwa Wettbewerbsverfahren oder die Einschaltung eines Gestaltungsbeirats, Maßnahmen zur Energieversorgung des Quartiers und zur Gewährleistung von Energiestandards bei Gebäuden.

Rechtliche Rahmenbedingungen

Grundlage für eine solche Art des kooperativen Städtebaus ist § 11 des Baugesetzbuchs. Nach diesem sind der Inanspruchnahme des Investors allerdings Grenzen gesetzt, nämlich die der Ursächlichkeit und der Angemessenheit. Ursächlichkeit bedeutet, dass die Kosten und Lasten unmittelbar aus den städtebaulichen Planungen und Maßnahmen folgen müssen oder deren Voraussetzungen sind (§ 11 [1], Nr. 3 BauGB). Angemessenheit bedeutet, dass die Aufwendungen des Investors „den gesamten Umständen nach" (§ 11 [2], Satz 1 BauGB) vertretbar sein müssen. Für den Investor bedeutet das, dass die Aufwendungen seine Einnahme nicht nur nicht überschreiten dürfen, er muss auch einen angemessenen Gewinn erzielen können. Was angemessen ist, ist weder durch Gesetz noch durch die Rechtsprechung konkretisiert worden.[2] Fest steht lediglich, dass es einer Einzelfallbetrachtung bedarf (vgl. Spieß 2017: 444). Die Einigung auf einen städtebaulichen Vertrag kann als Indiz für die Angemessenheit gewertet werden. Denn die Gemeinde muss und kann sich darauf verlassen, dass ein Investor in dem Moment „Alarm schlagen" wird, in dem die Aufwendungen seinen (prognostizierten) Gewinn zu übersteigen drohen (vgl. Bunzel 2021: 227).

In zahlreichen deutschen Städten ist dieses Vorgehen mittlerweile normiert und formalisiert. München war bereits 1994 mit der Einführung der sogenannten sozialgerechten Bodennutzung (SoBoN) Vorreiter. In den letzten Jahren sind diesem Vorbild zahlreiche Städte gefolgt, darunter Frankfurt am Main mit dem sogenannten Baulandbeschluss im Mai 2020. In solchen Baulandmodellen wird als Selbstbindung der Städte vielfach festgelegt, dass ein Drittel des Planungsgewinns beim Investor verbleiben soll. Im Sinne der an sich notwendigen Einzelfallbetrachtung ist das aber nur ein Anhaltswert. Wie weit eine Vereinbarung im Sinne der städtebaulichen Vorstellungen einer Stadt gehen kann, ohne die rechtlichen Grenzen zu überschreiten, zeigt das Beispiel Tübingen.

Alter Güterbahnhof in Tübingen

Bei dem Alten Güterbahnhof handelt es sich, wie der Name schon sagt, um das Gelände des ehemaligen Güterbahnhofs an der Eisenbahnstraße in Tübingen. Das Areal ist etwa neun Hektar groß und grenzt südlich durch die Bahnstrecke Plochingen-Immendingen getrennt an die Innenstadt an. Das Gebiet wurde zunächst gemeinsam von DB Imm[3] und Aurelis[4] in Abstimmung mit der Stadt Tübingen entwickelt. Erste Gespräche hatten die Grundstückseigentümer und die Stadt 2008 aufgenommen. In den Jahren 2009 und 2010 wurden die wesentlichen strategischen Aspekte der Entwicklung gemeinsam erarbeitet. Im Jahr 2011 wurde ein städtebaulicher Wettbewerb durchgeführt. Aurelis hatte den Flächenanteil 2014 von DB Imm erworben und das Projekt anschließend als allein verantwortlicher Grundstückseigentümer auf Basis eines Bebauungsplans (Aufstellungsbeschluss 2012, Satzungsbeschluss 2015) und eines städtebaulichen und Erschließungsvertrages, der 2015 geschlossen wurde, zusammen mit der Stadt entwickelt. Nach Inkrafttreten des Bebauungsplans begann Aurelis mit der Erschließung und Vermarktung. Die Realisierung der Hochbauten durch Dritte und der sogenannten Höfe 2 und 4 in aufgelockerter Blockrandbebauung durch Aurelis selbst begann parallel zur Erschließung. Stand und Inhalte des Projekts können einer Internetseite der Stadt[5] entnommen werden.[Abb. 1]

Neben den oben genannten Standardregelungen eines städtebaulichen Vertrages sind nachfolgende Regelungen besonders erwähnenswert:

Abb · 1 Alter Güterbahnhof in Tübingen, Blick in Hof 2 (Foto: Aurelis/Eibe Sönnecken)

→ Verpflichtung zur Vorhaltung von Baufeldern für Baugruppen (25 %); das entspricht 13 Bauplätzen für Baugruppen, die über das gesamte Quartier verteilt wurden, um die soziale Mischung zu fördern. Die Preise für die Baugruppengrundstücke wurden gedeckelt, sodass ein Konzeptverfahren möglich wurde.
→ Auswahl der Bauträger und Hochbauentwickler, soweit die Realisierung nicht von Aurelis selbst vorgenommen wurde, in Abstimmung mit der Stadt und Verpflichtung dieser zur Entwicklung separater Häuser mit unterschiedlichen Architekten
→ Kauf des Gebäudekomplexes der Güterhalle inklusive Grundstück durch die Stadt
→ Vorhalten von Stellplatzgrundstücken entlang der Bahnlinie für Carsharing und geförderten Wohnungsbau bzw. Baugruppen
→ Verpflichtung der Bauträger, bauliche Vorkehrungen für Photovoltaikanlagen auf den Dächern vorzusehen sowie mit den Stadtwerken Tübingen deren Angebot über Mieterstrom und Netzeinspeisung zu diskutieren

Bis zur fast vollständigen Aufsiedlung im Jahre 2020 sind also nur 12 Jahre vergangen. Das ist vergleichsweise schnell. Es war nicht nur dem Wohnungsdruck und der damit verbundenen Nachfrage zu verdanken, sondern auch der Entschlussfreudigkeit und dem Gestaltungswillen von Aurelis. Die zum damaligen Zeitpunkt eher ungewöhnlichen Überlegungen der Stadt konnten zügig unter dem Aspekt der wirtschaftlichen Tragfähigkeit bewertet und umgesetzt werden.

Wirtschaftlichkeit

Gemäß nachfolgender Grafik muss eine Gesamtwirtschaftlichkeit gegeben sein (oberer Teil). Außerdem muss der Zahlungsstrom, also die Summe der Kosten und Erlöse, positiv abschließen (unterer Teil). Naturgemäß gehen die Kosten eines Projekts den Erlösen voraus. Dennoch ist es möglich, durch auslaufende Nutzungen, Zwischennutzungen und früh realisierte Verkäufe oder neue Vermietungen den Zahlungsstrom so zu gestalten, dass in möglichst wenigen Perioden (Jahren) negative Ergebnisse erzielt werden. Abb. 2

In diesem Sinne muss sich eine Einzelmaßnahme wirtschaftlich positiv auf das Gesamtergebnis auswirken oder durch Quersubventionierung ausgeglichen werden. Typischerweise ist letzteres zum Beispiel beim geförderten Wohnungsbau der Fall. Da sich die Wohnungsbaukosten bei gefördertem Wohnungsbau nicht grundsätzlich anders darstellen als beim freifinanzierten, muss die gesetzlich normierte Fördermiete durch eine Erhöhung der freifinanzierten oder – im Falle von Eigentumswohnungen –

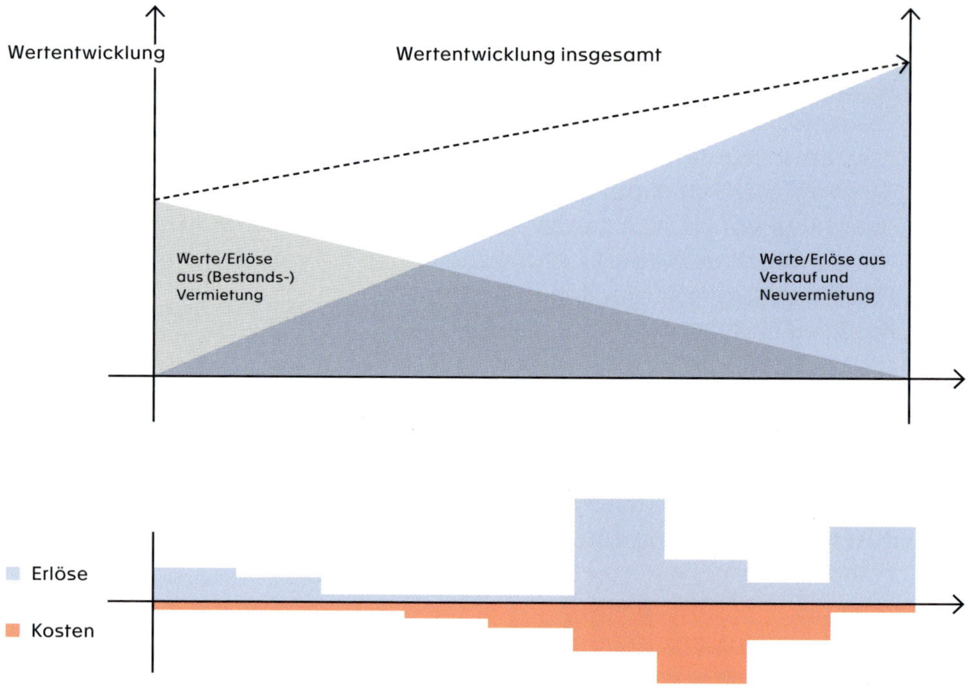

Abb · 2 Wertentwicklung und Zahlungsstrom durch Projektentwicklung, projektunspezifisch und vereinfacht (Quelle: Elmar Schütz)

durch höhere Wohnungspreise ausgeglichen werden. Die wirtschaftlichen Möglichkeiten des Hochbauentwicklers oder Endinvestors (desjenigen, der die fertige Immobilie erwirbt) schlagen dabei auf die Baulandpreise durch und drücken sich in reduzierten Grundstückspreisen aus. Es ist daher richtig, dass etwa die Stadt Frankfurt am Main in ihrem Baulandmodell bei der Ermittlung der planungsbedingten Wertsteigerung den Einfluss des geförderten oder preisreduzierten Wohnungsbaus berücksichtigt (vgl. Stadt Frankfurt am Main 2020: 10 f.).[Abb. 3]

Der Investor bedient sich dabei verschiedener Kennzahlen und Methoden, um die Wirtschaftlichkeit zu messen. Herauszuheben ist die Marge, die den Gewinn des Projekts im Verhältnis zum eingesetzten Kapital ausdrückt, und die IRR (Internal Rate of Return, interne Rendite), die das Projekt unter der Einsetzung eines (unternehmensweit gültigen) Zielzinssatzes im Vergleich zu anderen Projekten oder anderen Anlagemöglichkeiten darstellt. Letztere benutzt diesen Zielzinssatz zur Diskontierung (Abzinsung) aller Kosten und Erlöse auf den Projektstart.[6]

Verschiedene Geschäftsmodelle

Die Geschäftsmodelle auf der Projektentwicklerseite können nach der Tiefe der Wertschöpfung oder dem Produkt der Entwicklung unterschieden werden:

→ Immobilienunternehmen, die sich auf Landentwicklung spezialisiert haben; ihr Produkt ist das baureife, also fertig erschlossene und mit Bauplanungsrecht versehene Grundstück.
→ Immobilienunternehmen, die sich auf Quartiersentwicklung spezialisiert haben; sie realisieren nach der Landentwicklung alle oder die meisten Gebäude des Quartiers selbst.
→ Immobilienunternehmen, die Land- und Quartiersentwicklung „zum Füllen ihrer Pipeline" benutzen; in dem Fall folgt der Land- und Quartiersentwicklung ebenso eine Hochbauprojektentwicklung. Allerdings ziehen sie ihren Gewinn allein aus der Vermarktung der Immobilien – etwa die Bauträger aus dem Verkauf von Eigentumswohnungen –, was ihnen einen etwas größeren wirtschaftlichen Spielraum geben mag, da die Marge aus der Landentwicklung entfällt. Die fertiggestellten und vermieteten Immobilien werden (ausgenommen Eigentumswohnungen) anschließend an einen Endinvestor verkauft oder in das Bestandsportfolio des Immobilienunternehmens übernommen.

In der Praxis sind die Grenzen fließend. Land- und Quartiersentwicklung treten oft parallel auf, etwa in dem Sinne, dass Landentwickler einzelne Hochbauten in einem Quartier selbst entwickeln. Aber auch sie müssen wie ein Quartiersentwickler denken. Denn auch wenn (nur) ein

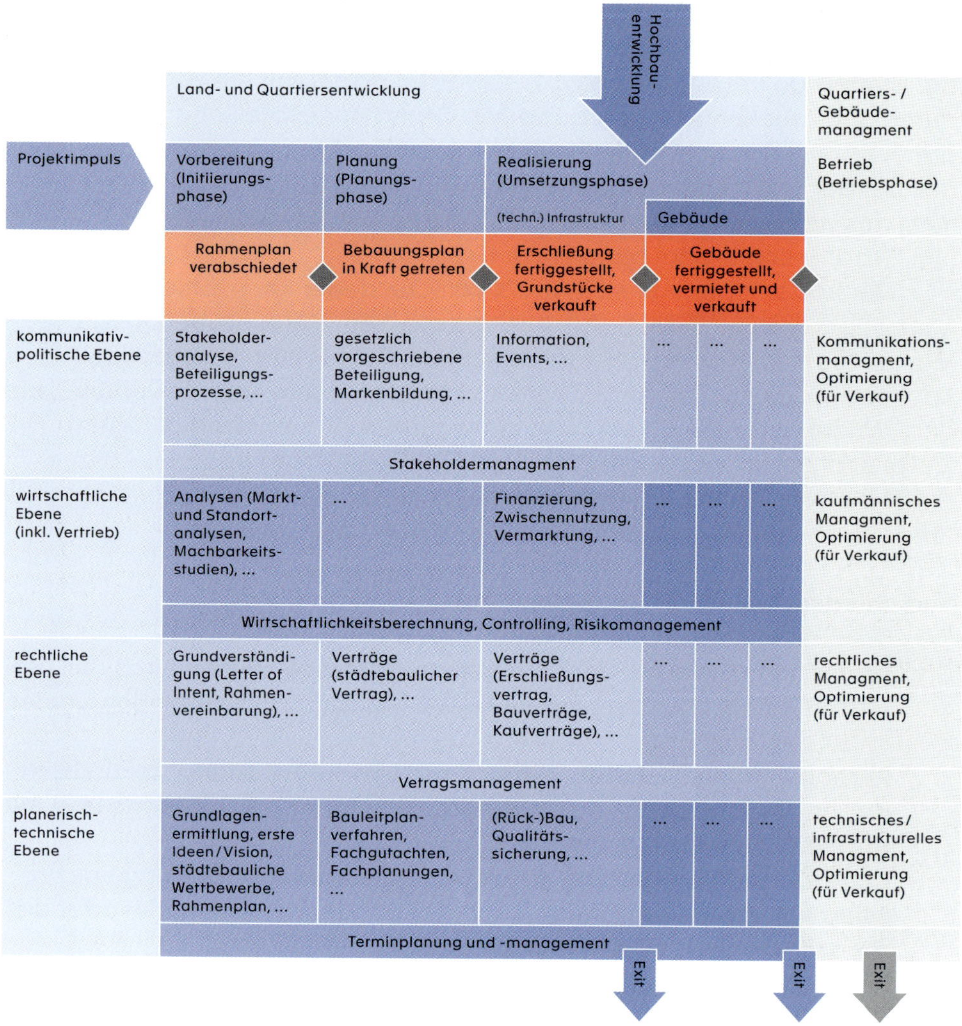

Abb · 3 Planungsbedingte Wertsteigerung (Quelle: Stadt Frankfurt am Main 2020: 10)

Grundstück verkauft wird, trägt es den ideellen Wertanteil des Quartiers in sich, der dadurch entsteht, dass Gebäude, Nutzungen und der öffentliche Raum sich im Quartier komplementär zueinander verhalten und gemeinsam etwas Neues und Besseres hervorbringen – eben das Quartier.[7] Unternehmen, die für den eigenen Bestand bauen und deshalb langfristig engagiert bleiben, haben von vornherein eine günstigere Sichtweise auf Qualität und Wirtschaftlichkeit.

Der Grundsatz der Wirtschaftlichkeit ändert sich nicht, wenn Gesellschaften im Mehrheitseigentum der öffentlichen Hand stehen oder Genossenschaften aktiv werden. Es ist hier nur vielfach so, dass deren Renditeanforderungen etwas niedriger sind, da ihre Anteilseigner ihnen vorrangig andere Gesellschaftszwecke aufgetragen haben oder sie kein freies privates Kapital einwerben müssen. Eine „schwarze Null", also eine minimale Rendite sollte es aber auch hier sein.[Abb. 4]

Nach der Fertigstellung des Quartiers übernimmt die Kommune die Rolle des Quartiersbetreibers, in dem Sinne, dass sie sich um den öffentlichen Raum kümmert, während die (neuen) Immobilieneigentümer ihre Gebäude managen. Dass das gesamte Quartiersmanagement (ausschließlich) in der Hand von privaten Unternehmen bleibt, ist in Deutschland eher die Ausnahme.[9]

Elemente eines gedeihlichen Zusammenwirkens

Auch wenn zwei das Gleiche wollen, stehen dem oft die unterschiedlichen Systemlogiken, wie sie etwa Luhmann beginnend mit seinem Hauptwerk (Luhmann 1984) entwickelt hatte, entgegen. Die unterschiedlichen Logiken sind also zu erkennen und anzuerkennen. Kommt gegenseitiges menschliches Verständnis hinzu, das durch Aufnahme und Unterhaltung von Kontakten auf allen Hierarchieebenen von Stadtplanung (Stadtverwaltung) und Projektentwicklung (Unternehmen) befördert wird, so hilft das auch beim Verständnis der Systemlogiken.[10]

Außerdem sollten für wichtige Quartiersentwicklungen besondere Kommunikations- und Entscheidungsgremien geschaffen werden, in denen rhythmisiert Arbeitsaufträge vergeben und Entscheidungen getroffen werden, und zwar insbesondere in der ersten Phase der Quartiersentwicklung, in der im eigentlichen Wortsinn das Projekt erst einmal entwickelt werden muss. Einer der Ersten, wenn nicht der Erste, der das erkannt hatte, war Bernd Scholl. Er arbeitete diese Erkenntnisse in seiner Dissertation aus (Scholl 1994). So theoretisch gewappnet, leitete er von 2002 bis 2003 das Konsilium für die Entwicklung des Europaviertels in Frankfurt am Main, nach dessen Empfehlung wichtige Entscheidungen vor allem in Sachen Erschließung und verkehrlicher Vernetzung mit Stadt und Region getroffen wurden (vgl. DB Imm 2002; Aurelis 2004).

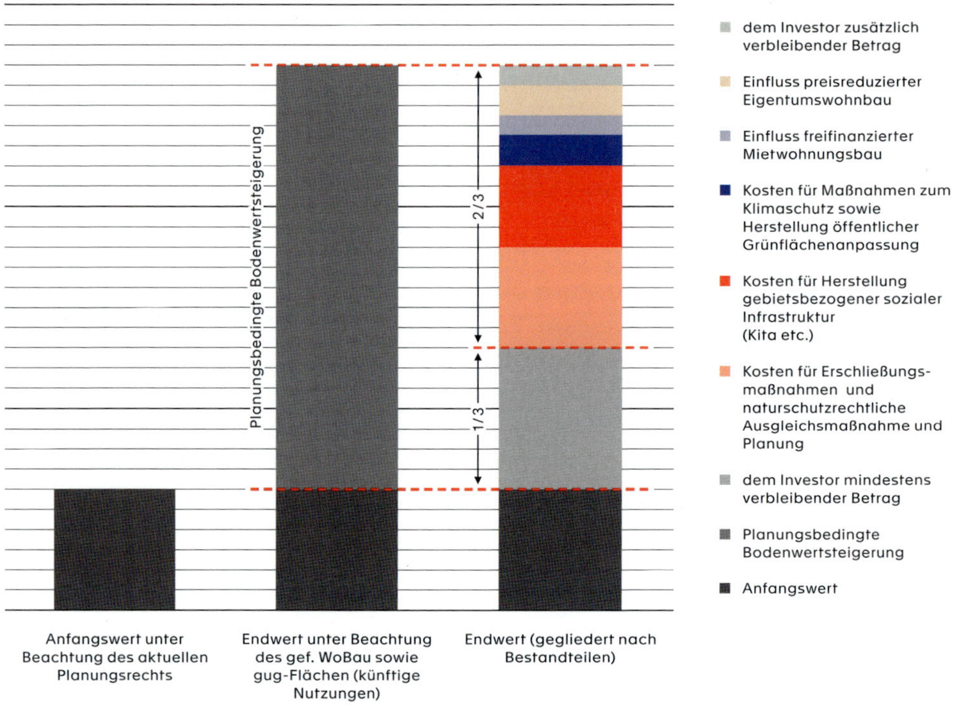

Abb·4 Übersicht der Phasen und Ebenen einer Land- und Quartiersentwicklung mit Angabe der wesentlichen Module und Arbeitspakete (Quelle: Elmar Schütz)[8]

Durch das Primat der Politik, also der jeweiligen Letztentscheidung im städtischen Parlament wie etwa der Zustimmung zu einem Rahmenplan oder der Beschlussfassung eines Bebauungsplans als Satzung, ist darüber hinaus die Legislative in geeignetem Maße einzubinden. Hier spielt die Logik des politischen Systems eine entscheidende Rolle. Über die auf Zeit gewählten Beigeordneten und Dezernatsleiter besteht eine Verbindung zwischen Exekutive und Legislative, da sie in der Regel von einer Mehrheit im Kommunalparlament getragen werden. In Zeiten verstärkter Partizipation braucht es zudem kluge Ideen von Stadtplanung und Projektentwicklung und gemeinsamen Mut, um Projekte voranzubringen. Eine Erkenntnis dabei – für die Projektentwicklung mehr, für die Stadtplanung weniger – ist, dass man seine Projektziele nur teilweise selbstbestimmt erreichen kann. Dies anzuerkennen, gleichzeitig immer wieder die Wirtschaftlichkeit als Regulativ einzubringen und die daraus abgeleiteten notwendigen Entscheidungen einzufordern, ist zu guter Letzt eine wesentliche Voraussetzung für den Projekterfolg.

Schlussbetrachtung

Insbesondere im Vorfeld der letzten Bundestagswahl ist in Fachkreisen die Notwendigkeit einer stärker allgemeinwohlorientierten Bodenpolitik gesehen und eine dahingehende Wende gefordert worden (vgl. Bündnis Bodenwende 2021a und 2021b). Das bedeutet aber nicht, dass städtebauliche Entwicklungen, von denen Private profitieren, nicht (auch) allgemeinwohlorientiert sein können. Die Tatsache, dass § 11 BauGB hier eine Reihe von Möglichkeiten bietet, die in vielen Städten erprobt und institutionalisiert sind, spricht, wie das Beispiel Tübingen zeigt, dagegen. Verständlich ist das Unbehagen, wenn Grundstückseigentümer ohne ihr Zutun und ohne Risiko zu übernehmen durch Änderung des Planungsrechts sogenannte leistungslose Bodenwertsteigerungen einstreichen. Wenn aber sämtliche planungsbedingten Folgekosten und Folgelasten von Investoren übernommen werden, diese nach den Kriterien des Allgemeinwohls bestimmt worden sind und der Investor sämtliche Risiken, die mit Planung und Bau eines Quartiers verbunden sind, trägt, ist das alles andere als leistungslos.

Anmerkungen

1 ESG steht für Environmental, Social und Governmental; gemeint sind damit ökologische, soziale und Unternehmensführungsaspkete einer Investition, die gemäß der *Verordnung (EU) 2018/2088 des Europäischen Parlaments und des Rates vom 27. November 2019 über nachhaltigkeitsbezogene Offenlegungspflichten im Finanzdienstleistungssektor* für eine nachhaltige Entwicklung stehen und zu denen die finanzierenden Banken berichten müssen. Wenn die Banken offenlegen müssen, dann müssen auch die finanzierten Produkte und Projekte Nachhaltigkeitskriterien entsprechen, im vorliegenden Fall Immobilien.

2 Zur Frage der Beurteilung der Angemessenheit und der zur Verfügung stehen Methoden gibt es in der Literatur verschiedene Ansätze (vgl. hierzu insbesondere Bunzel 2021: 225–227; Faller/Beyer 2018: 128 f.).
3 Deutsche Bahn AG vertreten durch Deutsche Bahn Immobilien, https://www.deutschebahn.com/de/geschaefte/immobilien, 21.01.22.
4 Aurelis Asset GmbH vertreten durch die Aurelis Real Estate Service GmbH, https://aurelis.de/, 21.01.22.
5 https://www.tuebingen.de/6347.html#/13235, 08.01.22.
6 Der Fachbegriff dafür ist Discounted Cash-Flow (DCF, abgezinster Zahlungsstrom) bzw. DCF-Verfahren. Da die Abzinsung über den Projektverlauf periodenweise erfolgt, also den Zeitwert des Geldes berücksichtigt, spricht man auch von einem dynamischen Verfahren.
7 Das Quartier ist somit ein Beispiel für das in vielen anderen Fachgebieten bekannte Phänomen der Emergenz.
8 Die Pfeile mit der Inschrift „Exit" geben mögliche Verkaufszeitpunkte aus immobilienwirtschaftlicher Sicht wieder.
9 Zu einer solchen zählen das Überseequartier Nord in Hamburg, gemanagt durch die Quartiersmanagementgemeinschaft Überseequartier GbR, das Westfield Hamburg (Überseequartier Süd), betrieben von der Unibail-Rodamco ÜSQ Süd Quartiersmanagement GmbH, und Teile des Quartiers am Potsdamer Platz, wahrgenommen durch die IG PoP Interessen- und Marketinggemeinschaft, deren operatives Geschäft von der MVGM Property Management Deutschland GmbH, einem Immobiliendienstleister, ausgeführt wird. Business Improvement Districts stellen ebenfalls eine Art privates Quartiersmanagement dar, das aber in der Regel nur in „in die Jahre gekommenen" Quartieren Anwendung findet.
10 Ein Beispiel für die unterste Ebene ist die Vereinbarung zwischen dem Stadtplanungsamt Frankfurt am Main und der Region Mitte (Niederlassung) von Aurelis, während der Entwicklung des Europaviertels Städtebaureferendare im Rahmen ihrer Ausbildung bei Aurelis zwei Wochen hospitieren zu lassen.

Literatur

Aurelis Real Estate GmbH & Co. KG et al. (Hg.): *Aktionsplan Integrale Verkehrskonzeption. Lagebeurteilung 2003 anlässlich des Abschlusses der Konsiliumsarbeit*. Frankfurt am Main 2004 (unveröffentlicht)

Bündnis Bodenwende (Hg.) (2021a): *Bodenpolitische Wahlprüfsteine zur Bundestagswahl 2021*. https://dasl.de/2018/11/26/ausschuss-bodenpolitik/, 05.02.2022

Bündnis Bodenwende (Hg.) (2021b): *Bodenwende jetzt! Bodenpolitische Forderungen zur Bundestagswahl 2021*. https://dasl.de/2018/11/26/ausschuss-bodenpolitik/, 05.02.2022

Bunzel, Arno: „Wege zur Beurteilung der Angemessenheit beim Abschluss städtebaulicher Verträge". In: *Zeitschrift für deutsches und internationales Vergaberecht*. Heft 3, 2021, S. 222–227

Deutsche Bahn Immobiliengesellschaft mbH et al. (Hg.): *Aktionsplan Integrale Verkehrskonzeption. Lagebeurteilung 2002 des Konsiliums anlässlich des ersten Bearbeitungsjahrs*. Frankfurt am Main 2002

Faller, Bernhard/Beyer, Colin: „Baulandmodelle nach dem Vorbild der Münchener SoBoN". In: *Forum Wohnen und Stadtentwicklung*. Heft 3, Mai/Juni 2018, S. 127–130

Luhmann, Niklas: *Soziale Systeme*. Frankfurt am Main 1984

Scholl, Bernd: *Aktionsplanung. Zur Behandlung komplexer Schwerpunktaufgaben in der Raumplanung*. Zürich 1994

Spieß, Gerald: „Sozialgerechte Bodennutzung. Rechtliche Anforderungen an Baulandmodelle für bezahlbaren Wohnraum". In: *Kommunaljurist*. Heft 12, S. 441–447

Stadt Frankfurt am Main (2020): *Baulandbeschluss für die Frankfurter Stadtentwicklung*. https://www.stadtplanungsamt-frankfurt.de/baulandbeschluss_f_r_die_frankfurter_stadtentwicklung_19650.html, 05.02.22

Der Masterplan der Hamburger HafenCity: Schöner Plan oder wirkungsvolles Instrument?

Markus Neppl

Allerspätestens mit dem Beitrag in den Tagesthemen im April 2021 zum 20. Jubiläum ist die HafenCity in der öffentlichen Wahrnehmung als neuer Hamburger Stadtteil angekommen. Dieser Erfolg war bei den ersten Gedanken und Skizzen des damaligen Oberbaudirektors Prof. Egbert Kossak und des Hamburger Architekten Prof. Volkwin Marg in den 1980er Jahren nicht unbedingt vorhersehbar.

Die Hamburger Vorgeschichte

Das gesamte Areal südlich der Speicherstadt war als Freihafen nicht öffentlich zugänglich, und nur mit viel Phantasie konnte man erahnen, was dort einmal entstehen würde. Durch den globalen Wandel der Hafenlogistik waren viele Hafenbecken zu klein geworden, und die Infrastruktur war nicht mehr in der Lage, die sehr viel größer gewordenen Containerschiffe abzufertigen (Schubert 2011). In den beiden internationalen Bauforen von 1986 und 1988 beschäftigten sich erstmals internationale Architekten und Stadtplaner mit Entwürfen für das gesamte Elbufer und das Areal im Umfeld der Speicherstadt. Die Grundlagen hierfür wurden in der 1984 gegründeten Projektgruppe Elbufer gelegt (Kraft-Wiese 2000).

Im Vergleich zu den internationalen Vorbildern in London, Sydney, Rotterdam und Amsterdam waren die Projekte aber sehr bescheiden und kleinteilig. Die Planungsbehörden der Hansestadt setzten in den 1990er Jahren zunächst auf die Weiterentwicklung der sogenannten Perlenkette von Övelgönne bis zur Speicherstadt. Rund um den Fischmarkt entstanden unterschiedliche Projekte, die deutliche Akzente am Hafenrand setzten. Auch das Verlagsgebäude von Gruner + Jahr ließ erahnen, welche Dimensionen das Verknüpfen von Innenstadt und Elbufer einmal annehmen könnte.

Einige dieser Projekte waren aber in der Stadtpolitik und in der Bevölkerung umstritten. Durch die Zerstörungen zum Ende des Zweiten

Weltkriegs und das Aufgeben der Hafennutzungen war der Elbhang nicht mehr dicht bebaut und hatte sich im Laufe der Jahre eher zu einem grünen Naherholungspark von Altona entwickelt. Die verfallenen Speichergebäude hatten einen morbiden Charme und waren wichtige Orte der Subkultur geworden. Auch die Hausbesetzerszene führte einen jahrelangen Kampf gegen das Establishment in der Hafenstraße und versuchte, weitere Entwicklungen zu verhindern. Besonders vehement wurde um das Projekt am Holzhafen gerungen. Neben Bürgerinitiativen, die gegen eine generelle Entwicklung dieser Perlenkette kämpften, war aber auch die Stadtpolitik gespalten, wie mit diesen Projekten umgegangen werden sollte.

In Hamburgs Mitte gab es während der 1990er Jahre eigentlich keine Notwendigkeit für Projekte dieser Größenordnung. Wohnungen wurden eher am Stadtrand gebaut und Büro- und Gewerbeflächen gab es ausreichend. Auch die Immobilienwirtschaft war skeptisch, ob das komplizierte und aufwendige Bauen in den alten Hafengebieten ökonomisch erfolgreich sein könnte. Hinzu kamen noch die sehr umfangreichen Hochwasserschutzanforderungen, da die Areale regelmäßig vor Sturmfluten geschützt und im Extremfall sogar evakuiert werden mussten. Die ersten Realisierungen waren spektakulär und auf einem sehr hohen architektonischen Niveau. Durch den damaligen, sehr energischen Oberbaudirektor und die konsequente Arbeit der Projektgruppe wurden Investoren und Architekten intensiv begleitet, und auch Institutionen wie Greenpeace erkannten die Vorzüge der spektakulären Lage direkt an der Elbe.

Diese Vorgeschichte hat den Start des HafenCity-Projektes deutlich verzögert, die Auslobung des internationalen Wettbewerbs für den Masterplan wurde erst 1998 veröffentlicht. Die Stadt Hamburg hatte in der Zwischenzeit versucht, möglichst viele Grundstücke zu erwerben, ein sogenanntes Sondervermögen eingerichtet und für die Durchführung des Projekts eine eigene Gesellschaft gegründet (GHS, später HafenCity Hamburg GmbH). In der Auslobung waren für den Zentralbereich mit einem Kreuzfahrtterminal, einem sogenannten „Urban Entertainment and Science Center" und vielen großen Bürokomplexen Nutzungen gefordert, die überwiegend kommerziell ausgerichtet waren. In der Politik wurde die Zielsetzung ausgegeben, mit den ökonomischen Gewinnen dieser Stadtentwicklung den weiteren Ausbau der Containerterminals im gesamten Hafengebiet finanzieren zu wollen. Das Thema Wohnen spielte nur eine untergeordnete Rolle und war zunächst nur im Luxussegment vorgesehen.

Große Pläne der 1990er Jahre

Nach den euphorischen Wendejahren konzentrierten sich die städtebaulichen Entwicklungen auf die neue Hauptstadt Berlin und die großen ostdeutschen Städte. Daneben gab es mit den sogenannten

21er-Bahnprojekten große innerstädtische Entwicklungsflächen. Mit dem Masterplan Stuttgart 21 (1997), dem Europaviertel in Frankfurt (1998) und der Bahnstadt in Heidelberg (2001) wurden ähnlich große Entwicklungen wie in der HafenCity geplant. Alle diese Pläne waren als zusammenhängende, kompakte „urbane Visionen" konzipiert. Ähnlich auch wie beim Planwerk Innenstadt in Berlin (1999) wurde nach der großen städtebaulichen Idee und zusammenhängenden öffentlichen Räumen gesucht. Die Pläne orientierten sich am Leitbild der klassischen Europäischen Stadt und ver-zichteten auf große Experimente. Die Themen Mobilität und Ökologie spielten zunächst nur eine untergeordnete Rolle. Auch die Probleme einer phasenweisen Umsetzung wurden weitgehend ignoriert. Die Masterpläne wurden detailliert ausgearbeitet und wie beim Planwerk Innenstadt in qualifizierten Bebauungsplänen und Gestaltungshandbüchern „festgezurrt".

Der städtebauliche Wettbewerb

Durch das intensive Erleben der Hamburger „Vorgeschichte" und durch die detaillierte Analyse der komplizierten Randbedingungen des Planungsareals versuchte unser Wettbewerbsbeitrag, einen anderen Weg zu beschreiten. Es sollte nicht die „große Vision" sein, sondern eine stabile, aber auch flexible Grundlage, die insbesondere den damals prognostizierten Realisierungszeitraum von 20 Jahren mit in das Konzept einbezog.

Bei der Bekanntgabe des Wettbewerbsergebnisses hieß es zur Begründung: „Die Arbeit von hamburgplan/Astoc bilde eine tragfähige Grundlage für die weitere Planung und Realisierung der HafenCity. Der Entwurf überzeuge durch eine Bandbreite von städtebaulichen Typologien, die unterschiedliche Quartiere entstehen lassen und eine schrittweise Realisierung dieses Generationenprojektes zulassen. Als besondere Qualitäten des Entwurfes würdigte die Jury die Transparenz der HafenCity zur Speicherstadt, die eine städtebauliche Verzahnung von alter und neuer Stadt ermögliche. Außerdem sehe der Entwurf neue attraktive Wohnlagen an den Hafenbecken und am Strom vor." (Arbeitsgemeinschaft 1999).

Die Fachwelt reagierte verhalten. Der Plan wurde zwar als pragmatisch, aber wenig inspirierend bezeichnet. Der „heimliche Sieger", das Projekt von Klaus und Verena Trojan und ihrem Team, überformte die Hafenbecken wesentlich intensiver und präsentierte eine ambitionierte urbane Wasserlandschaft (BauNetz 1999). Unser Plan verzichtete dagegen auf aufwendige Eingriffe und konzentrierte sich auf eine strategisch angelegte Transformation des gesamten Plangebiets. Der Kerngedanke war ein Regelwerk von fixierten und flexiblen Parametern zur Entwicklung von einzelnen Quartieren. Diese Teile des Ganzen waren nicht nur stadträumlich und strukturell gedacht, sondern bildeten auch den Bezugspunkt für

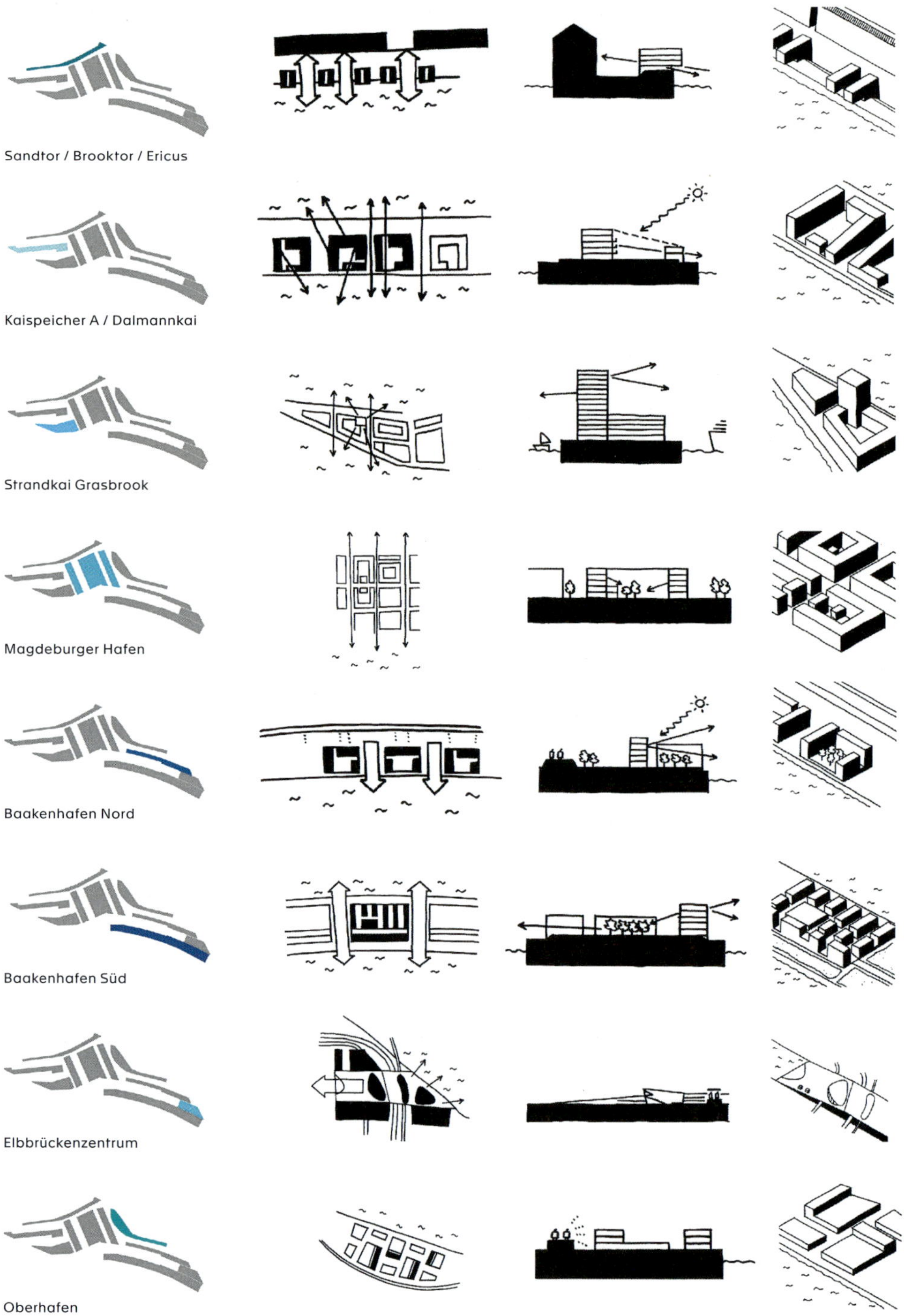

Abb. 1 Typologie der Quartiere (Quelle: ASTOC/KCAP Architects & Planners)

die städtebaulichen und planungsrechtlichen Kennwerte wie Dichte, Nutzungsmischung und Parzellierung. Anders als in der Auslobung formuliert, sollte jedes Teilquartier eine jeweils spezifisch ausgerichtete Nutzungsmischung bekommen. Besondere Nutzungen, die großen Frei- und Grünflächen und die notwendige Infrastruktur wurden an wichtigen Schnittstellen platziert, und insbesondere die Wasserflächen bildeten das innere Rückgrat des gesamten Projekts. Abb. 1, 2

Der Masterplan

Bei der öffentlichen Präsentation war deutlich zu spüren, dass die Hamburger die Planungen hanseatisch kühl zur Kenntnis nahmen und nur wenige sich diese 100 Hektar „neue Innenstadt" hinter der Speicherstadt vorstellen konnten. Der neue Oberbaudirektor Jörn Walter zeigte sich von diesen verhaltenen Reaktionen kaum beeindruckt und forcierte den Planungsprozess.

Im „Abstimmungsmarathon" mit den Fachbehörden wurde relativ schnell klar, dass es mehrere schwere Hypotheken für das Plangebiet gab. Für den notwendigen Flutschutz musste das Areal um ca. 3 Meter (ca. 4 bis 5 Meter NN auf 7,20 bis 8,10 Meter NN) aufgeschüttet werden. Die Versmannstraße als Zubringer zum Autobahnanschluss an den Elbbrücken und die Bahntrasse würden erhebliche Lärmemissionen erzeugen und ließen sich nur schwer integrieren. Das Mobilitätskonzept war zu Beginn nur auf den motorisierten Individualverkehr und wenige Busverbindungen ausgerichtet. Zusammen mit der politischen Forderung, möglichst schnell Gewinne zu generieren, schränkten diese Rahmenbedingungen die Planungsoptionen deutlich ein. Der pragmatische Plan bewies in dieser Phase seine Qualitäten und seine Konturen wurden deutlich schärfer. Kees Christiaanse bezeichnete dieses planerische Vorgehen als „Simultanschachspielen". Tatsächlich wurden alle Akteure an unterschiedlichen Stellen des Plans ständig mit neuen Herausforderungen konfrontiert. Während man im westlichen Teil möglichst schnell erste Realisierungen anstrebte, dominierte im östlichen Teil die Infrastrukturplanung und die Forderung nach einer U-Bahnverbindung zur Innenstadt.

Nach und nach trat der eigentliche Plan in den Hintergrund und wurde durch einen ausgeklügelten Planungsprozess auf mehreren Ebenen ergänzt. Hierbei kam dem Projekt die hanseatische Besonderheit eines mit vielen Befugnissen ausgestatteten Oberbaudirektors und das sehr effiziente und weitsichtige Management der HafenCity GmbH zugute. Jörn Walter und Jürgen Bruns-Berentelg forcierten alle wichtigen Entscheidungen auch im Detail und konnten die Öffentlichkeit und die Politik über einen langen Zeitraum auf das Projekt „einschwören" (Bruns-Berentelg 2014). Die Planungsgeschichte ist ausgesprochen gut dokumentiert und in der

Abb · 2 Wettbewerbsmodell (Foto: ASTOC/KCAP Architects & Planners)

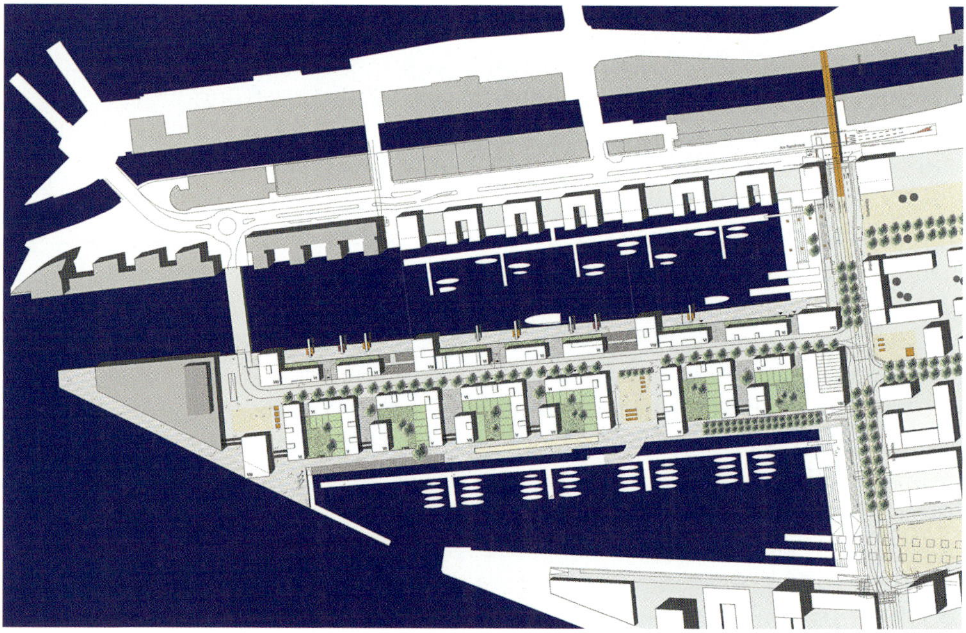

Abb · 3 Funktionsplan Dalmannkai (Quelle: ASTOC/KCAP Architects & Planners)

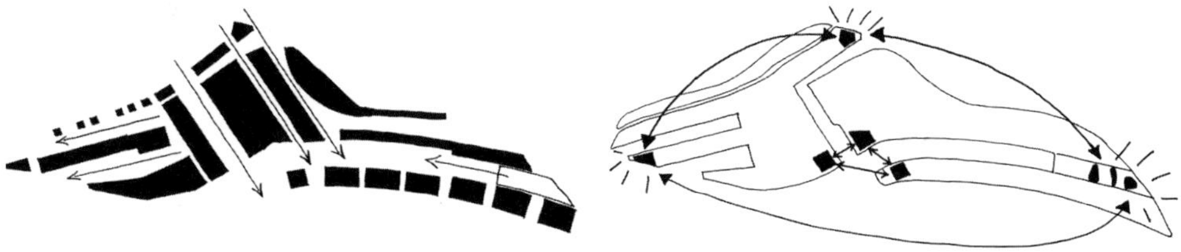

Abb. 4 Räumliche Ausrichtung und besondere Punkte (Quelle: ASTOC/KCAP Architects & Planners)

ständigen Ausstellung im Kesselhaus sowie in verschiedenen Publikationen ausführlich beschrieben. Besonders zu erwähnen ist die gut strukturierte Chronik, in der sich die Planungsschritte, Konzeption und Realisierung der einzelnen Quartiere detailliert nachvollziehen lassen (Bruns-Berentelg/Walter/Meyhöfer 2012). Abb. 3, 4

Lessons learned

„Europas größtes innerstädtisches Stadtentwicklungsvorhaben ist ein Modell für die neue europäische Stadt am Wasser." Dieses selbstbewusste Statement auf der Homepage der HafenCity GmbH war immer ernst gemeint und hat alle Akteure motiviert und angetrieben. Der Masterplan war nur der Ausgangspunkt dieser langen Reise. Er erwies sich im Lauf der Zeit nicht nur als beständig, sondern wurde durch die vielen städtebaulichen Workshops und Überarbeitungen noch bereichert, und er hat diverse weitere Themen relativ problemlos integriert. Stellvertretend seien hier die sehr phantasievolle Freiflächenplanung, die Gallionsfigur Elbphilharmonie und der ganz andersartige Oberhafen erwähnt. Auch das Thema der Nachhaltigkeit und Energieversorgung wurde immer wichtiger und führte zu einer Reihe von Projekten, die zu Beginn noch nicht denkbar gewesen wären. Auch wurde der Wohnungsbau in unterschiedlichen Segmenten ein wichtiger Motor des Projekts, was zu Beginn in dieser Form nicht zu erwarten war.

Die wichtigste Erkenntnis ist sicherlich, dass das Projekt ohne die konsequente Einbettung in die politischen und verwaltungstechnischen Abläufe so nicht realisierbar gewesen wäre. Durch das konsequente Anwenden der Planungsinstrumente und durch die sehr präsente Kommunikation mit der Öffentlichkeit konnten auch schwierige Phasen und Rückschläge wie die zähe Realisierung des Überseequartiers überstanden werden. Die HafenCity unterscheidet sich in diesen Aspekten deutlich von den Projekten jener Zeit in Berlin, Frankfurt, Stuttgart und Heidelberg.

Durch das stringente Verfolgen der Quartiersstruktur (www.hafencity.com/quartiere), die zu Beginn eher theoretisch gedacht war, können die aktuellen Planungen immer frisch und zeitgemäß sein, ohne den

Gesamtzusammenhang infrage stellen zu müssen. Die unterschiedlichen Nachbarschaften haben auch durch die sich weiterentwickelnde Architektursprache an Identität gewonnen. Zu Anfang war es vielen Besuchern zu hanseatisch und zu konventionell. Die mittlerweile präsentierten Pläne für den Elbtower, das Quartier Elbbrücken, die Wasserhäuser und der Park im Barkenhafen sprechen eine andere Sprache. Die gelegentlich geäußerte Kritik zu fehlender Nutzungsmischung und Uniformität hat 2010 gerade im westlichen Teil zu einer grundsätzlichen Überarbeitung geführt (Praticò 2015).

Das Ziel einer ökonomischen Gewinnmaximierung im Städtebau der 1990er Jahre wurde dagegen sicher nicht erreicht. Stadtentwicklung in diesen Größenordnungen muss immer auch dem Gemeinwohl verpflichtet sein. Sie bedeutet erst einmal eine mutige Investition, die sich nur durch die Wertschöpfung über einen längeren Zeitraum legitimieren lässt.

Der Erfolg oder Misserfolg solcher Projekte entscheidet sich nicht mit dem Masterplan, sondern ist untrennbar mit der Qualität des gesamten Prozesses verknüpft. Letztlich entscheiden die Bewohner und Besucher darüber, ob die HafenCity ein echtes Stück Hamburg wird, was vor über 20 Jahren nur wenige für möglich gehalten hätten.

Trotz allem bleibt ein „guter und schöner Plan" die Grundlage. Aber er darf nicht versuchen, alle Fragen zu beantworten und ein überoptimistisches Bild zu entwerfen, das dann langsam verblasst. Wir sehen uns im Jahr 2030 auf der Dachterrasse des Elbtowers und versuchen dann erneut, die Frage zu beantworten, was aus dem so „pragmatischen und phantasielosen" Plan entstanden ist.

Literatur

Bruns-Berentelg, Jürgen: *Die HafenCity Hamburg – Identität, Nachhaltigkeit und Urbanität.* Diskussionspapier zur HafenCity Nr. 3. Überarbeitete Ausgabe. Hamburg 2014

Bruns-Berentelg, Jürgen/Walter, Jörn/Meyhöfer, Dirk (Hg.): *HafenCity Hamburg – Das erste Jahrzehnt.* Hamburg 2012

Kraft-Wiese, Brigitte: *Perlenkette Hamburgs Hafenrand.* Landesplanungsamt Hamburg. Hamburg 2000

Praticò, Alessio (2015): *The analysis of the new strategic area of Hamburg: the redevelopment project of the Hafencity's waterfront.* DOI: 10.13140/RG.2.2.36784.56322, 23.3.2022

Schubert, Dirk: *Transformationsprozesse in Seehafenstädten.* HafenCity Universität. Hamburg 2011

Internetlinks

ARD Tagesthemen vom 28.04.2021: https://www.tagesschau.de/multimedia/video/video-856363.html, 23.3.2022

BauNetz (1999): https://www.baunetz.de/meldungen/Meldungen-Staedtebaulicher_Wettbewerb_HafenCity_Hamburg_entschieden_5881.html, 23.3.2022

https://www.hafencity.com, 23.3.2022

https://www.hafencity.com/quartiere, 23.3.2022

3. Herausforderungen für Morgen/ Transformationsprozesse

Das Agglomerationsprogramm der Region Köln/Bonn: Vom Konzept über das Programm zu konkreten Projekten

Reimar Molitor

Regionale Transformation

Angesichts großer Herausforderungen wie Strukturwandel, Digitalisierung, Klimawandel, Mobilitätswende und demografischer Wandel lassen sich viele Aufgaben nicht mehr nur kommunal lösen, sie brauchen eine interkommunale, regionale Abstimmung und Umsetzung. Die kommunalen Grenzen lösen sich auf. Es geht um eine regionale transformatorische Vision, die weniger linear nacharbeitet, sondern vielmehr einen flexiblen und breiten Blick in die Zukunft wirft. Es müssen räumliche Zielannahmen vorliegen, an denen alle Disziplinen gemeinsam arbeiten, um den Herausforderungen von morgen gerecht zu werden. Die Versöhnung von Siedlung und Landschaft unter der Nachhaltigkeitsprämisse ist die Transformationsaufgabe der Zukunft.

Das Entwerfen im großen Maßstab ist aber nicht mit einem einzigen Plan zu bewältigen, es benötigt eine integrierte Strategie, ergänzt um die Akkupunktur mit einzelnen, zielgerichteten Projekten. Dabei geht es nicht wie bei einem klassischen Regionalplan vornehmlich um Verbote und Restriktionen, sondern um Anregungen und gute Beispiele. Es geht nicht um Bedenken, sondern um Veränderungspotenziale. Es sind klare räumliche Ziele zu formulieren und der operative Kurs dorthin.

Die wachsende Region Köln/Bonn

Zu Beginn der 2020er Jahre ist die Region Köln/Bonn weiterhin ein attraktiver Lebens- und Wirtschaftsstandort im Zentrum Europas – wie unter anderem die ständig wachsende Bevölkerungszahl belegt. Zugleich steht die Region in den kommenden Jahrzehnten vor enormen Transformationsaufgaben: Durch den Ausstieg aus der Braunkohleförderung bis 2038

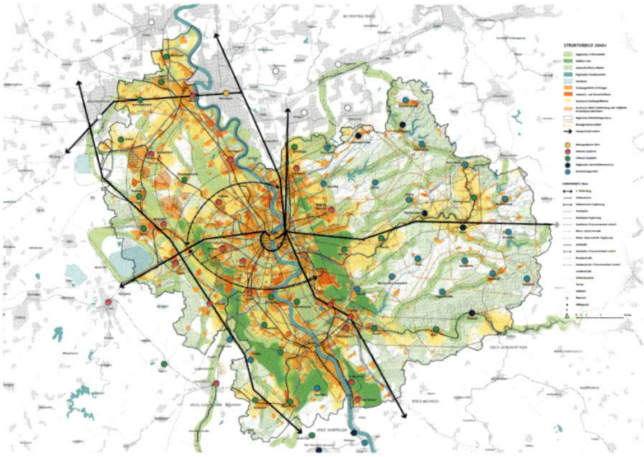

Abb · 1
Strukturbild Region Köln/Bonn (Quelle: Region Köln/Bonn e.V., Reicher Haase Assoziierte GmbH)

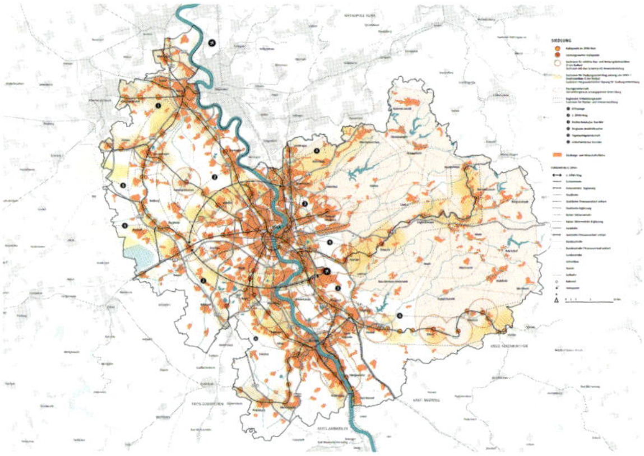

Abb · 2
Siedlungsstruktur Region Köln/Bonn (Quelle: Region Köln/Bonn e.V., Reicher Haase Assoziierte GmbH)

kommt es zu einem umfassenden Strukturwandelprozess im Rheinischen Revier. Entlang der Rheinschiene zwischen Leverkusen, Köln und der Bundesstadt Bonn wird es zunehmend schwieriger, Flächen für Wohnen und Gewerbe zu finden. Zugleich drohen im Bergischen RheinLand durch den Klimawandel vereinzelt schon heute Natur-, Kultur- und Ressourcenräume aus dem Gleichgewicht zu geraten.

Agglomerationskonzept

Um die gesamte Region im Gleichgewicht zu halten, hat der Region Köln/Bonn e. V. im Jahr 2019 mit dem Agglomerationskonzept und der regionalen Klimawandelvorsorgestrategie zwei innovative Dachstrategien vorgelegt, die zur Sicherung der räumlichen Entwicklungsfähigkeit der Region beitragen sollen (siehe dazu auch DIE REGION 2018: 20 f.). Das bundesweit bisher einmalige Agglomerationskonzept, das in einem kooperativen Dialog- und Planungsprozess gemeinsam mit der und für die Region erarbeitet wurde, legt mit dem Strukturbild 2040+ sowie regionalen Teilstrategien eine klare Zukunftsperspektive zur sektoren- und akteursübergreifenden kooperativen Raumentwicklung vor. Die regionale Klimawandelvorsorgestrategie trägt dazu bei, die Anpassung an die unvermeidbaren Folgen des Klimawandels perspektivisch im kommunalen und regionalen Handeln zu verankern, die Anpassungskapazitäten in der Region zu erhöhen und zugleich Maßnahmen des Klimaschutzes weiter zu befördern.

Strategischer Handlungsrahmen

Um die Region im Gleichgewicht zu halten, sind aber nicht allein Fachkonzepte und Planungen entscheidend. Sie können lediglich das Fundament für die perspektivische Entwicklung bilden. Im nächsten Schritt gilt es, die Konkretisierung bzw. Umsetzung in den Fokus zu stellen. Hier setzt das Agglomerationsprogramm Region Köln/Bonn mit seinem informellen und integrierten Ansatz ein. Es ist im letzten Jahr gestartet und wird vonseiten der EU und des Landes Nordrhein-Westfalen über den Europäischen Fonds für Regionale Entwicklung (EFRE) bis Ende 2022 gefördert. Ziel des Programms ist die Operationalisierung der beiden vorgelegten regionalen Dachstrategien und weiterer teilregionaler Prozesse in konkrete Projekte, wofür derzeit ein regional abgestimmter und integrierter „Strategischer Handlungsrahmen" erarbeitet wird. Dieser soll perspektivisch über Programmlinien die Anschlussfähigkeit für eine große Vielfalt an beispielhaften Projekten und Vorhaben (räumlich, thematisch, zeitlich etc.) schaffen und dabei helfen, zielgerichtet und erfolgreich auf Förderangebote der EU, des Bundes und des Landes Nordrhein-Westfalen zuzugreifen. Parallel zur Entwicklung der Programmatik des Strategischen Handlungsrahmens werden drei thematische Entwicklungspfade bzw. Konzeptansätze betrachtet, die – aufbauend auf dem Agglomerationskonzept – aufgrund ihrer Komplexität und Intersektoralität und im Hinblick auf eine sinnvolle interkommunale Zusammenarbeit einer weiteren, vertiefenden inhaltlichen Bearbeitung, Koordinierung und Moderation durch die Region bedürfen. Durch die enge Einbindung der regionalen Fachakteure werden beispielhafte Lösungsansätze zur dreifachen Innenentwicklung und eine Freiraumstrategie 2040+ erarbeitet, außerdem wird das Thema der interkommunalen Wirtschaftsflächenentwicklung vorangebracht. Abb. 1, 2

Umsetzungsstrategie und Beteiligung

Ziel ist es letztlich, das Agglomerationsprogramm und den Strategischen Handlungsrahmen mit beispielhaften Projekten zu hinterlegen, die als Piloten bzw. Vorbilder zur Nachahmung und Anpassung an vergleichbare Entwicklungsaufgaben in der Region anregen. Der Region Köln/Bonn e. V. wird diesen Prozess der Diffusion in die Region aktiv verfolgen, im Rahmen des Agglomerationsprogramms und auch im Anschluss an das Projekt.

Wie schon beim Agglomerationskonzept und der regionalen Klimawandelvorsorgestrategie ist die intensive und kontinuierliche Einbindung der regionalen und kommunalen Akteure über eine Steuerungsgruppe essenziell. Sie spiegelt und diskutiert gemeinsam Zwischenergebnisse und Verfahrensschritte. Gleichzeitig wird über die Steuerungsgruppe sowie weitere fachliche und politische Gremien erreicht, dass das Agglomerationsprogramm auf breiter Basis mitgetragen wird.

Aus regionaler Sicht gilt: Das Agglomerationsprogramm dient ab 2022 für die gesamte Region Köln/Bonn als Ideen- und Impulsgeber für Projekte der integrierten räumlichen Entwicklung. Es erfüllt – mit Blick auf die neue EU-Förderperiode 2021–2027 sowie Förderungen vonseiten des Landes Nordrhein-Westfalen und des Bundes – eine „Scharnierfunktion" zwischen regionalen Bedarfen auf der einen und den finanziellen Projektfördermöglichkeiten auf der anderen Seite. So können – auch über das Jahr 2022 hinaus – Bedarfe und Zukunftsaufgaben der Region gebündelt kommuniziert und mit Fördergeldern unterlegt werden.

Region Köln/Bonn e. V.

Der Verein Region Köln/Bonn e. V. begeht in diesem Jahr sein 30-jähriges Bestehen und ist ein Zusammenschluss der kreisfreien Städte Köln, Bonn und Leverkusen sowie der Kreise Rhein-Sieg-Kreis, Rhein-Erft-Kreis, Rhein-Kreis Neuss, Oberbergischer Kreis und Rheinisch-Bergischer Kreis. Mitglieder sind neben den acht Gebietskörperschaften die Handwerkskammer zu Köln, die Industrie- und Handelskammer Bonn/Rhein-Sieg, die Industrie- und Handelskammer zu Köln, die Kreissparkasse Köln, die Sparkasse KölnBonn, die Sparkasse Leverkusen, der Landschaftsverband Rheinland und die DGB-Region Köln-Bonn. Als Gäste sind die Bezirksregierung Köln und die Kreise Ahrweiler, Düren und Euskirchen in die Entscheidungs- und Arbeitsgremien des Vereins eingebunden.

Regionalmanagement

Die acht Arbeitsfelder des Vereins sind die Basis für das Regionalmanagement der Region Köln/Bonn. Durch den organisierten Austausch in den Gremien werden die Grundlagen der regionalen Zusammenarbeit erarbeitet und anstehende strukturelle, gesellschaftliche, ökologische und ökonomische Herausforderungen angenommen. Als zentrale Informations- und Koordinierungsstelle konzentriert sich der Verein auch darauf, regionalpolitische Grundsatzfragen und Handlungsfelder in der Zusammenarbeit mit der Bezirksregierung Köln und dem Land Nordrhein-Westfalen abzustimmen und sich gegenüber dem Bund und der Europäischen Union zu positionieren. Darüber hinaus bietet der Region Köln/Bonn e. V. den regionalen Akteuren eine Information und Koordination von Fördermittelangeboten unterschiedlichster Institutionen zur Unterstützung ihrer Projektarbeit. Ziel für die gesamte Region ist es, die Nutzung von Förderprogrammen nachweislich zu erhöhen und zu optimieren.

Projektorientierung und Umsetzungsschub durch die „Regionale"

Ziel ist es, die regionale Zusammenarbeit zu stärken und gemeinschaftlich eine strategische Ausrichtung der Region Köln/Bonn zu intensivieren. In den Jahren 2000 bis 2011 hat das Strukturprogramm des Landes Nordrhein-Westfalen „Regionale 2010" starke Impulse für die Zusammenarbeit und die regionale Strukturentwicklung gegeben, die der Region Köln/Bonn e. V. weiter ausbaut. Die „Regionale" ist ein Strukturförderprogramm des Landes NRW für ausgewählte Regionen. Städte, Kreisen und Gemeinden, die sich freiwillig zu einer regionalen Kooperation zusammenfinden, können gemeinsame Förderprogramme akquirieren und Projekte durchführen. Die Projekte müssen anspruchsvolle und strukturwirksame Maßnahmen in den Bereichen Stadt, Landschaft, Kultur und Wirtschaft enthalten.

Konzeption der Internationalen Bau- und Technologieausstellung

Die IBTA knüpft an das Format der Internationalen Bauausstellungen (IBA) an und entwickelt dieses weiter. Die vier Buchstaben stehen für

- → Internationale Reichweite: Entwicklung von Projekten mit internationaler Strahlkraft,
- → Bau: physische Realisierung von Zukunftsprojekten,
- → Technologie: Technologieanwendungen aus der Transformationsaufgabe heraus,
- → Ausstellung: Expositionscharakter des Formats.

Ziel ist es, das Rheinische Revier mittels modellhafter Konzepte und Projekte, die als „Next-Practice-Ansätze" über ihre Zeit hinausweisen, zu einer multifunktionalen, innovativen Industrie- und Wirtschaftsregion mit hoher Lebensqualität zu entwickeln. Gemeinsam mit Fachakteuren aus dem Revier und externen Experten soll bis 2022 stufenweise ein Konzept zur IBTA entwickelt werden.

Der inhaltliche Fokus der IBTA liegt auf der ökologischen, wirtschaftsstrukturellen und gesellschaftlichen Dimension der Energiewende und des Klimawandels und den damit verbundenen Transformationsprozessen im Rheinischen Revier. Dafür sollen innovative Arbeitsstandorte, Dorf- und

Quartiersentwicklungen sowie Stadterneuerungsprojekte mit einem hohen baukulturellen, ökonomischen, ökologischen und sozialen Anspruch entwickelt werden. Einen Schwerpunkt bildet die Konversion mittelfristig nicht mehr benötigter Standorte und Infrastrukturen der Braunkohleförderung und -verstromung zu Arbeitsstandorten der Zukunft und Stätten der Industriekultur, der Identifikation und Erprobung innovativer und visionärer Technologien. Die Braunkohlelandschaft soll zu einer multifunktionalen Landschaft werden, mit naturräumlichen Qualitäten, Naherholungs- und Tourismusangeboten und einer neuartigen Energielandschaft sowie einer Landwirtschaft der Zukunft. Dazu gehört auch eine Verkehrs- und Mobilitätsinfrastruktur der Zukunft, die das Revier nachhaltig und klimaschonend erschließt und leistungsstark an die umgebenden Ballungs- und Wirtschafträume anbindet. Für eine vernetzte multifunktionale und multimodale Flächen- und Infrastrukturentwicklung werden experimentelle Planungsinstrumente entwickelt. Somit wird das Rheinische Revier als Präsentations-, Ausstellungs- und Erfahrungsraum etabliert, für nachhaltige räumliche, wirtschaftsstrukturelle, gesellschaftliche und technologische Innovationen und Transformationsprozesse.

aktiv mobil und vernetzt mobil statt automobil

Hartmut Topp

Mobilitätsplanung, Verkehrsplanung und Straßenraumgestaltung sind mein Job – und er umfasst Raumplanung, Stadtplanung und Städtebau ebenso wie Klimaresilienz. Das mag leicht überheblich klingen vom Vertreter einer Fachdisziplin, ist aber so gemeint, dass wir noch interdisziplinärer zusammenarbeiten und lehren sollten, als wir es ohnehin schon tun – dies wurde auch auf den letzten Albert-Speer-Symposien in Kaiserslautern immer wieder deutlich. Interdisziplinäre Kollegialität war Mantra und Praxis von Albert Speer.

Mobilität und räumliche Strukturen

Mobilitätsplanung ist gleichzeitig Raumplanung und Stadtplanung – oder anders ausgedrückt: Räumliche Strukturen determinieren über Dichte und Nutzungsmischung Mobilität und Verkehr. So bieten dichte, nutzungsgemischte Stadtquartiere hohe Mobilität mit wenig Autoverkehr. Die Autoanteile an allen Wegen der dort Wohnenden variierten 2017 in Münchner Stadtbezirken zwischen 19 Prozent (dicht, gemischt) und 50 Prozent (locker, entmischt) – also Faktor 2,5 – bei 34 Prozent in der Gesamtstadt. Die Anteile aktiver Mobilität zu Fuß und mit dem Fahrrad lagen zwischen 53 und 31 Prozent bei 42 Prozent in der Gesamtstadt und 24 Prozent mit Bahn und Bus (BMVI 2019). In ländlichen Räumen und im Stadtumland ist die Dominanz des Autos noch größer als in den autoaffinen Münchner Bezirken am Rande der Stadt und somit schwieriger zu reduzieren. Auch auf dem Land brauchen wir kompaktere Siedlungsstrukturen in der Nähe des öffentlichen Nahverkehrs (ÖV) und attraktive Klein- und Mittelzentren mit Ankerfunktion. Verkehrsplanerische Ansätze sind Zubringer zu ÖV-Haltestellen per Rad und künftig auch mit automatischen Shuttles sowie Radschnellwege zu entfernteren Zielen.

Aussagekraft des *Modal Split*

Der klassische *Modal Split* mit Fußverkehr, Radverkehr, ÖV und Autoverkehr ist eine Vereinfachung der tatsächlichen Verkehrsmittelwahl, denn immer öfter werden Verkehrsmittel vernetzt: zu Fuß von und zur Haltestelle oder zum Parkhaus, *bike-and-ride*, Fahrradmitnahme im ÖV, *park-and-ride*, *ridesharing*, *mobility-on-demand* etc. Mindestens eine Fußetappe gehört zu fast jedem Weg. So wird die Vernetzung der Mobilitätsangebote über digitale Plattformen und analog in Mobilstationen immer wichtiger. Der *Modal Split* bezieht sich regelmäßig auf die Verkehrsmittelwahl der Bevölkerung einer Stadt, maßgeblich für die Beurteilung der Verkehrssituation ist aber auch der Ziel-, Binnen- und Quellverkehr der auswärtigen Besuchenden und Pendelnden – die also nicht an der Stadtgrenze haltmachen.

Die 15-Minuten-Stadt

Die Zusammenhänge zwischen räumlichen Strukturen und Mobilität mit mehr oder weniger Verkehr führen zur von Carlos Moreno 2016 entwickelten Vision der „15-Minuten-Stadt" bzw. „ville du quart d'heure" (Moreno et al. 2021). Damit hat die Bürgermeisterin von Paris Anne Hidalgo 2020 Wahlkampf gemacht, und seitdem ist es weltweit ein Thema: in 15 Minuten ohne Auto zu Arbeit, Schule, Einkauf, Sport, Kultur etc. Wie weit kommt man aktiv mobil in 15 Minuten? Zu Fuß 1 bis 1,5 Kilometer, mit dem Fahrrad 4 bis 5 Kilometer, mit dem Pedelec ca. 8 Kilometer. Auf der Basis von 4,5 Kilometern mit dem Fahrrad ergibt sich mit Umwegfaktor 1,5 und Verzögerungen an Ampeln etc. eine in 15 Minuten erreichbare Fläche von ca. 2500 Hektar, das Zehnfache der Wiener Innenstadt. Eine Vision gibt die Richtung vor: aktiv mobil statt automobil, und für längere Wege gibt es den ÖPNV.

Neue Stadt-Umland-Wanderung

Nicht erst in Pandemiezeiten mit Homeoffice und Videokonferenzen haben Immobilien- und Mietpreise zu einer neuen Stadt-Umland-Wanderung und damit zu größerer Abhängigkeit vom Auto geführt. Die Erhöhung der Pendlerpauschale als „sozialer" Ausgleich für steigende Kraftstoffpreise infolge der CO_2-Steuer fördert die Zersiedlung weiter. Und sozial ist das nicht, denn Gutverdienende profitieren davon mehr als Geringverdienende. Das „Dienstwagenprivileg" für etwa 60 Prozent neuzugelassener Pkw kommt noch hinzu. Für die Mobilitätswende ist beides kontraproduktiv. Verkehr trägt heute immer noch mit 20 Prozent zu den Treibhausgasen bei und das ohne jede Reduzierung seit 1990. Die Mobilitätswende ist dringender denn je. Dies schaffen wir jedoch nur als Raumplanung, Stadtplanung und Mobilitätsplanung gemeinsam mit der Politik.

Abb · 1
Brüder-Grimm-Platz Kassel – Natur in der Stadt, 1. Preis Wettbewerb 2020 (Quelle: club L94 Landschaftsarchitekten und Röver Ingenieurgesellschaft)

In der Pandemie haben wir erfahren, was hybride – also physische und virtuelle – Mobilität leisten kann, gerade auch in der Verkehrsvermeidung. Ein Rebound-Effekt ist der Umzug ins Umland. Auch Co-Working-Spaces an Orten, die ohne Auto gut erreichbar sind, in der Nähe von Bahnhöfen oder ÖPNV-Stationen, vermeiden Autoverkehr. Natürlich ist nicht jeder Job für Telearbeit geeignet, aber wenn die dazu geeigneten Beschäftigten zwei oder drei Tage pro Woche aus der Ferne arbeiten, ergeben sich auch im ÖPNV große Verkehrsentlastungen – gerade in den Spitzenzeiten.

Auswirkungen des autonomen Fahrens

Auch das autonome Fahren ist kein Patentrezept, wie oft vermutet oder propagiert wird – hier muss genauer hingesehen werden. In ländlichen Räumen liegen die Chancen in der Erweiterung der Einzugsbereiche von ÖV-Haltestellen durch automatische, fahrerlose Kleinbusse. Auch auf Autobahnen, Schnellstraßen und städtischen Hochleistungsstraßen ist automatisches Fahren künftig realistisch. Kritisch dagegen ist es im quirligen Stadtverkehr mit Zufußgehenden und Radfahrenden, die selbstfahrende Fahrzeuge jederzeit ausbremsen können. Und eine digitale oder physische „Einzäunung" von Stadtstraßen oder Gesichtskontrollen entsprechen nicht unserem Verständnis von Stadtraum. Ein Kompromiss könnten vielleicht ferngesteuerte Autos sein, wie sie seit zwei Jahren in Berlin erprobt werden (Brors/Holzki 2021).

Verkehrsplanung und Städtebau

Verkehrsplanung ist auch Städtebau. Straßen und Plätze konstituieren Stadt. Kevin Lynch zeigt uns in seinem bekannten Buch *The Image of the City*, wie Hauptverkehrsstraßen und große Plätze den mentalen Stadtplan prägen. Straßen und Plätze sind Stadtraum für Orientierung, Identifikation, städtebauliche Qualität, Baukultur und Architektur; sie bilden den

Verkehrstechnischer Entwurf

- Autoverkehr bestimmt Fahrbahnbreite
- Rest für Seitenräume, Geh- und Radwege, Bäume etc.
- Verkehrlich notwendige Fahrbahnbreite

Städtebauliche Bemessung

- Straßenraumgestaltung vom Rand aus
- Erforderliche Breite der Seitenräume nach Funktionen und Proportionen, Rest für Fahrbahn
- Städtebaulich mögliche Fahrbahnbreite

Planerische Abwägung/Politische Entscheidung

Alter Ansatz

Frankfurt, Berliner Straße

Neuer Ansatz, seit 2006 in den RASt 06 (Entwurfsrichtlinien für Stadtstraßen)

Köln, Kalker Hauptstraße

Abb · 2 Städtebauliche Bemessung statt verkehrstechnischer Entwurf (Quelle: Hartmut Topp; Fotos: Hartmut Topp)

Lebensraum zum Wohnen, Arbeiten, urbanen Aufenthalt, zur Begegnung und Bewegung. Diese selbstverständlichen Ansprüche kollidieren massiv mit der autogerechten Stadt. „Wir brauchen ohne Zweifel eine Umwelt, die nicht nur gut geordnet, sondern auch mit Poesie und Symbolgehalt gefüllt ist" (Lynch 1960).

Es geht auch bei Hauptverkehrsstraßen und Verkehrsplätzen um weit mehr als nur um Funktionales. Funktion und „gute Ordnung" müssen nicht im Widerspruch zu „Poesie und Symbolgehalt" stehen. Dafür gibt es mittlerweile viele gute Beispiele: Domplatz Speyer[1], den ältesten Shared Space in Deutschland von 1990, Neue Mitte Ulm (Wetzig 2012), Hamborner Altmarkt Duisburg, Kreuzung Torenstraat/Kaden in Drachten (Niederlande), Sonnenfelsplatz Graz, Zentralplatz Biel (Schweiz), Templergraben Aachen, Exhibition Road London, O'Connell Street Dublin, Rotteckring/Platz der Alten Synagoge Freiburg, Brüder-Grimm-Platz Kassel (1. Preis Wettbewerb 2020, siehe Abb. 1), Hauptstraße in Kreuzau bei Düren (1. Preis Wettbewerb 2021) und viele mehr.

In den vorgenannten Beispielen haben sich die Automengen nach dem Umbau – mehr oder weniger – reduziert, sodass die Frage im Raum steht, wo die Differenz bleibt. Wir wissen seit langem aus vielen Erfahrungen (Cairns/Hass-Klau/Goodwin 1998), dass die Differenzbelastungen nicht eins zu eins in benachbarten Straßen auftauchen, sondern auch großräumig, tageszeitlich oder modal verlagert werden oder gar nicht mehr stattfinden. Verlagerungen in benachbarte Straßen waren in keinem der genannten Beispiele ein ernsthaftes Problem. Unsere städtischen Hauptstraßen waren jahrzehntelang zu fast hundert Prozent Verkehrsbänder – ganz überwiegend für das Auto, fahrend und parkend. In der autogerechten Stadt bekamen Zufußgehende das, was der Autoverkehr übrig ließ, Radfahrende gingen leer aus. Ein (extremes) Beispiel ist die – nach dem Krieg durchgeschlagene – vierspurige Berliner Straße in der Frankfurter Innenstadt mit einem stellenweise nur 1,50 Meter breitem Gehweg. Abb. 2, links Die Stadt diskutiert seit langem den Umbau zu einem Stadtboulevard mit zwei Kfz-Fahrspuren, kommt aber nicht voran. Immerhin sind es jetzt nur noch zwei Spuren und es befinden sich Pop-up-Radstreifen auf beiden Seiten, aber ein Stadtboulevard ist es noch längst nicht.

Die von Harald Heinz (2000) entwickelte „Städtebauliche Bemessung" Abb. 2, rechts hat den alten Ansatz ersetzt: Sie ist – vom Rand her gedacht – die Umkehrung des verkehrstechnischen Entwurfs. Breite Seitenräume für Fußverkehr, Aufenthalt, Erschließung, Bepflanzung und als Pufferzonen zur Fahrbahn sind das A und O für die Stadtverträglichkeit von Hauptverkehrsstraßen.

Straßen und Plätze müssen wieder multifunktionale Stadträume werden, mit Grün und Wasser, Grünverbindungen, Frisch- und Kaltluftschneisen neben ihrer Verkehrs- und Aufenthaltsfunktion. Straßenbäume,

Verkehrsanlagen beeinflussen Verkehrsverhalten

Hässliche, nicht integrierte Verkehrsanlagen fördern Stress und Aggression

Weimar, Sophienstiftsplatz

Gut gestaltete, integrierte Verkehrsanlagen entspannen

Biel, Zentralplatz

Abb. 3 Verkehrsanlagen beeinflussen Verkehrsverhalten (Quelle: Hartmut Topp; Fotos: Hartmut Topp)

Wasserflächen, helle Beläge und entsiegelte Flächen (Stichwort „Schwammstadt") dienen dem Mikroklima, dem Schutz vor Hitzeinseln im Sommer und vor Überflutungen. Parkstreifen werden entsiegelte Mehrzweckstreifen mit Bänken (Parklets) für den „ruhenden Fußverkehr", mit Geschäftsauslagen, Gastronomie etc. und für das Kurzparken und Anliefern. Auch Straßenplanung ist interdisziplinär mit Städtebau, Architektur, Freiraumplanung und Verkehrsplanung vernetzt. Autogerecht und fahrdynamisch heißt auch, Kreuzungen für den Autoverkehr zu „kanalisieren" – wie zum Beispiel in Weimar in unmittelbarer Nachbarschaft des Deutschen Nationaltheaters am Eingang zur Altstadt. Abb. 3, links Warum wird hier nicht ein „roter Teppich" ausgerollt wie am Zentralplatz in Biel, Schweiz, Abb. 3, rechts wo eine ähnlich auto-kanalisierte Kreuzung mit vergleichbarer Verkehrsbelastung durch das Miteinander einer Begegnungszone ersetzt wurde.

Verkehrsanlagen beeinflussen das Verkehrsverhalten

Dies führt zu einer interessanten Hypothese: Wie die Gestaltqualität unserer Umgebung unser Verhalten beeinflusst, so färben Verkehrsanlagen auf das Verkehrsverhalten ab: Nicht integrierte, funktionalistische – wie in Weimar Abb. 3, links – fördern Stress und Aggression, städtebaulich integrierte, gut gestaltete – wie in Biel Abb. 3, rechts – tragen zur Entspannung bei. So hat die gestalterische Qualität der Verkehrsanlagen zumindest indirekt auch etwas mit Verkehrssicherheit zu tun.

Für ein sicheres Miteinander von aktiv Mobilen, Automobilen und Anwohnenden sind Geschwindigkeiten wichtiger als Automengen. Tempo 30 als Regellimit innerorts mit Tempo-50-Ausnahmen fordert der Deutsche Städtetag seit 30 Jahren – 1992 in Graz, 2018 in Helsinki umgesetzt und seit kurzem in Spanien auf allen zweispurigen Stadtstraßen. Im Autoland Deutschland ist das schwieriger, was sich auch beim Tempolimit auf Autobahnen zeigt. In Brüssel kursiert ein Witz: Weltweit gibt es nur zwei Länder ohne Tempolimit auf Autobahnen: Deutschland und Afghanistan – und Afghanistan hat keine Autobahn. Tempo 120 würde die CO_2-Emissionen aus dem Verkehr um ca. 2 Prozent reduzieren – nicht sehr viel, aber sofort und kostenlos. Bei Tempo 30 geht es um eine Lärmminderung von 2 bis 3 Dezibel und um ein verträgliches Miteinander – so können Radfahrende und Autos auf der Fahrbahn im Mischverkehr geführt werden, wo die Straßenbreite eine separate Führung nicht zulässt. Aktuell kommt Bewegung in die Diskussion: Sieben deutsche Großstädte wollen Tempo 30 als Regellimit einführen. Bei immer noch ca. 3000 Verkehrstoten pro Jahr dienen Tempolimits der Sicherheit, wozu sich neben Tempo 120 und innerorts 30 (bzw. 50) Tempo 80 auf zweispurigen Landstraßen empfiehlt.

Bei allem Engagement für „aktiv mobil und vernetzt mobil statt automobil" darf aber der notwendige Kfz-Verkehr, wie Liefern und Laden, Taxis, Rettungsdienste, Müllabfuhr etc., und der ÖPNV mit Bussen und Bahnen nicht vergessen werden.

Anmerkungen

1 Für dieses und weitere Beispiele mit ausführlichem Vergleich sowie der jeweiligen Vorher-Situation und Erläuterungen zum Stellenwert von Wettbewerben zur Stadtraumgestaltung siehe Topp (2020).

Literatur

BMVI – Bundesministerium für Verkehr und digitale Infrastruktur: *Mobilität in Deutschland. Kurzreport: Stadt München, Münchner Umland und MVV-Verbundraum*. Berlin 2019

Brors, Peter/Holski, Larissa (2021): *Berliner Start-up fährt seit zwei Jahren Autos per Fernsteuerung durch Berlin*. www.handelsblatt.com/technik/it-internet, 09.09.2021

Cairns, Sally/Hass-Klau, Carmen/Goodwin, Phil: *Traffic Impact of Highway Reductions: Assessment of the Evidence*. London 1998

Heinz, Harald: *Städtebauliche Bemessung nach Kriterien der Sozialverträglichkeit. Tagungsband Deutscher Straßen- und Verkehrskongress 1999 in Leipzig*. Köln 2000

Lynch, Kevin: *The Image of the City*. Cambridge/Massachusetts 1960

Moreno, Carlos et al.: „Introducing the ‚15-Minute City': Sustainability, Resilience and Place Identity in Future Post-Pandemic Cities". In: *Smart Cities*. Band 4/1, 2021

Topp, Hartmut: „Die Stadt und das Auto". In: Altrock, Uwe/Huning, Sandra (Hg.): *Wege zur schönen Stadt – Akteure, Erfahrungen, Handlungsstrategien. Planungsrundschau* Ausgabe 25. Berlin 2020

Wetzig, Alexander (Hg.): *Neue Mitte Ulm – Die Rückeroberung des Stadtraumes in der Europäischen Stadt*. Ulm 2012

Schrumpfende Städte: Neue Erkenntnisse zu Planungskulturen in Krisenzeiten

René Fleschurz
Patricia Hammer
Karina Pallagst

Stadtschrumpfung als globales Phänomen im Kontext von Planungskulturen

Schrumpfende Städte sind ein Forschungsthema von weltweitem Interesse. Wissenschaftler*innen haben sich insbesondere in Europa und den Vereinigten Staaten von Amerika (USA) mit schrumpfenden Städten befasst, und zwar aufgrund der Herausforderungen des langfristigen demografischen Wandels und des wirtschaftlichen Niedergangs (Wiechmann/Wolff 2013). Das Phänomen der Schrumpfung kann auch in Japan beobachtet werden (Uemura 2015; Martinez-Fernandez et al. 2016). Im Allgemeinen ist die Schrumpfung durch Abwanderung der Bevölkerung gekennzeichnet sowie durch Leerstand von Wohnungen und Industrie-/Gewerbeflächen, unzureichend genutzte und sich verschlechternde Infrastruktur, eine erodierende Steuerbasis und verschiedene andere negative Faktoren. Schrumpfung ist ein komplexes Problem, das in seinen Ursachen und Auswirkungen lange Zeit unterschätzt wurde. In den USA beispielsweise wurde es vielfach mit der Diskussion um Suburbanisierung und ein wachsendes Doughnut-Muster des Stadtkerns in Verbindung gebracht (Pallagst/Wiechmann 2005). Die genauen Ursachen, die Auswirkungen und die jeweiligen räumlichen Implikationen der Schrumpfung zeigen im globalen Kontext deutliche Unterschiede.

An diesem Punkt kommt das Interesse der Forschung an Planungskultur ins Spiel. Bei näherer Betrachtung zeigt sich, dass die Schrumpfung in den USA beispielsweise durch postindustrielle Transformationen verursacht wird, die in einen langfristigen strukturellen Wandel eingebettet sind und durch den Niedergang der verarbeitenden Industrie ausgelöst wurden. Die Schrumpfung von Städten ist in vielen Ländern zu einer Planungsrealität geworden. Vonseiten der Forschung stellt sich die Frage, ob die

Planung in der Lage ist, damit umzugehen, und ob sie über geeignete und wirksame Maßnahmen verfügt. Was ist mit der traditionellen Ausrichtung der Planung auf das Wachstum der Städte? Wie sieht es mit den Instrumenten und Strategien aus, die die Planung einsetzt? Pallagst und Wiechmann (2005) argumentieren, dass Stadtplanung für Schrumpfung nicht an städtisches Wachstum gebunden sein sollte, sondern einen Paradigmenwechsel abseits von Wachstum einleiten könnte.

Wie sollte in einer Realität sich verändernder Bedingungen und immer wieder auftretender Krisen mit Schrumpfung umgegangen werden, und was kann die Planung in den verschiedenen Ländern zur international vergleichenden Forschung beitragen? In diesem Beitrag werden ausgewählte Ergebnisse aus Forschungsprojekten[1] des Fachgebietes „Internationale Planungssysteme" vorgestellt, die sich zum Ziel gesetzt haben, die Forschungsthemen Planungskulturen und schrumpfende Städte in einem gemeinsamen Rahmen zu untersuchen, Veränderungen und Modifikationen zu identifizieren und neue Erkenntnisse in diesem Bereich zu liefern.

Bei näherer Betrachtung fällt auf, dass die Stadt- und Regionalforschung Planungskulturen lange Zeit mit bestimmten nationalen Rahmenbedingungen oder Ländern in Verbindung gebracht hat (Sanyal 2005). In diesen Diskursen wurden etwa die Planungskulturen der USA und Japans als mehr oder weniger homogene Einheiten betrachtet. Diese Sichtweise hat sich im letzten Jahrzehnt geändert. Weitere Forschung (Reimer 2012) hat den Umfang und die Skala der Planungskulturen im Zusammenhang mit den Planungsebenen erweitert: Es wird zwischen nationalen, regionalen und städtischen Kulturen unterschieden.

Aufbauend auf den Erkenntnissen der durchgeführten Forschungsprojekte lässt sich sagen, dass Stadtschrumpfung zu einem Wandel der Planungskulturen beiträgt, indem neben dem Wachstumsparadigma neue und innovative Ansätze angewandt werden. In Übereinstimmung mit diesem Gedanken formulierten die Autoren erste Ideen für eine operative Definition von thematischen Planungskulturen, die sich auf die Werte und gemeinsamen Überzeugungen der an der Planung beteiligten Akteure sowie auf die Methoden und Instrumente, die sie anwenden und produzieren, beziehen. Thematische Planungskulturen umfassen insbesondere auch Städte oder Regionen, die mit spezifischen Planungsproblemen konfrontiert sind (Pallagst 2020: 198; Pallagst et al. 2021).

In den im Rahmen von Fallstudien untersuchten Städten haben bestimmte Ereignisse dazu geführt, das Bewusstsein für die Schrumpfung zu schärfen. Obwohl diese Ereignisse unterschiedlich sind, lösten sie die Entwicklung und Anwendung gezielter Strategien und Programme aus. Anhand der Fallstudien konnten mehrere solcher Ereignisse ausfindig gemacht werden. Dazu gehören beispielsweise die Schließung des Nokia-Werks in Bochum, die 2008 einsetzende Finanzkrise in Cleveland und der nationale Bericht *Local Extinction* in Nagasaki. Die Liste der Programme, die diesem Beispiel folgten, ist lang.

In den Fallstudien sind zudem ähnliche oder vergleichbare Muster von Strategien erkennbar. Einige davon lassen sich aus dem realen Kontext der Schrumpfung ableiten, wie Zwischennutzungen (Pop-up-City in Cleveland) oder die Entwicklung von Ersatzindustrien (Health Campus in Bochum, University Circle in Cleveland, Tourismus in Nagasaki). Andere Strategien, Politiken oder Leitprinzipien entsprechen den allgemeinen Trends in der Planung. Interessanterweise findet sich das Prinzip der kompakten Stadt sowohl in Bochum als auch in Nagasaki und – zumindest in Teilen – auch in Cleveland. Schrumpfende Städte könnten in dieser Hinsicht kreative Labore für Planungskulturen sein, da sie einen immanenten Bedarf an Anpassung, Veränderung und Innovation in der Planungspolitik, den Strategien und Ansätzen aufzuzeigen scheinen. Daher empfehlen die Autoren, dass die Forschung das Wissen und die Expertise zu schrumpfenden Städten in den Planungskulturen in größerem Umfang als *game changer* nutzen sollte.

Stadtschrumpfung und weitere globale Krisen

Während des weltweiten Lockdowns, der im März 2020 aufgrund der COVID-19-Pandemie begann, sind viele gesellschaftliche, wirtschaftliche und kulturelle Aktivitäten zum Erliegen gekommen. Die ersten Reaktionen auf die Corona-Krise in Europa waren überwiegend national. Die Grenzen innerhalb Europas wurden geschlossen, was einen Prozess der Grenzverschiebung auslöste, wie wir ihn seit dem Inkrafttreten des Schengener Abkommens im Jahr 1985 nicht mehr erlebt haben. Jeder Mitgliedstaat traf seine eigenen Entscheidungen als Reaktion auf die neuen Herausforderungen, die die Pandemie mit sich brachte. Darüber hinaus ist die Krise keine alleinstehende Bedrohung – wir befinden uns auch mitten in einer Klimakrise und in einer militärischen Aggression in der Ukraine, die schon nach wenigen Wochen eine Flüchtlingskrise zur Folge hatte. Die Wechselwirkungen und Wirkmächtigkeiten dieser Krisen müssen berücksichtigt werden, wenn die künftige Entwicklung nachhaltig sein soll.

Trotz der Tatsache, dass jeder Nationalstaat anders auf die COVID-19-Krise reagiert hat, müssen sich alle Städte und Bürger den Folgen der Pandemie wie der wirtschaftlichen Rezession stellen (Bunzel/Kühl 2020), und gleichzeitig erfordert die Klimakrise große Veränderungen. In einer globalisierten Welt können Antworten nicht nur auf lokaler Ebene gesucht werden, aber Städte können Orte des Wandels und Labore für zukünftige Lösungen sein.

Es bleibt also die Frage: Wie werden sich dieses Virus und seine gesellschaftlichen Folgen auf die Entwicklung von Städten auswirken, insbesondere auf schrumpfende Städte – also auf Orte, die sich bereits in einer Abwärtsspirale befinden? Während der COVID-19-Pandemie haben wir enorme Verhaltensänderungen sowohl im privaten Bereich als auch am Arbeitsplatz gesehen und erlebt was Mobilität, Reisen, Freizeitaktivitäten, Konsum und den Arbeitsstandort betrifft. Viele neue Verhaltensmuster wurden zu alltäglichen Gewohnheiten, wie Arbeiten im Homeoffice, Einrichtung (und Nutzung) von Pop-up-Fahrradwegen, soziale Distanzierung/Quarantäne, Heimunterricht, Verzicht auf (internationale) Reisen zu Geschäfts- und Freizeitzwecken. In kurzer Zeit sind diese Veränderungen Teil unseres Lebens geworden, und viele von ihnen verändern auch die Stadtentwicklung auf längere Sicht. Infolgedessen werden öffentliche Räume, Büroviertel, Privatwohnungen und Stadtzentren auf andere Weise genutzt, wahrgenommen und frequentiert. Darüber hinaus hat die Unsicherheit zugenommen, da die Politik in Bezug auf die Pandemie und damit auch auf das individuelle Verhalten ständig angepasst wird und sich die Prioritäten häufig ändern.

Nach derzeitigem Stand führt die COVID-19-Pandemie zu einer Welle von Schließungen im Einzelhandel und beschleunigt den Funktionswandel der Innenstädte massiv (Bunzel/Kühl 2020). Die unmittelbare Folge von Schließungen ist vermehrter innerstädtischer Leerstand (Bunzel/Kühl 2020). Dies gilt jedoch für viele, nicht nur schrumpfende Städte. Wir haben aber beispielsweise aus der Finanzkrise 2008 gelernt, dass schrumpfende Städte am stärksten davon betroffen waren. So wurde die Abwärtsspirale aus wirtschaftlichem Abschwung, Bevölkerungsverlusten und Leerständen durch die Finanzkrise beschleunigt, und für einige Städte war dies ein Weckruf (Pallagst et al. 2018).

Der Stillstand im Zuge der Corona-Krise wird den Strukturwandel und die damit verbundenen Probleme schrumpfender Städte weiter beschleunigen bzw. verstärken. Zwangsversteigerungen, Bevölkerungsverluste und Leerstände werden sich fortsetzen und die Funktionsfähigkeit einer Stadt und damit die Lebensqualität der Bürger beeinträchtigen. Hartt et al. behaupten, dass „obwohl die Pandemie noch andauert und die Zukunft ungewiss ist, erste Anzeichen darauf hindeuten, dass ohne Intervention demografisch ältere und nicht-weiße Gemeinden, in denen ein großer Teil der Einwohner in unmittelbarer Nähe arbeitet und nicht von zu Hause ausarbeiten kann, am ehesten die neue Grenze der nach der Pandemie schrumpfenden Städte bilden werden" (Hartt et al. 2021: 404).

Während der COVID-19-Pandemie hat sich gezeigt, dass das Umland und kleinere Städte an Attraktivität gewonnen haben. Die Nachfrage der Bürger nach Grünflächen ist während des Lockdowns gestiegen (Bunzel/Kühl 2020). Diese Tendenz könnte eine Chance für schrumpfende Städte sein. In ihnen gibt es eine Fülle von innerstädtischen Leerständen, und es wurden bereits viele Anstrengungen unternommen, diese Leerstände in grüne Infrastruktur umzuwandeln. Die geringere Dichte und das Angebot an Grünflächen könnten sich für schrumpfende Städte tatsächlich als Vorteil erweisen, wenn es um die soziale Distanzierung geht.

Ausblick auf die Stadtplanung heute und in Zukunft

Schneidewind glaubt an eine „Post-Corona-Stadt" und schlägt vor, dass sie lokaler, näher, vielfältiger, öffentlicher und agiler sein sollte. Im Allgemeinen kann sie Impulse für eine Post-Corona-Welt geben: „sozialer, grüner, vielfältiger" (Schneidewind et al. 2020: 3). Als Raumplaner*innen ist es daher unsere Aufgabe, an der Resilienz von Städten zu arbeiten – global und lokal. Auf lokaler Ebene müssen wir den Zugang, die Qualität und den Umfang von Grünflächen sichern und verbessern. Schrumpfende Städte könnten auf der Gewinnerseite stehen und über reichlich freie Flächen und ganz neue grüne Infrastrukturen verfügen, die in dieser Hinsicht genutzt und vermarktet werden könnten: Grünflächen und Abstandsflächen sind in einer Stadt, die weniger dicht ist, leichter zugänglich als in einer wachsenden Metropole.

Auf globaler Ebene erfahren wir mehr und mehr, dass globalisierte Industrien zu Abhängigkeiten und Anfälligkeiten führen. In Krisenzeiten ist die Versorgung mit notwendigen Gütern – seien es Impfstoffe oder Computerchips – gefährdet. Unterbrochene Lieferketten von Unternehmen machen dies nur allzu deutlich. Wissenschaftler diskutieren Lösungsansätze unter den Begriffen „Urban Commons" (Dellenbaugh et al. 2015: 7) oder „Postwachstum" (Lange et al. 2020: 1), doch handelt es sich dabei derzeit vornehmlich um akademische Diskurse ohne größere gesellschaftliche Auswirkungen.

Generell sollten aus Sicht der Stadtplanung ortsbezogene Ansätze gefördert werden. Das Leitbild „Stadt der kurzen Wege", das auf einer Studie von Newman und Kenworthy aus dem Jahr 1989 beruht (Wegener 1994: 8), gewinnt immer mehr an Bedeutung. Folglich sind Überlegungen, Diskurse und Forschungen über die Resilienz von Städten erforderlich. Dies kann nicht von einzelnen Wissenschaftlern geleistet werden, sondern erfordert einen programmatischen internationalen Ansatz. Schrumpfende Städte mit ihrer Geschichte, ihrer Erfahrung und ihrem Wissen im Umgang mit Krisen könnten einen wichtigen Beitrag zu diesen Diskursen leisten. Dennoch bleiben viele Fragen offen: Werden die Veränderungen, die wir während der Pandemie gesehen haben, längerfristig zu Trends führen? Welche Arten von Städten werden sich als besonders widerstandsfähig gegenüber diesem Schock erweisen? Wie können wir die Veränderungen, die durch sich überschneidende Krisen wie COVID-19-Pandemie, Klimawandel und Flüchtlingskrise erforderlich sind, in Einklang bringen? Der ausschließliche Fokus auf die nachhaltige Entwicklung für jüngere und zukünftige Generationen scheint angesichts der Herausforderungen, mit denen wir konfrontiert sind, überholt zu sein. Der Diskurs sollte die Veränderungen und Herausforderungen, denen wir uns aktuell stellen müssen, zum Inhalt haben, und es sollte ein sinnvoller Diskurs über die Resilienz von Städten sein.

Anmerkungen

1 Die hier präsentierten Erkenntnisse beruhen auf zwei Forschungsprojekten: RE-CITY des Forschungs- und Innovationsprogramms „Horizont 2020" der Europäischen Union sowie dem von der Deutschen Forschungsgemeinschaft (DFG) geförderten „PlanShrinking".

Literatur

Bunzel, Arno/Kühl, Carsten: *Stadtentwicklung in Coronazeiten – eine Standortbestimmung*. Deutsches Institut für Urbanistik. *Sonderveröffentlichung*. Berlin 2020

Dellenbaugh, Mary/Kip, Markus/Bieniok, Majken/Müller, Agnes Katharina/Schwegmann, Martin (Hrsg.): *Urban Commons – Moving Beyond State and Market*. Basel 2015

Gestring, Norbert/Glasauer, Herbert/Hannemann, Christine/Petrowsky, Werner/Pohlan, Jörg (Hg.): *Schwerpunkt: Schrumpfende Städte. Jahrbuch StadtRegion 2004/05*. Wiesbaden 2005

Hartt, Maxwell/Bagchi-Sen, Sharmistha/Hollander, Justin B.: „The post-pandemic future of shrinking cities". In: *Town Planning Review*. Band 92/3, 2021, S. 403–410

Hollander, Justin B./Pallagst, Karina/Popper, Frank J. (2009): *Planning Shrinking Cities*. http://illinois-online.org/krassa/ps410/Readings/Shrink/ShrinkingCities.pdf, 19.12.2021

Lange, Bastian/Schmid, Benedikt/Hülz, Martina/Schulz, Christian (2020): *Covid-19 und Postwachstumsgeographien: Beobachtungen und Perspektiven*. https://www.arl-net.de/de/system/files/Postwachstum%20und%20Covid-19_V10_final%20zum%20Upload.pdf, 21.10.2021

Levin-Keitel, Meike/Othengrafen, Frank: „Planungskultur – Mehr Ahnung von Planung? Oder was man sich davon verspricht". In: *disP – The Planning Review*. Band 52/4, 2017, S. 16–17

Martinez-Fernandez, Cristina/Weyman, Tamara/Fol, Sylvie/Audirac, Ivonne/Cunningham-Sabot, Emmanuèle/Wiechmann, Thorsten/Yahagi, Hiroshi (2016): „Shrinking cities in Australia, Japan, Europe and the USA: From a global process to local policy responses". In: *Progress in Planning*. Band 105, S. 1–48

Newman, Peter/Kenworthy, Jeffrey R.: *Cities and Automobile Dependence: A Sourcebook*. Broofield 1989

Pallagst, Karina: „Cultures d'aménagement et villes en décroissance: Vers des recherches appliqués dans les régions transfrontalières". In: Hamez, Gregory/Defays, Jean-Marc (Hg.): *Réalités, perceptions et représentations des frontières: L'espace transfrontalier de la Grande Région Sare-Lor-Lux*. Louvain-la-Neuve 2020, S. 183–198

Pallagst, Karina/Fleschurz, René/Nothof, Svenja/Uemura, Tetsuji: *PlanShrinking^2 – Trajectories of planning cultures in shrinking cities: the cases Cleveland/USA, Bochum/Deutschland, and Nagasaki/Japan. IPS Working Paper*. Nummer 1, 2018

Pallagst, Karina/Fleschurz, René/Nothof, Svenja/Uemura, Tetsuji (2021): „Schrumpfende Städte – Implikationen für Planungskulturen?". In: *Urban Studies*. Band 58/1, 2019, S. 164–181 (https://doi.org/10.1177/0042098019885549)

Pallagst, Karina/Wiechmann, Thorsten: „Shrinking Smart? Städtische Schrumpfungsprozesse in den USA". In: Gestring, Norbert/Glasauer, Herbert/Hannemann, Christine/Petrowsky, Werner/Pohlan, Jörg: (Hg.): *Schwerpunkt: Schrumpfende Städte. Jahrbuch StadtRegion 2004/05*. Wiesbaden 2005, S. 105–127

Reimer, Mario: *Planungskultur im Wandel. Das Beispiel der REGIONALE 2010*. Detmold 2012

Sanyal, Bishwapriya (Hg.): *Comparative Planning Cultures*. New York 2005

Schneidewind, Uwe/Baedeker, Carolin/Bierwirth, Anja/Caplan, Anne/Haake, Hans: *"Näher" – "Öffentlicher" – "Agiler". Eckpfeiler einer resilienten "Post-Corona-Stadt"*. Wuppertal Institut (Hg.). Diskussionspapier April 2020

Uemura, Tetsuji: *Population Decline, Infrastructure and Sustainability: From Japan for the world in 2015*. London 2015

Wegener, Michael: *Die Stadt der kurzen Wege – müssen wir unsere Städte umbauen?* IRPUD Institut für Raumplanung, Universität Dortmund. *Fakultät Raumplanung*. Band 136/2. Dortmund 1994

Wiechmann, Thorsten/Wolff, Manuel (2013): *Urban Shrinkage in a Spatial Perspective – Operationalization of Shrinking Cities in Europe 1990–2010*. https://www.researchgate.net/publication/290820418_Urban_Shrinkage_in_a_Spatial_Perspective_-_Operationalization_of_Shrinking_Cities_in_Europe_1990_-2010, 19.12.2021

Raumwerk D und Mobilitätsplan D im Tandem: Ein Bericht zur Planungskulisse Düsseldorfs

Cornelia Zuschke

Raumwerk D ist das städtebauliche Leitbild für Düsseldorf. Es übersetzt das Zukunftsbild für Düsseldorf in ein Planwerk mit anwendbaren Instrumenten und einem Werkzeugkasten, somit vereint es das Konzept mit exemplarischen Realisierungsbausteinen. Abb. 1

Im Raumwerk D wird die Zukunft einer dynamischen Stadt bearbeitet, die sich ihrer Qualitäten und Potenziale bewusst ist und auf Zukunftsfähigkeit aus sich selbst heraus setzt. Grundsatz für die Bearbeitung aller Themen war das Verräumlichen und damit die Schaffung einer Anwenderebene sowohl für konzeptionelle Überlegungen als auch für Projektbausteine, vom Experiment bis hin zur Quartiersentwicklung oder räumlichen Vernetzungsstrategie, die konkret auch den Mobilitätsplan einbezieht. Unterschiedliche Player erhalten jeweils Anwenderebenen und individuelle Werkzeuge und werden über gemeinsame Prozesse, Ziele und Wertekontexte verbunden, um zu einer tragfähigen Lösung und einer gemeinsamen Vision zu gelangen.

Der Mobilitätsplan D folgt dem in die Jahre gekommenen Verkehrsentwicklungsplan der Landeshauptstadt aus den frühen 2000er Jahren und wählt nun bewusst einen weitaus breiteren Fokus auf die Themen der Mobilität, anstatt sich auf verkehrlich funktionale Parameter im Sinne gängiger Verkehrsentwicklungspläne festzulegen. So stehen der multifunktional genutzte Raum und eine gerechte Mobilität im Mittelpunkt ebenso wie Erreichbarkeit und gesunde Lebensverhältnisse. Hier verbinden sich die Konzepte sehr eng. Beide Zielprozesse starteten 2016 (nahezu gleichzeitig) mit großen öffentlichen Auftaktwerkstätten, um zunächst die virulenten Themen mit Stadtgesellschaft, Politik, Institutionen und Protagonisten zu besprechen, einzusammeln und auf aktuelle Relevanz für die Bürgerinnen und Bürger der Landeshauptstadt Düsseldorf zu hinterfragen. Die Bürgerschaft konnte in dem Prozess so ihre Prioritäten benennen.

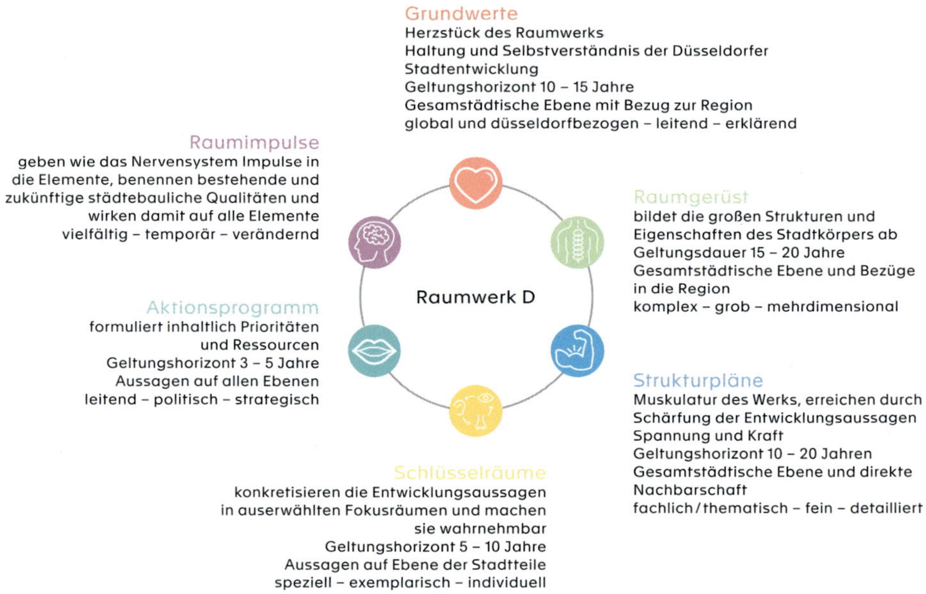

Abb · 1 Struktur des Raumwerks D (Quelle: Stadt Düsseldorf)

Das Besondere beider Prozesse ist nicht nur ihre DNA-ähnliche Verschlungenheit mit immer wieder eigenen Konkretisierungstendenzen und verbindenden Knotenpunkten, sondern auch der Start über eine Minus-1-Phase, in der die aktuellen Themen Städtebau und Mobilität der Stadtgesellschaft offen und ohne bereits erfolgte planerische Zielgerichtetheit frei diskutiert wurden. Das damit verbundene Ziel einer gemeinsam zu gestaltenden Aufgabenstellung von Bürger*innen, Politik und Fachleuten für einen konzeptionellen Zukunftsprozess und eine Vergabe an bearbeitende Fachbüros befriedigt das unmittelbare Bedürfnis über rein informative Partizipation hinaus hin zum aktiven Mitwirken der Stadtgesellschaft als ein örtlicher Spezialist.

Durch das „Selbstbearbeiten" entsteht eine mittelfristige Tragfähigkeit sogar über eine Kommunalwahl hinaus, da Aufgaben, Themen und Fragestellungen in kreative Erarbeitungsprozesse und politische Prioritäten eingebunden werden. Durch diese Form der Zusammenarbeit entsteht Bindung und Selbstbindung bis hin zu einem allgemeinen Bewusstsein für die aktuellen Fragen unserer Zeit und die Notwendigkeit gemeinschaftlicher Lösungen. Es entsteht Experimentierfreude und Vertrauen in eine gemeinsam gestaltbare Zukunft – den Wandel also als Chance für eigenes Handeln positiv anzunehmen.

Das Raumwerk D als städtebauliches Leitbild bezieht sich insbesondere in Ansprüchen, Qualitätsmaßstäben und auch operationalen Machbarkeiten auf viele Themen des Mobilitätsplanes D und umgekehrt – deshalb die DNA-Analogie zweier sich verwebender und bedingender Stränge.

Für beide Prozesse wurde im Hinblick auf die politische Verantwortlichkeit eine gemeinsame Steuerungsgruppe berufen, die aus verkehrs- und planungspolitischen Sprecher*innen der einzelnen Fraktionen und deren Ausschüssen besteht. Darüber hinaus wurden die Bezirksparlamente engmaschig einbezogen, da hier die unmittelbaren Handlungsräume im Zusammenspiel mit der Stadtbevölkerung liegen. Raumwerk D und Mobilitätsplan D wurden prozessual dem jeweiligen Prozess- und Konzeptbedürfnis folgend individuell aufgesetzt, haben aber vorab festgelegte gemeinsame Abstimmungs- und Entwicklungssequenzen, die für das enge Zusammenspiel überlagernder Themen und für eine gelingende Stadtentwicklung notwendig sind. Dabei wurden Landschaftsplan, Klimakonzept und Klimaanpassungskonzept als verbindliche, alle Themen vereinende Basis in die jeweilige Grundlagenarbeit einbezogen. Abb. 2

Schnell wurde im Zusammenspiel der relevanten Themen des Raumwerks D festgestellt, dass insbesondere die Qualität funktionierender Dichte maßgeblich durch zukunftsfähige Mobilitätskonzepte und einen robusten öffentlichen Raum bestimmt wird. Der Mobilitätsplan D und das Raumwerk D durchliefen ihre wichtige Vorklärungsphase vor Corona

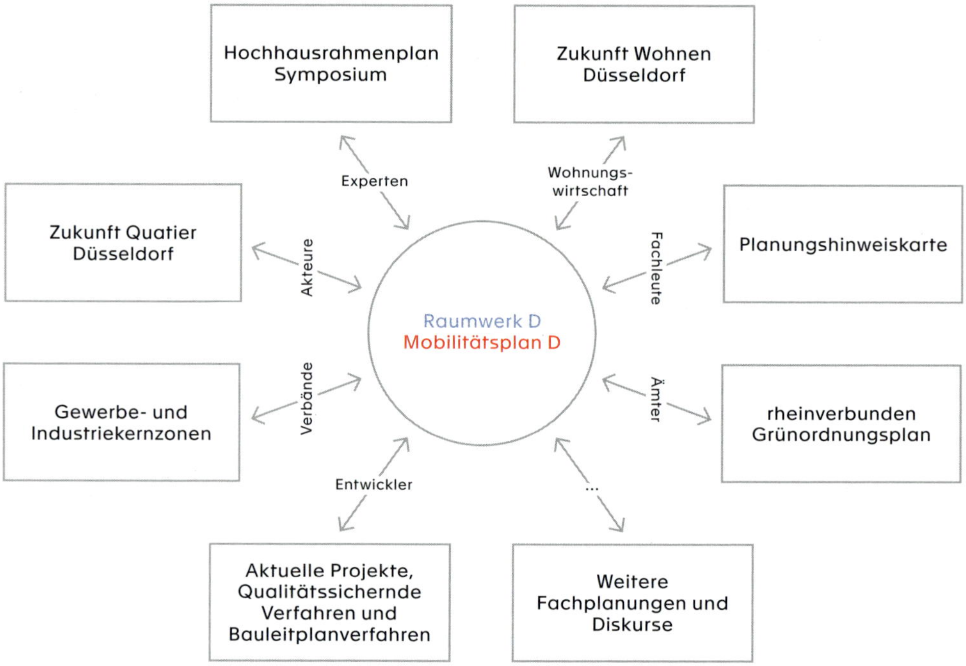

Abb · 2 Raumwerk D und integrierte Stadtentwicklungsplanung (Quelle: Stadt Düsseldorf)

(2017–2019) und erfuhren mit Beginn der Pandemie die Fokussierung auf vertiefend abzuarbeitende, konkrete Themenbereiche. Corona hat mit der Konzentration auf Heim, Wohnung, Quartier und neue Lebensentwürfe gezeigt, wie wichtig die Zusammenschau von Mobilität und Stadtplanung für eine gesunde Stadt mit guter Versorgungsstruktur ist. Insbesondere hinsichtlich der Qualität des öffentlichen Raumes in den Quartieren einer vernetzten Stadt der notwendigerweise kurzen Wege und einer Region, die über Leben und Arbeiten, Einkauf und Kultur eng mit der Stadt korrespondiert, wirken Mobilitätsfragen und städtebauliche Möglichkeiten für Dichte und Lebensqualität eng zusammen. Aus interdisziplinärer Sicht generieren sie große Chancen für eine integrierte resiliente Stadt mit besser funktionierenden und lebendigen Quartieren.

Insofern wurden Erreichbarkeit, blaue und grüne Infrastruktur, vierfache Dichte und nachhaltige Versorgungs-, Daseins- und Lebensqualität in den Quartieren während der Coronazeit zu den bestimmenden Themen der breit aufgestellten Öffentlichkeitsbeteiligung. Es entstanden zentrale Fragen zu Wertekontexten und Handlungsfeldern sowie einer vernetzten Planungsstrategie auch bis in die Region hinein. Der Mobilitätsplan D ging mit Corona aus der Zielfindungsphase mit zehn Zielkorridoren in die Phase der Beauftragung von einzelnen Handlungsfeldern über.

Anschließend wurden für jedes der fünf Handlungsfelder Fachplaner*innen beauftragt, um mit konzeptionellen Ansätzen sogleich Umsetzungsstrategien und starke Projekte zu platzieren. Die Arbeitspakete umfassten unter anderem einen stadtverträglichen motorisierten Individualverkehr (MIV), eine erweiterte ÖPNV-Strategie mit regionaler Pendlermobilität, eine Radverkehrsstrategie und bessere Fußverkehrskulisse bis hin zu neuen, innovativen Mobilitätsformen als Chance für einen notwendigen Mobilitätswandel und eine verbesserte Luft- und Lärmsituation in der dichter werdenden Stadt. Insbesondere diese Handlungsfelder wurden als Anspruchskriterien für die Einzelthemen des Raumwerks D herangezogen, wobei die Mobilität der Zukunft bei jeder Quartiersentwicklung als zentrale Frage behandelt wird. Eine (noch analoge) Zwischenkonferenz im Jahr 2019 mit dem Titel „Was kann intelligente Mobilität für Stadtentwicklung tun und wie kann Stadtentwicklung intelligent nachhaltige Mobilität implementieren?" zeigte deutlich, dass Raumwerk und Mobilitätsplan beide Seiten der gleichen Medaille darstellen und nur in der Zusammenschau eine erfolgreiche, robuste und funktionierende Stadt generieren – eine Stadt für Menschen. Abb. 3

Eine Stadt für Menschen wird also im Wesentlichen durch die Verfügbarkeit eines sicheren, demokratischen und qualitätvollen Raumangebotes und eine individuelle sowie verbindliche Erreichbarkeit geprägt. Insbesondere die Fahrradinfrastruktur, taugliche Fußwegenetze und eine alltagstaugliche ÖPNV-Dichte sind für die Stadtbevölkerung von heute und

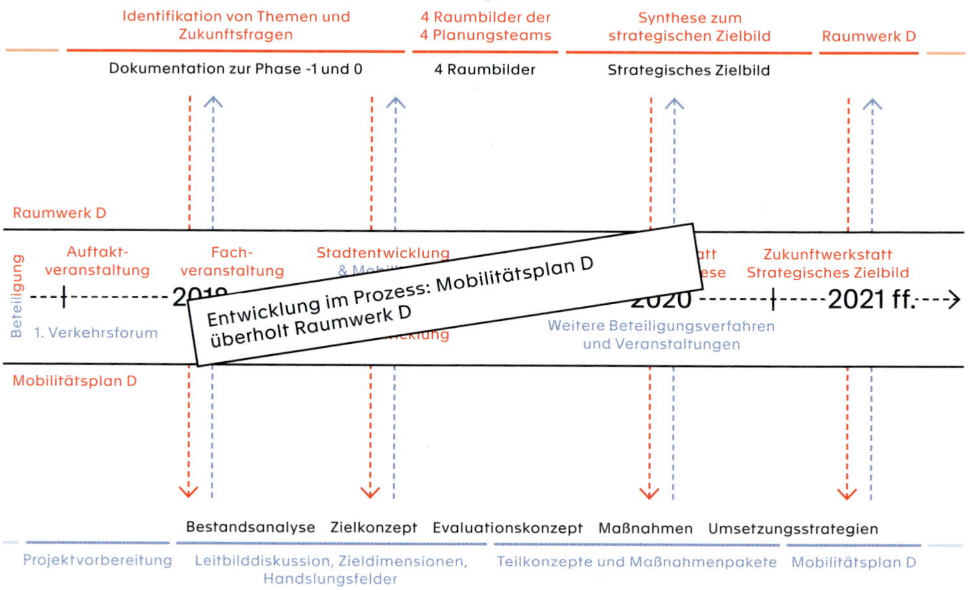

Abb · 3 Nachjustieren des Prozesses (Quelle: Stadt Düsseldorf)

morgen von eklatanter Bedeutung und zugleich wesentliche Attraktivitätskomponenten für die Entscheidung, in der Stadt zu leben. Der öffentliche Raum, der angesichts Corona neben verändertem Wohnen im Fokus des Bedürfnisses nach gemeinsamem Lebensraum steht, muss vernetzt und über seine rein funktionierenden Werte hinaus qualifiziert werden. Zudem wird er im Zusammenhang mit der Versammlungsfreiheit und Lebensäußerung von Menschen immer bedeutsamer.

Damit verbinden sich aber auch Konflikte. Ein Teil des Lebens ist in den öffentlichen Raum übergegangen. Dieser muss in seiner Robustheit den unterschiedlichen Bedürfnissen verschiedener Generationen, Ebenen und Interessen standhalten. Damit das funktioniert, ist es unmittelbar erforderlich, das Mobilitätsverhalten auf ein integriertes, intermodales Level zu heben, welches nicht durch das eine oder andere Verkehrsmittel dominiert wird. Dort, wo die Herrschaft des Individualverkehrs bleibt, muss es leistungsfähige, sichere und durchgängige Parallelnetze geben, die Alternativen zum MIV bereitstellen und damit die Stadt der kurzen Wege ermöglichen.

Auch müssen wir in dichter werdenden Quartieren darauf achten, dass ruhender Verkehr quartiersweise wie auch stadtweit anders gelöst wird, als dies bisher der Fall ist. Zur Vermeidung der Absorption des Stadtraumes durch Parkplätze gehört die Einrichtung von Quartiersgaragen einerseits und von P+R-Anlagen andererseits, die eine Erreichbarkeit der Stadt über den individuellen Kfz-Verkehr hinaus ermöglichen und somit Luft für alternative Nutzungen in den Straßen und Quartieren schaffen. Auch zunehmender Radverkehr bedeutet zunehmende Stellplatzprobleme und erfordert notwendigerweise besseren Komfort, was in Bestandsquartieren anderer Lösungen bedarf, als dies bei neuen Stadtplanungs aufgaben der Fall ist. Die Bedürfnisse einer Sharing-Mobility sind in allen neuen Quartieren über die Leistungsfähigkeit des eigenen Quartiers hinaus auch in das Umfeld hinein zu denken, um so neue Quartiersentwicklungen auch für die bestehende Umgebung zu Katalysatoren in Sachen Mobilitätswende zu machen.

Ebenso müssen neue städtische Quartiere Freiraumreserven und Daseinsbausteine schaffen, die die bestehende Umgebung mitversorgen und so das Netz der Stadt für alle Menschen bereichern. Mobilität und Stadtplanung sind also untrennbar miteinander verbunden. Die notwendige Entwicklungs- und Fortschrittsdynamik in unseren Städten macht es notwendig, beginnend vom Experiment bis hin zu mutigen Alternativen gängiger Planungsparadigmen neue Wege zu beschreiten, um die Stadt in der Balance von Wohnen und Arbeiten, Erleben und Versorgen vielschichtiger, multifunktionaler und vor allem lebenswerter zu gestalten.

Die positive Entwicklung eines menschlicheren öffentlichen Raumes ist einer der zentralen Schlüssel zur Umsetzung der gerechten, klimaausgleichenden und sozialen Stadt. Dazu gehört auch die Korrespondenz von

Grundwerte – Stadtentwicklung im Einklang mit der Neuen Leipzig Charta

1. Düsseldorf ist eine gerechte Stadt

- → Düsseldorf macht seine Lebensqualität für alle erlebbar und stärkt die Individualität ihrer Stadtteile und Viertel
- → Düsseldorf schafft neue räumliche Gemeingüter
- → Düsseldorf kultiviert seine sozialen, ökonomischen und kulturellen Nischen und Potenziale

2. Düsseldorfs Schatz ist die stadträumliche Vielfalt

- → Düsseldorf rückt seine Stadtteile in den Mittelpunkt der Stadtentwicklung und stärkt die Polyzentralität der Stadt
- → Düsseldorf setzt auf die Dynamik und Vielfalt des Zentrengürtels

3. Düsseldorf stärkt seine Qualität als gemischte und kompakte Stadt

- → Düsseldorf setzt auf integrierte und vielfältige Nutzungsmischung
- → Düsseldorf nutzt seine Potenziale für Innenentwicklung auf konsequente und intelligente Weise

4. Düsseldorf kultiviert seine grünen Qualitäten und schützt mit aller Kraft Umwelt und Klima

- → Düsseldorfs Stadtentwicklung übernimmt Verantwortung bei Klimaanpassung und Klimaschutz
- → Düsseldorf schützt seine Landschafts- und Grünraum-Qualitäten und schafft Begegnungsräume für Mensch und Natur

5. Düsseldorf gibt Produktion, Innovation und kultureller Kreativität auf neue Weise Raum

- → Düsseldorf schützt die Fundamente ihrer wirtschaftlichen Strahlkraft und schafft neue Orte urbaner Produktion
- → Düsseldorf entwickelt eine gute Arbeitsplatzstruktur in einer effizienten Vernetzungsstruktur weiter in einer Stadt der kurzen Wege
- → Düsseldorf gibt der digitalen Transformation Raum und nutzt sie für bessere Infrastrukturausnutzung

6. Region in Balance: Düsseldorf denkt über seine Grenzen hinaus

- → Gemeinsam mit der Region gibt Düsseldorf Impulse für eine abgestimmte Mobilitäts-, Landschafts- und Siedlungsentwicklung und fühlt sich dieser Gemeinsamkeit bis hin zur Metropolregion verpflichtet
- → Düsseldorf schlägt und nutzt die Brücken zu seinen Nachbarn

7. Raumentwicklung ist ein lebendiger Prozess

- → Haltung bewahren und notwendige Strukturen entwickeln
- → Düsseldorf schafft Flexibilität und Robustheit durch umfassende sich verstetigende Beteiligung

Abb · 4 Grundwerte des Raumwerks D (Quelle: Stadt Düsseldorf)

Raum, Raumfassaden und funktionierenden Erdgeschossen. Unsere Quartiers- und Projektentwicklungen starten wir in Düsseldorf regelmäßig mit Qualifizierungsverfahren, die neben (städte-)baulich-funktionaler Qualität immer auch die soziale Mischung, klimatische und ökologische Nachhaltigkeit und die Gestaltung einer quartiersübergreifend wirksamen und zukunftsweisenden Mobilität nachweisen und die wir mit der zu beteiligenden Stadtgesellschaft diskutieren. Die Ergebnisse werden durch Bebauungspläne und städtebauliche Verträge gesichert. Diese Interdisziplinarität sichert Fortschritt und ein gemeinsames Bewusstsein für Qualität und die gerechte Stadt. Abb · 4

Bürgerbeteiligung und Milieus

Jürgen Aring
Thomas Kuder

Demokratie ist die Staatsform, die von einer Gleichwertigkeit aller Bürger ausgeht, unabhängig von deren unterschiedlichen Ansichten und Interessen. Für das Verhandeln unterschiedlicher Interessen wurden Verfahren des Beratens gefunden, die zu legitimierten Entscheidungen führen. Abgesichert wird Demokratie durch einen funktionierenden Rechtsstaat mit einer Teilung der Gewalten und unabhängigen Richtern. Werden Teile der Bevölkerung formell ausgeschlossen, durch Verfahren systematisch benachteiligt oder vom System einfach „zurückgelassen", dann erodiert das demokratische Prinzip. So bedarf es neben einer institutionellen Verankerung demokratischer und rechtsstaatlicher Strukturen und Prozesse einer kontinuierlichen demokratischen Praxis der Informiertheit und der Mitwirkungsmöglichkeit der Bürger, um das System im Großen wie im Kleinen erfolgreich und lebendig zu halten. Hiervon handelt dieser Essay über „Bürgerbeteiligung und Milieus".

Die repräsentative Demokratie habe, so die Diagnose von Colin Crouch, im Lauf der Zeit eine Aushöhlung erfahren und sei in eine ernste Krise geraten. Während Politik immer öfter hinter verschlossener Tür gemacht werde, verfielen Teile der Bevölkerung in eine schweigende, mitunter apathische Passivität. Das zeige sich zum Beispiel im Mitgliederschwund der Parteien, in sinkenden Wahlbeteiligungen sowie im mitunter konstatierten Vertrauensverlust gegenüber demokratischen Instanzen (Crouch 2008). Auch Hartmut Rosa sieht in der verlorenen Resonanzbeziehung und Entfremdung zwischen Bürgern und Politik ein Krisensymptom der Demokratie und stellt eine wachsende, konfliktbeladene Kluft zwischen Bürgern und Herrschenden fest (Rosa 2016).

Asymmetrische Bürgerbeteiligung

Informelle Prozesse der Bürgerbeteiligung als Form gelebter Demokratie im politischen Alltag haben dagegen immer mehr an Bedeutung gewonnen. Allerdings sind diese Beteiligungsprozesse anfällig für demokratische Asymmetrien: gebildete, sozial besser gestellte und argumentationsstarke Angehörige der gehobenen Mittelschicht dominieren die Bürgerbeteiligung und Interessenartikulation (Jörke 2011). Diejenigen, die unter schwierigen, teils prekären Verhältnissen leben, nehmen dagegen immer seltener demokratische Mitwirkungsangebote wahr. Und für den Fall, dass sie es doch tun, fühlen sie sich oft nicht willkommen, nicht ernst genommen oder gar unfair behandelt (Kuder 2019). Damit bergen die von einem Mittelschichtenbias geprägten Beteiligungsverfahren ebenfalls das Risiko, den sozialen Zusammenhalt zu schwächen und die Polarisierung zwischen „oben" und „unten" zu verstärken.

Andreas Reckwitz hat in seiner jüngsten Gesellschaftsanalyse herausgearbeitet, dass sich im postindustriellen Zeitalter eine kulturell geprägte Ökonomie entwickelt habe, die vornehmlich auf Kreativität und innovativem Wissen basiere und eine ganz neue Klassenstruktur hervorbringe. Demnach würden Teile der unteren Mittelschicht und die Unterschicht ökonomisch und kulturell immer weiter den Anschluss an die gesellschaftliche Entwicklung verlieren, seien pessimistisch gestimmt und würden ein wachsendes Unbehagen gegenüber Veränderungen artikulieren (Reckwitz 2019).

Exkludierende Beteiligungsformate

Interpretiert man die Mitwirkung aller Teile der Gesellschaft als wichtiges Kriterium demokratischer Legitimation, neben der repräsentativen Politik und den klassischen Partizipations- und Teilhabechancen, so drohen exkludierende Beteiligungsformate zu einem Verlust an Legitimation beizutragen. Das gilt vor allem dann, wenn Beteiligungsresultate die Partikularinteressen von Akteuren widerspiegeln, die weder durch Wahlen legitimiert sind noch gesellschaftliche Mehrheiten repräsentieren. Verstärkt wird diese Verwerfung durch kommunikative Differenzen: Öffentliche Kommunikation setzt in der Regel bestimmte Fertigkeiten voraus, zum Beispiel Ausdrucksstärke, über die verschiedene Menschen mal mehr, mal weniger verfügen. Dies bewirkt eine soziostrukturell vermittelte Ungleichheit in der Kommunikation. Eine kaum verständliche Expertensprache, eine fachliche, die Lebenswirklichkeit ausblendende Themensetzung und Beteiligungsformate, die den Bedürfnissen der Menschen nicht entsprechen, verstärken die Exklusion und einseitige Interessendominanz zusätzlich. Es muss also insbesondere in der Kommunalpolitik und -verwaltung sowie am Ort konkret gelebter Demokratie ein weitreichendes politisches und planerisches Interesse geben, diejenigen Menschen für die Bürgerbeteiligung (zurück)zugewinnen, die aus den genannten Gründen nicht (mehr) durch Bürgerbeteiligung erreicht werden.

Vielfalt der Gesellschaft

Eine die Vielfalt der Gesellschaft abbildende Partizipation erreicht man nicht mit Appellen. Man muss sie wollen und Verfahren einsetzen, die sie unterstützen. Vielfalt in Beteiligungsprozessen abzubilden ist unbequem, denn es erschwert die Lösungsfindung. Zwar existiert das Ideal von der „besten und vernünftigsten Lösung", die sich im deliberativen Diskurs herausschält, doch das Basismodell im politischen Alltag ist das interessengeleitete *bargaining*, in dem die Machtverhältnisse und die Wissensvorsprünge eingesetzt werden, um eigene Ziele zu erreichen. So spiegeln politische Kompromisse im Allgemeinen das Mögliche und nicht das Perfekte. Sich um das Einbeziehen der „Stummen", „Leisen" und „Schwachen" zu bemühen im Sinne eines *empowerments*, reduziert den Einfluss der „Lauten" und „Starken". Gute Verfahren bedürfen deshalb neben den beteiligten Interessengruppen auch eines unabhängigen Akteurs mit demokratischer Haltung, der sich selbst nicht als eine partikulare Interessenpartei versteht. Aus diesem Verständnis heraus unterstützt der vhw – Bundesverband für Wohnen und Stadtentwicklung e. V. seit langen Jahren innovationsfreudige Kommunen, die eine inklusivere Beteiligungspraxis anstreben.

Milieu- und Lebensstilforschung

Ein analytisches Gerüst, um diese Verwerfungen in der Bürgerbeteiligung besser verstehen zu können, bietet die Milieu- und Lebensstilforschung. Milieus, verstanden als „[…] Gruppen Gleichgesinnter, die gemeinsame Werthaltungen und Mentalitäten aufweisen und auch die Art gemeinsam haben, ihre Beziehungen zu Mitmenschen einzurichten und ihre Umwelt in ähnlicher Weise zu sehen und zu gestalten" (Hradil 2005; vhw 2021), erlauben eine differenzierte, zielgruppenscharfe Analyse der Gesellschaft und ihrer vielschichtigen Konfliktlinien (s. dazu ausführlich Aring 2019), die sich anhand klassischer Sozialdaten allein keinesfalls aufzeigen ließe.

Den methodischen Zugang dazu bildet das datenbasierte, von Sinus entwickelte Milieumodell. Konzeptionell spannt das Modell zwei Achsen auf. Eine Achse, die als „Soziale Lage" bezeichnet wird, bildet eine aggregierte gesellschaftliche Schichtung ab, wie sie sich auf der Basis von Einkommen, Vermögen und Bildungskapital darstellt. Die andere Achse, von Sinus „Grundorientierung" genannt, bildet Werteinstellungen ab, die

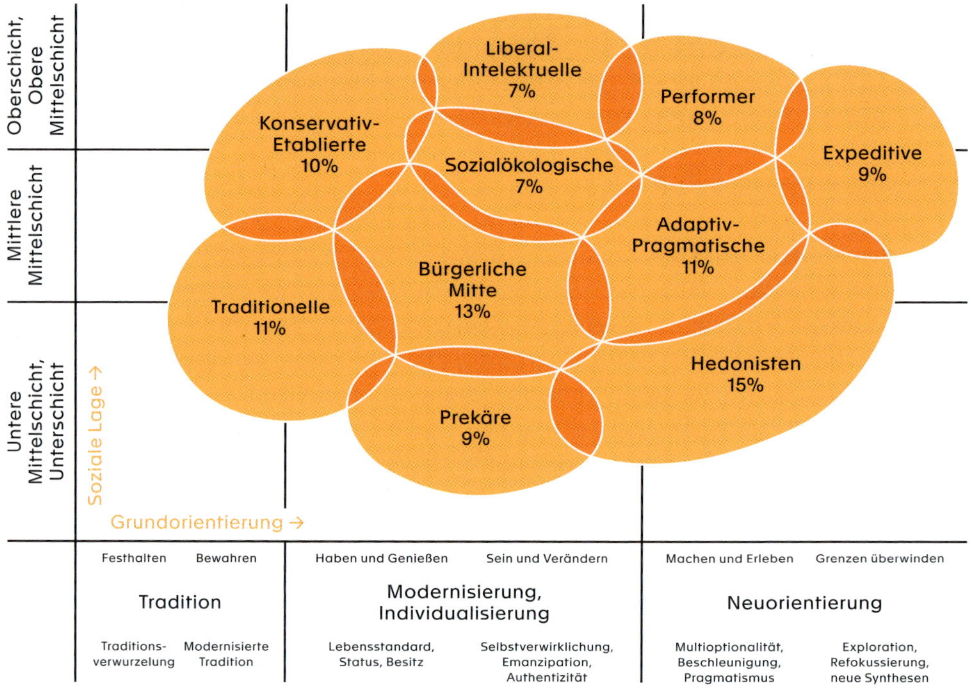

Abb. 1 Die Sinus-Milieus 2020 in Deutschland (Quelle: vhw)

vereinfacht gesagt unterschiedliche Verständnisse von Modernisierung abbilden. Unter „traditionell" sollten wir leitende Werte verstehen, die viel mit Ordnung, Tradition, festen Rollenbildern und entsprechendem Respekt verbunden sind. Im Unterschied dazu steht „Modernisierung" dann für die Werteverschiebungen in unserer Gesellschaft bei den jüngeren Generationen (Emanzipation von Frauen und Kindern, Demokratisierung sowie Forcierung von Individualisierung und Selbstverwirklichung). Die dritte Grundorientierung wird als „Neuorientierung" bezeichnet und stellt sozusagen die postmoderne Seite des konservativen Angriffs auf das Konzept des solidarischen Wohlfahrtsstaates dar (Beschleunigungs- und Flexibilisierungsprozesse in Verbindung mit viel Eigenverantwortung). Diejenigen, die das öffnend und bereichernd empfinden, sind gemeint, wenn vom Wertesystem „Neuorientierung" gesprochen wird. [Abb. 1]

Hinter diesem zweidimensionalen Konstrukt sozialer Typisierung, das bildlich zu den charakteristischen „Kartoffelgrafiken" führt, stehen bei Sinus statistische Clusterungen und Faktorenanalysen, in die die Befragungen von tausenden Menschen eingehen, die Aussagen zu Werten, Haltungen und Konsum getätigt haben. Es ist sozusagen sozialwissenschaftliches Big-Data-Processing. Aus einer riesigen Menge an Daten werden Muster herausgerechnet.[1] Die dabei gefundenen Cluster bezeichnet Sinus als Milieus. Die Sinus-Milieus sind analytische Konstrukte. Es geht nicht um Gemeinschaften, die sich als gesellschaftliches oder politisches Subjekt verstehen. Deshalb kennt der Milieubegriff von Sinus auch keine besondere Binnenkohäsion, also keinen besonderen inneren Zusammenhalt innerhalb der Milieus. Vielmehr schaut man auf typisierte Individuen, die allerdings als soziale Wesen im Sinne eines „Gleich und Gleich gesellt sich gern" oft recht gut mit den anderen Individuen aus demselben Milieu auskommen.

Die Differenzierung in verschiedene Milieus ermöglicht es, Zielgruppen, die es für eine inklusive Bürgerbeteiligung dringend zu erreichen und einzubinden gilt, genau zu identifizieren und kennenzulernen. So erlaubt das Milieuwissen, einen konkreten Einblick in die Lebenswelten der Menschen, ihre Gewohnheiten, Wertvorstellungen und Bedürfnisse gewinnen zu können. Vor allem aber lassen sich die grundlegenden Kenntnisse der spezifischen Kommunikationsgewohnheiten für die Erarbeitung konkreter Ansprache-, Kommunikations- und Beteiligungsstrategien nutzen, mit Blick auf eine erfolgreiche inklusive Bürgerbeteiligung (ausführlich dazu vhw 2021).

Inklusive Bürgerbeteiligung

Der vhw hat für die Milieuanalysen zahlreiche wissenschaftliche und praxisbezogene Anwendungsbereiche erschlossen. Zu nennen sind vor allem die mithilfe der Milieus weiterentwickelten Formate einer inklusiven

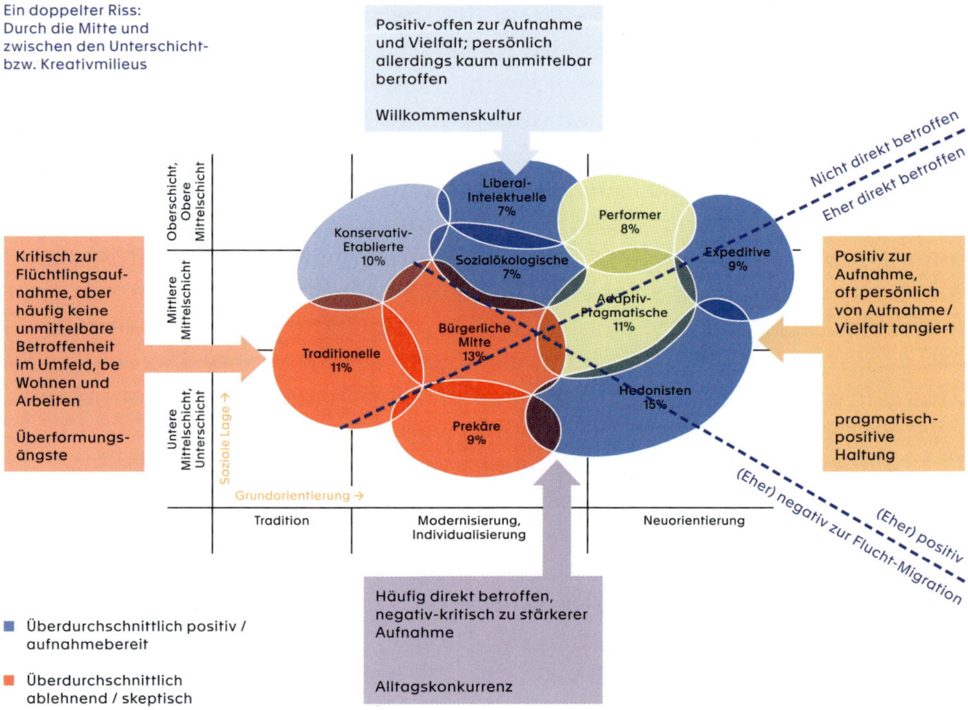

Abb · 2 Beispiel für Risse durch die Gesellschaft – Thema Zuwanderung von Geflüchteten (Quelle: vhw)

Bürgerbeteiligung wie milieuquotierte, repräsentative Bürgerräte. Die Milieukenntnisse werden dabei für die Wissensgenerierung eingesetzt, zum Beispiel in vorgeschalteten Fokusgruppengesprächen, des Weiteren für eine leicht verständliche Kommunikation (Ansprache, interkulturelle Vermittlung, Informationsmaterialien, Moderation) und die gleichberechtigte Inklusion aller Interessen und Standpunkte in den deliberativen, auf Augenhöhe erfolgenden Aushandlungsprozessen. Das Spektrum reicht weiter bis hin zu wissenschaftlichen Beratungs- und Fortbildungsformaten für Wohnungswirtschaft, Kommunalpolitik und -verwaltung und deren wirtschaftliche Leistungserbringer.

Über die Verbesserung lokaler Beteiligungsverfahren anhand von Milieukenntnissen hinaus, nutzt der vhw das gewonnene Wissen und die datengestützte Milieuanalyse in zweierlei Richtungen: Zum einen wird Milieuwissen systematisch aufbereitet und Praktikern aus der Verwaltung vermittelt. Dazu dienen Workshops, Rollenspiele und strategische Übungen, die durch einen *Praxisleitfaden Milieuwissen* (vhw 2021) flankiert werden. Bessere Milieukenntnis soll den kommunalen Praktikern helfen, offener für die stadtgesellschaftliche Vielfalt und jeweils spezifische Ansichten zu werden und im Diskurs besser „den richtigen Ton zu finden".

Kommunen, die diese analytischen und methodischen Möglichkeiten nutzen, können somit einen vertiefenden Beitrag leisten, in der Bürgerbeteiligung die Gleichwertigkeit aller Bürger zu sichern, ein gerechtes Verhandeln der Interessen zu gewährleisten, breit legitimierte Entscheidungen herbeizuführen und damit die Demokratie im Großen wie im Kleinen erfolgreich und lebendig zu halten. Abb. 2

Zum anderen werden die Milieudaten genutzt, um gesellschaftliche Konfliktlinien zu analysieren und besser zu verstehen. Abbildung 2 zeigt beispielhaft empirisch ermittelte Risse durch die Gesellschaft, die sich im Milieumodell als Diagonalen darstellen (vgl. Aring 2019). Da der Milieuansatz horizontale Schichtungen und Wertemuster vertikal miteinander kombiniert, ermöglicht er andere Erklärungen als monothematische Begründungen, die aus Oben-Unten- oder Rechts-Links-Schemata entstehen.

Kritik und Fazit

Die nützlichen Effekte der Milieuforschung verschwinden nicht, wenn man auch einen kritischen Blick auf den Ansatz wirft. Die Sinus-Milieus sind analytische Konstrukte auf der Basis von Konsummustern und Verhaltensweisen. Individualität wird jedoch von noch mehr Faktoren bedingt, kann situativ reagieren und sich im Zeitablauf verändern. Das führt regelmäßig dazu, dass Individuen auf den Milieuansatz schauen und ihn als unterkomplex empfinden. Sie sagen dann „ja, ich habe eine gewisse Affinität zu diesem oder jenem Milieu, doch ich bin auch anders". Dem ist nicht zu widersprechen, weshalb in der praktischen Arbeit mit Milieus neben dem milieubezogenen Persona-Wissen immer auch die konkrete Situation vor Ort zu beachten ist, in der beispielsweise Konfliktlinien zwischen Grundbesitzern und Mietern, Investoren und Ansässigen, Alt und Jung die aktuelle Situation prägen (vgl. dazu Selle 2018, S. 19–29, sowie Selle 2019). Durch diese Überlegungen wird deutlich, dass der Milieuansatz nicht als Garant für gute Planungskompromisse, sondern immer als Werkzeug zur Gestaltung inklusiver Prozesse zu verstehen ist. Darin sieht der vhw einen wichtigen Beitrag zur Stärkung der lokalen Demokratie. Viele andere müssen noch hinzukommen.

Anmerkungen

1 In gewissen Abständen überarbeitet Sinus das Milieumodell, um gesellschaftlichen Entwicklungen Rechnung zu tragen. Dabei bleibt die zweidimensionale Grundstruktur des Modells erhalten, doch aus den Datenanalysen werden neue Muster errechnet, die dann zu anderen „Kartoffelformen" und Quantitäten führen. Sinus benennt dabei Milieus teilweise auch um, wenn eine veränderte Situation dies erfordert. Eine solche Pflege des Milieumodells gab es 2011 und zuletzt 2021/22.

Literatur

Aring, Jürgen: *Risse in der Gesellschaft? Ein Essay über die Demokratiedistanz sozialer Milieus und ihre regionalen Ausprägungen. vhw werk-STADT.* Nummer 31. Berlin 2019
Crouch, Colin: *Postdemokratie*. Frankfurt am Main 2008
Hradil, Stefan: *Soziale Ungleichheit in Deutschland*. Wiesbaden 2005
Jörke, Dirk: „Bürgerbeteiligung in der Postdemokratie". In: *Aus Politik und Zeitgeschichte*. Band 1–2: *Postdemokratie?* Bundeszentrale für politische Bildung, Bonn 2011
Kuder, Thomas: *Die offene Gesellschaft und ihre neuen Herausforderungen. vhw werkSTADT.* Nummer 32. Berlin 2019
Reckwitz, Andreas: *Das Ende der Illusionen. Politik, Ökonomie und Kultur in der Spätmoderne*. Berlin 2019
Rosa, Hartmut: *Resonanz: Eine Soziologie der Weltbeziehung*. Frankfurt am Main 2016
Selle, Klaus: *Stadt entwickeln: Arbeit an einer Gemeinschaftsaufgabe. Texte aus Forschung und Praxis.* Lemgo 2018
Selle, Klaus: *Öffentlichkeitsbeteiligung in der Stadtentwicklung. Anstiftung zur Revision. vhw Schriftenreihe*. Nummer 15. Berlin 2019
vhw Bundesverband für Wohnen und Stadtentwicklung (Hg.): *Praxisleitfaden Milieuwissen für die Stadtentwicklung und Stadtplanung. vhw Schriftenreihe*. Nummer 24. Berlin 2021

Die Stadt als Sondertypus der Landschaft: Zur zukünftigen Rolle der Landschaftsarchitektur im Städtebau

Udo Weilacher

Welche Folgen der Klimawandel für das Leben in den Städten haben wird, wurde in den vergangenen Jahrzehnten wissenschaftlich erforscht und umfassend dokumentiert. Zu den gravierendsten Auswirkungen laut dem Intergovernmental Panel on Climate Change IPPC der Vereinten Nationen (vgl. klimafakten.de 2021) zählen der Anstieg des Meeresspiegels, was besonders die Küstenstädte bedroht, eine zunehmende Ernährungsunsicherheit, die Zunahme von Extremwetterereignissen wie zum Beispiel Starkregen, die Erhöhung der Durchschnittstemperaturen und damit eine Verstärkung der Hitzeinsel-Charakteristik von Städten sowie die Beeinträchtigung der Wasserverfügbarkeit etwa durch Dürren. Viele der aufgezählten Klimafolgen haben weitreichende Konsequenzen für das Sozialgefüge in den Städten und können nur durch die Ertüchtigung, Anpassung oder den kompletten Umbau urbaner Freiraumsysteme verhindert oder zumindest abgepuffert werden.

In Landschaftsarchitektur und Stadtplanung verfügen wir aktuell über zahlreiche Leitfäden, Praxishilfen, Handreichungen und Handlungsempfehlungen, auch für den Einsatz von Vegetation in urbanen Räumen (vgl. Technische Universität München 2021). Aber das „Grün" ist nur *ein* Bestandteil des gesamten, hochkomplexen städtischen Freiraumgefüges, und viele der propagierten Begrünungsmaßnahmen sind sektoral konzipiert und werden oft nur zweckrational angewendet. Eine umfassendere Betrachtung der Rolle der Landschaftsarchitektur im Städtebau der Zukunft ist notwendig, um stereotype Vorstellungen kritisch zu hinterfragen und Grundsätze zu erläutern, die für die Leistungsfähigkeit des „natürlichen Lebenserhaltungssystems" in der Stadt von Morgen entscheidend sein werden.

Über den dringend erforderlichen Schutz und Ausbau dieses Lebenserhaltungssystems, heute oft als „Green Infrastructure" bezeichnet, schrieben

Abb · 1
Der Central Park in New York gilt als „Grüne Infrastruktur", erfunden vom Landschaftsarchitekten Frederick Law Olmsted 1885 (Foto: Udo Weilacher)

Abb · 2
Der Landschaftsarchitekt Dieter Kienast propagierte schon Mitte der 1990er Jahre eine Auffassung von Natur in der Stadt, die nicht nur grün ist. Projekt in Zürich, 1995 (Foto: Udo Weilacher)

schon 2002 die amerikanischen Umwelt- und Stadtplaner Mark Benedict und Edward McMahon in ihrer Publikation *Green Infrastructure: Smart Conservation for the 21st Century*. Eine zentrale Erkenntnis der Experten lautet: „Whereas green space is often viewed as something that is nice to have, the term green infrastructure implies something that we must have. Protecting and restoring our nation's natural life support system is a necessity, not an amenity. [...] Green infrastructure is a new term, but it's not a new idea", räumen die Experten ein (Benedict/McMahon 2002: 7–8). Als Erfinder der Idee würdigen Benedict und McMahon keinen Geringeren als Frederick Law Olmsted. Der Landschaftsarchitekt des Central Parks in New York propagierte bereits vor knapp 120 Jahren die Vernetzung urbaner Grünanlagen zur Verbesserung der Lebensqualität in den Städten (vgl. Little 1990: 76–80). Olmsted war es bewusst, dass kein städtischer Organismus ohne ein gut funktionierendes öffentliches Freiraumsystem überleben kann – weder in ökonomischer und ökologischer Hinsicht und schon gar nicht im Hinblick auf das städtische Sozialgefüge. Man plante den

Central Park am Ende des 19. Jahrhunderts primär zur Vermeidung sozialer Konflikte im boomenden New York. Heute jedoch ist der Park auch in ökologischer und ökonomischer Hinsicht ein zentraler, überaus leistungsfähiger Bestandteil des natürlichen Lebenserhaltungssystems der amerikanischen Weltstadt, und das lebendige Gewebe öffentlicher Räume gewinnt im Zuge des Klimawandels enorm an Bedeutung. Es sorgt für die Kühlung und Durchlüftung des Stadtorganismus, dient als Wasserleiter, -filter und -speicher, entstaubt und klärt die Stadtluft, ist Produktions-, Erholungs- und Verkehrsraum, Lebensraum und vielfältiges Habitat für Mensch und Natur. Abb·1

Das Freiraumgewebe als „grüne Infrastruktur" zu bezeichnen, greift zu kurz, und GI als populäres Schlagwort ist mit (mindestens) zwei Problemen behaftet. Erstens wird mit dem Prädikat „grün" argumentiert, obwohl man in Fachkreisen schon vor Jahrzehnten zu der Einsicht gelangt ist, dass die Natur der Stadt nicht nur grün, sondern auch grau ist. Diese Auffassung, in den Neunzigerjahren pointiert formuliert vom Schweizer Landschaftsarchitekten Dieter Kienast (vgl. Professur Landschaftsarchitektur ETH Zürich 2002: 207–210), befreite die Landschaftsarchitektur aus ihrer Fesselung an überkommene Rollenklischees und eröffnete neue Gestaltungsspielräume in Zusammenarbeit mit Nachbardisziplinen wie Architektur oder Städtebau. Stadtökologen betonen überdies seit langem, dass mit Grün allein das Lebenserhaltungssystem einer Stadt nicht zu sichern sei. Sie fordern deshalb, die komplexe Vielfalt aller urbanen Lebensräume – ob grün, grau, blau oder sonstiger Couleur – zu sichern, zu qualifizieren und auszubauen. Landschaftsarchitekt*innen bewähren sich als Planungspartner*innen in den Städten, gerade weil sie sich nicht mehr die überkommende Rolle der „Anwälte des Grüns" (vgl. Zeller 2003) aufzwingen lassen. Abb·2

Mit der technisch geprägten Konnotation des Begriffs „Infrastruktur" ist das zweite Problem verbunden, denn damit wird die Nützlichkeit der Natur betont, ihre Praktikabilität und Dienstleistungsfunktionen. 2013 erläuterte die Europäische Kommission: „Grüne Infrastruktur hat sich als natürliches Instrument zur Erwirtschaftung ökologischer, wirtschaftlicher und sozialer Nutzen bewährt. Sie hilft uns, die potenziellen Nutzen der Natur für die menschliche Gesellschaft zu erkennen und Investitionen zu mobilisieren, um dieses Potenzial zu erhalten und aufzuwerten. Sie hilft auch, den Bau teurer Infrastruktur zu vermeiden [und soll] mit Blick auf die Bereitstellung eines breiten Spektrums an Ökosystemdienstleistungen angelegt" werden (Europäische Kommission 2013: 2–3). Der renommierte Landschaftsökologe Wolfgang Haber, ehemals Vorsitzender des Rates von Sachverständigen für Umweltfragen der Bundesregierung, kritisiert diese Auffassung: „Alleine schon dieser Ausdruck ‚Dienstleistung' und die Vorstellung, dass wir die Natur benutzen, damit sie uns Dienste leistet, ist im Grunde absonderlich." (Weilacher 2013: 11). Er befürchtet, dass dem Primat der Ökonomie essenzielle Umweltqualitäten geopfert werden, nur weil diese finanziell nicht taxierbar sind.

„Green Infrastructure" enthält jedoch auch die wichtige und richtige Forderung nach einer strukturalistischen Betrachtungsweise von Landschaft. Längst gilt Landschaft nicht mehr als grünes Gesamtkunstwerk, das in einem statischen Idealzustand zu konservieren ist, sondern als komplexer Organismus, der sich ständig wandeln können muss, um lebendig zu bleiben. Er darf dabei aber nicht seine strukturelle Integrität verlieren. Zentrales Merkmal solcher Organismen ist deshalb die Existenz vernetzter Strukturen, die für eine gewisse Stabilität sorgen und den permanenten Fluss von Energie, Materie und Information ermöglichen. Eine Vielzahl solcher strukturellen Geflechte, zum Beispiel Wasser-, Verkehrs-, Energie-, Grün- oder Kommunikationssysteme, gewährleisten heute die Lebendigkeit und (Klima)Anpassungsfähigkeit von Landschaft, also ihre Veränderungs-, Wachstums- und Wandlungsfähigkeit. Die unterschiedlichen Struktursysteme sind in der Regel derart eng miteinander verflochten, dass es riskant ist, sie sektoral zu betrachten und rein zweckrational gestalten zu wollen.

Möchte man die geschilderten Probleme des Begriffs „grüne Infrastruktur" vermeiden, die strukturalistische Betrachtungsweise aber beibehalten, bietet es sich an, das urbane Freiraumsystem nach Jackson (1984: 8) als „a man-made system of spaces superimposed on the face of the land, functioning and evolving [...] to serve a community" zu bezeichnen. Diese Betrachtung ist einer Definition entnommen, die John Brinckerhoff (J. B.) Jackson, Historiker, Literaturwissenschaftler und einer der Gründerväter der American Landscape Studies, 1984 formulierte. Vollständig lautet seine Definition: „A Landscape is not a natural feature of the environment but a synthetic space, a man-made system of spaces superimposed on the face of the land, functioning and evolving not according to natural laws but to serve a community." (Jackson 1984: 8). Diese Haltung trägt dem Umstand Rechnung, dass „Landschaft" im Anthropozän nicht mehr als ausschließlich natürlich geprägtes Phänomen aufgefasst werden kann, nicht mehr als „Natur, die im Anblick für einen fühlenden und empfindenden Betrachter ästhetisch gegenwärtig ist", wie es der deutsche Philosoph Joachim Ritter 1962 formulierte (vgl. Gröning/Herlyn 1996: 28–68). In der Landschaftsarchitektur folgt man der fortschrittlichen Auffassung von J. B. Jackson, der völlig zu Recht nicht mehr zwischen den künstlichen und den natürlichen Komponenten einer Landschaft unterscheidet, sondern „Landschaft" als synthetisches, komplexes Raumsystem beschreibt. Arbeitet man mit einem derart umfassenden Landschaftsverständnis, hat das weitreichende Folgen – auch für die Freiraum-planung im klimagerechten Städtebau.

Die Frage, wie Landschaftsarchitektur (= Freiraumplanung) im urbanen Raum unter den aktuellen Bedingungen des Klimawandels auszusehen hat, muss unter den gegebenen Bedingungen auf Basis eines fortschrittlichen Landschaftsverständnisses erörtert werden. Dadurch fördert man richtungsweisende Antworten zutage, die weder auf Grundlage einer funktionalistisch geprägten Auffassung von grüner Infrastruktur noch auf Basis romantischer Vorstellungen von einer „grünen Stadt der Zukunft" zu erzielen sind. Beide genannten Ansätze werden der aktuellen Komplexität dynamischer Umweltprozesse nicht mehr gerecht. Die Stadt im Anthropozän, im Zeitalter des Menschen, ist ein hochkomplexes, menschengemachtes System aus Räumen, das einen bestimmten Teil der Erdoberfläche überzieht und von seinem landschaftlichen Fundament, zum Beispiel von der Topografie, in lokal unterschiedlichen Intensitäten beeinflusst wird. Der Definition von J. B. Jackson folgend, kann die Stadt als ein Sondertypus von Landschaft betrachtet werden. In diesem gelten in vielerlei Hinsicht die gleichen fundamentalen Gesetzmäßigkeiten wie in allen anderen Landschaften, die heute ausnahmslos den Folgen menschlicher Einflussnahme, wie dem Klimawandel, ausgesetzt sind.

Welche Konsequenzen hat diese Auffassung von Stadt für die Landschaftsarchitektur im klimagerechten Städtebau? Beispielsweise ist im Zusammenhang mit urbanen Dürre- und Flutkatastrophen eine besondere Gesetzmäßigkeit, eine Eigenschaft von Landschaft relevant, die mit „tiefenporös" oder „schwammartig" umschrieben werden kann. Diese Gesetzmäßigkeit gilt auch in der Megacity Peking mit ihren knapp 22 Millionen Einwohner*innen, wo Hochwasserkatastrophen in den vergangenen Jahren immer wieder viele Menschenleben forderten. „The rate of flooding is a national scandal", stellt der renommierte chinesische Landschaftsarchitekt Kongjian Yu fest. „We have poured more than enough concrete. It's time to invest in a new type of green infrastructure." (Yu, zit. nach O'Meara 2015). Yu, aufgewachsen als Sohn eines Bauern und vertraut mit den ausgeklügelten Methoden des Wassermanagements in der traditionellen chinesischen Landwirtschaft (vgl. Weilacher 2017), entwickelte mit seinem Büro Turenscape die Idee der *„sponge city"*. 2010 realisierte er erfolgreich einen seiner ersten *stormwater parks*, der im Freiraumsystem der chinesischen Dreimillionenstadt Harbin eine wichtige Rolle spielt. „Using the landscape as a sponge is a good alternative solution for urban storm water management. An example of this approach is demonstrated in Turenscapes storm water park in Harbin, which integrates large-scale urban storm water management with the protection of native habitats, aquifer recharge, recreational use and aesthetic experience, in all these ways fostering urban development." (Yu 2012: 152). Abb·3

Seit 2014 wird in China mit hohem finanziellem Aufwand die Initiative *Sponge City Construction* umgesetzt. Ähnliche Programme zum urbanen

Abb · 3 Die Stadt im Anthropozän ist ein Sondertypus von Landschaft, der auch hier am Rand von Peking landschaftlichen Gesetzmäßigkeiten unterworfen ist (Foto: Udo Weilacher)

Abb · 4 Der Landschaftsarchitekt Kongjian Yu entwickelte die Idee von der *sponge city*. In der chinesischen Millionenstadt Harbin entstand einer der ersten *stormwater parks*. (Foto: Kongjian Yu, Turenscape)

Abb · 5
Der knapp 30 Hektar große Qunli Stormwater Park in Harbin wurde 2010 gebaut, um den Folgen des Klimawandels mit intelligentem Wassermanagement zu begegnen (Foto: Kongjian Yu, Turenscape)

Wassermanagement wurden zuvor in anderen Ländern aufgelegt. Stets spielte dabei die Porosität von Landschaft die entscheidende Rolle, ob beim *Water Sensitive Urban Design* (WSUD) in Australien, *beim Low Impact Development* (LID) in den USA oder den *Sustainable Drainage Systems* (SuDS) in Großbritannien. In der deutschen Landschaftsarchitektur und -planung hat man in den 1980er Jahren des vergangenen Jahrhunderts mit Forschungen zum nachhaltigen Regenwassermanagement begonnen und lernte dabei viel über die besondere Absorptionsfähigkeit städtischer Grünräume, die durch die Verknüpfung zu netzartigen Geflechten gesteigert werden kann.

Das Bild von der Stadt als Schwamm,[Abb · 4, 5] die mit ihrem porösen Freiraumgewebe flexibel auf schwankende Umweltweinflüsse reagieren kann, ist der Öffentlichkeit und der Politik gut zu vermitteln (vgl. Harmsen 2017). Dabei darf aber die Bedeutung der strukturellen Stabilität von Raumgefügen nicht außer Acht gelassen werden, denn selbst ein funktionierendes Wassersystem sollte nicht vollkommen offenporig und in alle Richtungen gleichermaßen durchlässig sein. Vielmehr bedürfen solche landschaftlichen Systeme eines Gerüsts, das sowohl die Flexibilität als auch Stabilität des lebenden Gewebes sicherstellt. Auch das „Sponge City"-Konzept beruht daher auf den Grundprinzipien des Strukturalismus, eines theoretischen Ansatzes, dem in der Landschaftsarchitektur eine zentrale Bedeutung

Abb · 6
Der Israels Plads in Kopenhagen, umgebaut 2014 von Cobe Landschaftsarchitekten, ist ein vielfältig nutzbarer öffentlicher urbaner Freiraum, geprägt von großer Polyvalenz (Foto: Udo Weilacher)

beigemessen wird. Seine methodische Anwendung führte zur Entstehung richtungsweisender Freiraumprojekte, die sich durch vielfältige Lesbarkeit, flexible Nutzbarkeit, hohe soziale Durchlässigkeit und ökologische Leistungsfähigkeit auszeichnen.

Eine Studie an der TU München zeigt, dass das Verständnis in der Landschaftsarchitektur weit über die Auffassung des Strukturalismus in der Architektur und im Städtebau der 1960er Jahre hinausgeht (vgl. Peisl 2014). Erfolgsgeschichten wie die vom Bau der Donauinsel im Wien der Siebzigerjahre, der IBA Emscher Park in den Neunzigerjahren oder der aktuellen Transformation der Fresh Kills Mülldeponie in New York zeigen beispielhaft die Stärken strukturalistischer Planungs- und Entwurfsansätze. Dabei wird nicht zwischen grünen, grauen oder blauen Strukturen unterschieden, auch nicht zwischen sozialen oder technischen, natürlichen oder künstlichen. In der intelligenten Verknüpfung all dieser Netze liegt die Stärke dieses Ansatzes.

„The city of the future will be an infinite series of landscapes: psychological and physical, urban and rural, flowing apart and together [...]", schrieb der Londoner Landschaftsarchitekt und Vertreter des Landscape Urbanism Tom Turner 1996 und kam zu dem Schluss: „Christopher Alexander was right: a city is not a tree. It is a landscape." (Turner 1996: V). Ob man diese Sichtweise teilt oder nicht – Landschaft wird für die zukünftige Entwicklung der Stadt von entscheidender Bedeutung sein. Vernetzte Grünräume sind aus den geschilderten Gründen im urbanen Raumgeflecht unentbehrlich, um eine Porosität zu gewährleisten, die den Folgen des Klimawandels weitreichender und tiefgehender entgegenwirkt, als es mit architektonischen Mitteln allein möglich ist. Betrachtet man aber in Anlehnung an Colin Rowes und Fred Koetters These, der Garten sei eine „Kritik der Stadt" und darum ein „Modell der Stadt" (1984: 255), die Landschaft nicht nur als wichtigen Teil der Stadt, sondern als Modell für das gesamte urbane Raumgefüge, dann agiert man auf der Basis von

Gesetzmäßigkeiten, die für alle offenen, dynamischen Raum-Systeme gelten und sowohl deren als auch unsere Existenz sichern.

Folgende Gesetzmäßigkeiten sind dabei nicht nur hinsichtlich der zukünftigen Klimatauglichkeit der Städte von Interesse:

1 Landschaft ist kein natürliches Phänomen der Umwelt, sondern ein synthetischer Raum, ein komplexes, von Menschen gemachtes System von Räumen. Dieser Grundsatz ist eine Aufforderung an alle Beteiligten, die Verantwortung für die gesamte Umwelt und den Erhalt ihrer lebensnotwendigen Komplexität zu übernehmen. Zwischen natürlichen und künstlichen Komponenten darf dabei nicht mehr unterschieden werden, denn unsere Welt ist inzwischen nahezu vollkommen anthropogen überformt. Wer das als eigenständige Qualität anerkennt, wird auch tragfähige Klimaanpassungsstrategien für die Stadt als Landschaft entwickeln können.

2 Akzeptiere das Vorgefundene und damit Zeitgleiche, das heißt betrachte die Strukturen der Gegenwart und der Vergangenheit synchron. Auf der Suche nach Strukturen in der Landschaft, die der Orientierung im Raum und der Identitätsstiftung dienen, ist es vollkommen gleich, ob diese in der Vergangenheit entstanden sind (zum Beispiel Flussläufe) oder von der Gegenwart geprägt wurden (zum Beispiel Müllberge). Sie sind gleichwertig zu betrachten. Die einseitige Betonung historischer Strukturen, womöglich mit dem Drang nach starrer Konservierung und Restaurierung einhergehend, ist mit der Gefahr verbunden, Landschaft vollkommen zu musealisieren.

3 Sorge für die freie Aneignungsfähigkeit von Strukturen durch die Schaffung von „polyvalenten Räumen". Aneignungsfähige Raumstrukturen können bespielbare Rasen- und Wiesenflächen sein, zugängliche Gewässerufer oder nutzbare Gartenareale. Sie schaffen strukturelle Stabilität und bieten den Menschen die Chance, sie in ihr alltägliches Leben selbstverständlich miteinzubeziehen. Das dient nicht nur der Lebendigkeit einer Landschaft, sondern fördert auch die Identifikation der Bewohnerinnen und Bewohner mit ihrer Umwelt. Der Mensch in der Landschaft mit seinen Vorstellungen vom „gutem Leben" muss im Mittelpunkt der Raumentwicklung stehen. Abb. 6

4 Entwickle und stärke die Veränderungs-, Wachstums- und Wandlungsfähigkeit von Strukturen. Eine lebendige Landschaft, welcher Prägung auch immer, muss ihr Gesicht verändern können, ohne ihr Gesicht zu verlieren. Das ist nur zu gewährleisten, wenn man Landschaft nicht als fertiges Gesamtkunstwerk auffasst, sondern als anpassungsfähiges, komplexes Gewebe, das durch tragfähige Strukturen gestützt wird.

Abb · 7 Ein Klassiker: Der Englische Garten in München hat seit mehr als zwei Jahrhunderten nichts von seiner Veränderungs-, Wachstums- und Wandlungsfähigkeit eingebüßt (Foto: Udo Weilacher)

5 Dichte ist eine ökologische Notwendigkeit – die Einwohnerdichte in Städten und Siedlungskernen ist daher sinnvoll zu erhöhen. Aus guten Gründen wollen sich Städte wie München „kompakt, urban und grün" entwickeln, denn nur eine adäquat verdichtete Stadt kann ihre begrenzten Ressourcen effizient nutzen, insbesondere die wertvolle Ressource Boden. Es stellt sich aber die Frage, wie eine hohe Einwohnerdichte bei gleichzeitiger Gewährleistung einer guten Freiraumversorgung und einer intakten sozialen Lebendigkeit zu erzielen ist. Eine Verdichtung mit Augenmaß und Qualität muss deshalb in qualitätsfördernden Verfahren gefunden werden.[Abb. 7]

6 Unbebaute, unzerschnittene und unzersiedelte Flächen sind eine ebenso begrenzte wie wertvolle Ressource, die es zu schützen gilt. Der Flächenverbrauch in Deutschland liegt aktuell noch immer bei mehr als 50 Hektar pro Tag (Statistisches Bundesamt 2022). Zukünftig wird der Erfolg regionaler und urbaner Entwicklungen auch daran zu messen sein, wie viel Fläche nicht verbaut wurde.

„Die Verbilligung und Beschleunigung des Transportes von Materialien, Energie und Ideen macht es seit über einem Jahrhundert möglich, so gut wie alles überall zu bauen und anzubauen. Altes wird abgerissen oder entkernt und mit Neuem gefüllt. Formen aus allen Teilen der Welt sind kombinierbar." (Ipsen/Weichler 2005: 43). Unter den aktuellen gesellschaftlichen, ökonomischen und ökologischen Rahmenbedingungen muss die Forderung des Landschaftsarchitekten Walter Rossow von 1959 „Die Landschaft muss das Gesetz werden" (vgl. Rossow 1991) sicher neu definiert werden, aber es liegt nahe, dass dabei viele Grundprinzipien wieder zum Vorschein kommen werden, deren fundamentale Bedeutungen längst bekannt sind. Anstatt nach immer neuen Formeln und Etikettierungen zu suchen, ist es angebracht, die Gesetze der Landschaft auch im Sondertypus Stadt endlich konsequent umzusetzen.

Literatur

Benedict, Mark A./McMahon, Edward T.: *Green Infrastructure: Smart Conservation for the 21st Century*. Washington D.C. 2002

Europäische Kommission: *Grüne Infrastruktur (GI) – Aufwertung des europäischen Naturkapitals*. COM 249 final. Brüssel 2013

Harmsen, Torsten: „Unwetter und Starkregen: Berlin soll zur ‚Schwammstadt' werden". In: *Berliner Zeitung*, 30. Juni 2017

Ipsen, Detlev/Weichler, Holger: „Landscape Urbanism". In: *MONU – magazine on urbanism*. Nummer 2: *Middle Class Urbanism*. Januar 2005, S. 39–47

Jackson, John Brinckerhoff: *Discovering the Vernacular Landscape*. New Haven, London 1984

klimafakten.de (2021). https://www.klimafakten.de/, 08.11.21

Little, Charles E.: *Greenways for America. Baltimore 1990*

O'Meara, Sarah (2015): *Why China Wants to Build Something Called 'Sponge Cities'*. www.citylab.com/design/2015/11/why-china-wants-to-build-sponge-cities/417114/, 08.11.21

Peisl, Julius: *Strukturalismus in der Landschaftsarchitektur. Eine theoretische Untersuchung am Beispiel Peter Latz*. Masterarbeit TU München, München 2014

Professur Landschaftsarchitektur ETH Zürich (Hg.): *Dieter Kienast – Die Poetik des Gartens. Über Chaos und Ordnung in der Landschaftsarchitektur*. Basel 2002

Ritter, Joachim: „Landschaft. Zur Funktion des Ästhetischen in der modernen Gesellschaft" (gehalten als Rede bei der Übernahme des Rektoramtes November 1962), wiederabgedruckt in: Gröning, Gert und Ulfert Herlyn (Hg.): *Landschaftswahrnehmung und Landschaftserfahrung, Arbeiten zur sozialwissenschaftlich orientierten Freiraumplanung*, Band 10, Münster 1996, S. 28–68.

Rossow, Walter: *Die Landschaft muss das Gesetz werden*. Stuttgart 1991

Rowe, Colin/Koetter, Fred: *Collage City*. Basel 1984

Statistisches Bundesamt (2022): https://www.destatis.de/DE/Themen/Branchen-Unternehmen/Landwirtschaft-Forstwirtschaft-Fischerei/Flaechennutzung/_inhalt.html;jsessinid=C04CD99BC518EEB3122578830-76AC65A.live741, 20.01.22

Technische Universität München, Zentrum Stadtnatur und Klimaanpassung (Hg.): *Leitfaden zu Stadtbäumen in Bayern. Handlungsempfehlungen aus dem Projekt Stadtbäume im Klimawandel – Wuchsverhalten, Umweltleistungen und Perspektiven*. München 2021

Turner, Tom: *City as Landscape. A Post Post-Modern View of Design and Planning*. London 1996

Weilacher, Udo: „Haber, Wolfgang: ‚Mit Leidenschaft kommt man heute nicht weit'". In: *nodium. Zeitschrift des Alumni-Clubs Landschaft der TU München*. Nummer 5, München 2013, S. 4–11

Weilacher, Udo: „Experiencing landscape is the root of landscape design. Udo Weilacher interviews landscape architect Kongjian Yu from Beijing, October 2016". In: *nodium. Zeitschrift des Alumni-Clubs Landschaft der TU München*. Nummer 9, München 2017, S. 4–9

Yu, Kongjian: „A Green Sponge for a Water-Resilient City: Qunli Storm Water Park". In: Saunders, William S. (Hg.): *Designed Ecologies: The Landscape Architecture of Kongjian Yu*. Basel 2012, S. 152–163

Zeller, Thomas: „‚Ganz Deutschland sein Garten': Alwin Seifert und die Landschaft im Nationalsozialismus". In: Radkau, Joachim/Uekötter, Frank (Hg.): *Naturschutz und Nationalsozialismus*. Frankfurt 2003, S. 273–308

Das Klimaanpassungskonzept der Stadt Freiburg für das Handlungsfeld Hitze: Hitzeentlastung als Teil der Stadtentwicklungsplanung

Martin Haag
Susanne Knospe

Die Stadt Freiburg und der Flächennutzungsplan 2040

Die Stadt Freiburg im Breisgau liegt in Südbaden, im Südwesten Deutschlands. Die Lage zwischen Schwarzwald und Kaiserstuhl im Oberrheingraben, in der wärmsten Region Deutschlands, bietet eine hohe naturräumliche Attraktivität. 50 Prozent der rund 153 Quadratkilometer großen Fläche stehen unter Landschafts- und Naturschutz. Wald nimmt 40 Prozent der Fläche ein, 23 Prozent werden landwirtschaftlich genutzt. Bleiben 37 Prozent als Siedlungsfläche für über 230.000 Menschen.

Stadt und Region entwickeln aufgrund der Lagegunst und der hohen Lebensqualität aber auch durch eine starke Wirtschaftskraft mit ihrem Bedarf an Arbeitskräften eine große Anziehungskraft für Einheimische und Zuzügler, insbesondere auch im Bereich der Bildungswanderung. Freiburg ist somit eine typische Schwarmstadt. All dies wirkt sich stark auf den Wohnungsmarkt und auf die Bautätigkeit generell aus. Gleichzeitig ist es Wille und Ziel, die Qualitäten der Stadt und des naturräumlichen Umfeldes zu erhalten. In der Überschrift des laufenden Verfahrens für den Flächennutzungsplan 2040 (FNP 2040) drückt sich diese Zwiespältigkeit so aus: „Stadt weiterentwickeln – Freiburg bleiben".

Der Flächennutzungsplan soll das Drehbuch für die Stadtentwicklung der nächsten Jahre werden. Absehbare Entwicklungen sollen prognostiziert, Herausforderungen definiert und Lösungsansätze angedacht werden. Dafür sind eine Menge unterschiedlicher Handlungsfelder zu bearbeiten und Teilkonzepte – aktuell bereits 19 – zu formulieren, die dann wiederum in den FNP 2040 einfließen. Auf der einen Seite gibt es die Bedarfskonzepte von Gewerbe, Verkehr, Tourismus, Schulen, Wohnungsmarkt, Sport etc. Auf der anderen Seite stehen die Konzepte für die Verträglichkeit mit dem Naturhaushalt: Klimaschutz, Nachhaltigkeit, Biodiversität etc. und

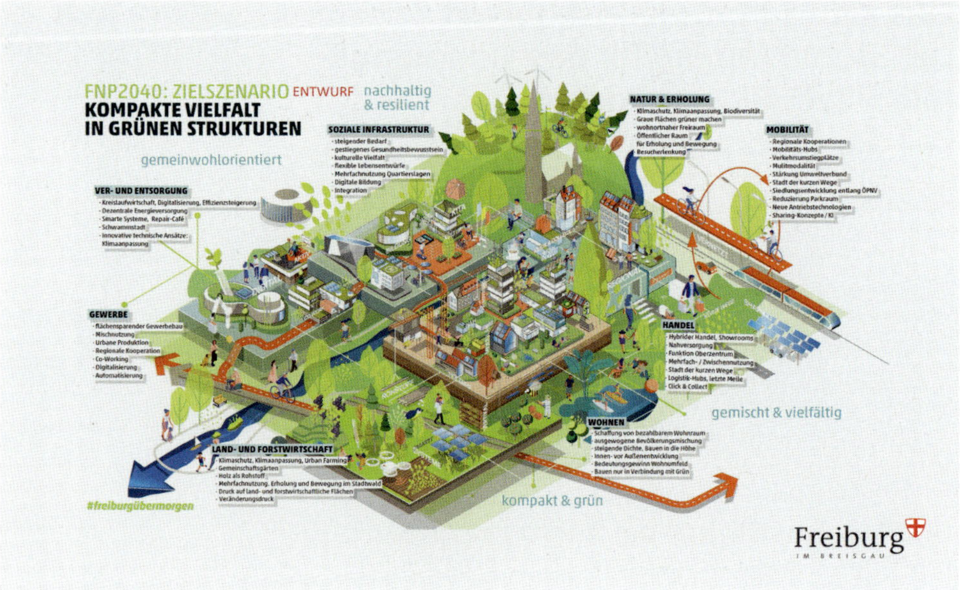

Abb · 1 Klimaschutz, Klimaanpassung und Schwammstadt – einzelne Belange von vielen im FNP 2040 (Quelle: designconcepts GmbH)

eben auch das Konzept zur Klimaanpassung. Neben dem Handlungsfeld Hitze wird auch das Handlungsfeld Regenwasser mit den Teilbereichen Starkregen und Regenwasserbewirtschaftung erarbeitet. Abb · 1

Überblick, Beschluss und Auszeichnung

Aufgrund der Lage im Oberrheingraben mit seinen heute schon sehr heißen Sommern haben die Themen Hitze und Durchlüftung in Freiburg eine gewisse Tradition. Das Klimaanpassungskonzept liefert im Rahmen des aktuellen FNP erstmals eine systematische und wissenschaftlich fundierte Aufbereitung. Das erste Teilkonzept zum Handlungsfeld Hitze wurde 2018 mit den Stadtplaner*innen Berchtoldkrass space&options und den Stadtklimatologen GEO-NET Umweltconsulting GmbH erarbeitet. Zunächst wurde mit einer Klimaanalyse die bioklimatische Belastung in der gesamten Stadt untersucht, basierend auf dem Stadtklimamodell Fitnah-3D und der Envelope-Methode. Tag- und Nachtsituation wurden ebenso betrachtet wie die heutige und die zukünftige Ausprägung des Stadtklimas bis in die Periode ab 2071. So entstand ein umfassendes Modell der städtischen Wärmeinsel. Das Klimaanpassungskonzept zeigt, wo die Flächen zur Hitzeentlastung liegen und welche Stadtquartiere ver-sorgt sind. Es zeigt jedoch auch, wo Grünflächen und Verbindungen fehlen. Gemäß ihrer Bautypologie werden in der Stadt 13 Stadtstrukturtypen unterschieden, darunter Einfamilienhausbebauung, Blockrandbebauung, Großwohnsiedlung und Industrie. Für die vier Handlungsfelder Grün- und Freiraum, Stadt- und Gebäudestruktur, Mobilität sowie Wasser umfasst der Gesamtkatalog neun strategische Leitsätze und 28 konkrete Maßnahmen zur Klimaanpassung. Sie reichen vom Schutz von Luftleitbahnen über Baumpflanzungen, Dach- und Fassadenbegrünung, energetische Sanierung, Entsiegelung bis hin zur Regenwasserbewirtschaftung.

2019 wurde das Konzept vom Gemeinderat als Fachkonzept beschlossen und damit verpflichtende Arbeitsgrundlage für Bauleitplanung, Rahmenplanungen und Wettbewerbsverfahren. Für Planungen auf eigenen städtischen Flächen und im öffentlichen Raum bietet es eine wertvolle Informationsquelle und Planungshilfe für die Klimaanpassung, insbesondere durch die Bereitstellung im FreiGIS, dem Geodatenportal der Stadt. Beim Bundeswettbewerb „Klimaaktive Kommunen" erhielt die Stadt Freiburg 2019 für das Klimaanpassungskonzept eine wertvolle Auszeichnung.

Das Entlastungssystem gegen Hitze in der Stadt

Für die Annäherung an die Inhalte des Klimaanpassungskonzeptes Hitze empfiehlt sich eine innere Gedankenreise unter folgender Fragestellung:

→ Was bringt den Stadtmenschen Abkühlung bei Hitze?
→ Wo finden sie das?

Beim Gedanken an Abkühlung entsteht unmittelbar der Wunsch nach einem „kühlen Lüftchen", Schatten und Wasser. Freiburg profitiert besonders durch seine Lage am Fuße des Schwarzwaldes. Das „kühle Lüftchen" bringen die nächtlichen sechs Talabwinde von Osten. Insbesondere der „Höllentaler"-Wind hat einen starken Kaltluftvolumenstrom von 10.000 m/s pro Rasterzelle und reicht primär über die Dreisam-Flussaue bis in das Stadtzentrum hinein. Die passende Maßnahme dafür lautet „Luftleitbahnen schützen und schaffen". So wird bei städtebaulichen Entwürfen in Zukunft vermieden, dass wichtige Luftleitbahnen baulich verengt oder komplett blockiert werden. Abb. 2

Schatten und zugleich Verdunstungskühle liefern, das kann nur die Pflanze. Die Wirkungsmodellierung von Maßnahmen in einem Innenhof ergab im Schatten eines Baumes eine Reduzierung der physiologischen Äquivalenttemperatur (PET) um 18 Kelvin. Damit sind vor allem große Bäume die Top-Performer unter den „Beschattern" in der Stadt und müssen als „stromfreie Klimaanlagen" noch deutlich stärker im Bestand geschützt und aufgewertet werden als bisher. Neben relevanten Straßenzügen wurden auch klimarelevante Baumbestände in Blockinnenräumen erfasst.

Abb · 2 Faktoren der Hitzeentlastung (Quelle: GEO-NET Umweltconsulting GmbH)

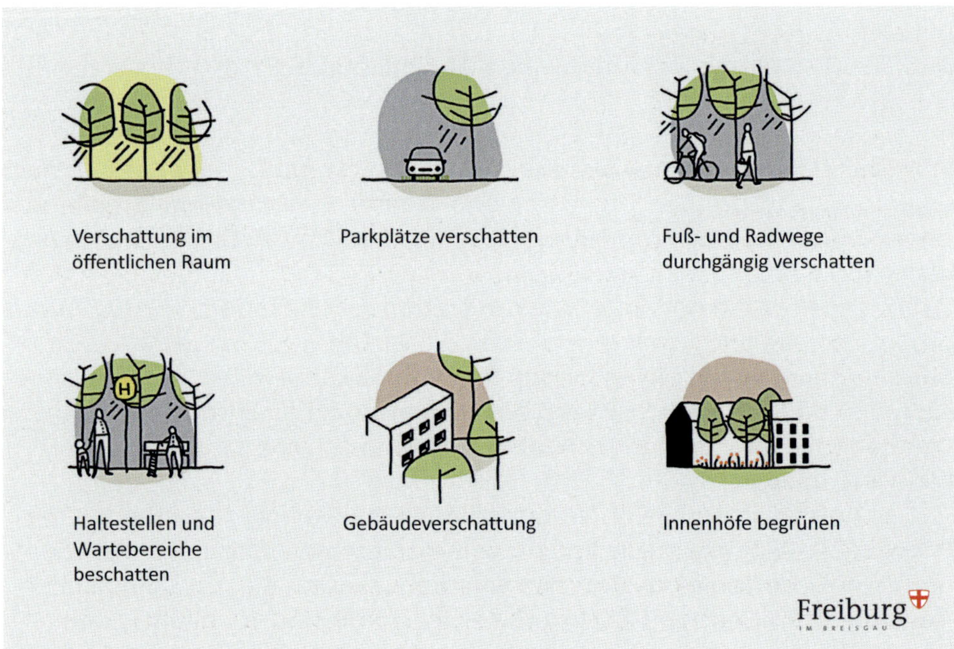

Abb · 3 Bäume lassen sich an unterschiedlichen Orten zur Verschattung einsetzen (Quelle: berchtoldkrass space&options)

Sechs Maßnahmen beschreiben, wo Baumpflanzungen zur Verschattung besonders hitzeentlastend wirken: im öffentlichen Raum, an Fuß- und Radwegen, Parkplätzen, Haltestellen, Gebäuden und in Innenhöfen. Abb·3

Wasserelemente im öffentlichen Raum, wie die berühmten Freiburger Bächle und neue Wasserspiele auf Plätzen, laden zur direkten Abkühlung ein. Der Bedarf an wohnungsnahen Anlagen wird steigen. Bewässerungskonzepte für Grünflächen sowie die Regenwasserbewirtschaftung auf bebauten Flächen sind nötig, um gegen Trockenperioden gerüstet zu sein und die Ressource Wasser vor Ort zu nutzen. Besonders der wertvolle Großbaumbestand ist zunehmend auf Bewässerung angewiesen. Nur mit Wasserversorgung liefert eine Wiese eine Dachbegrünung die gewünschte Verdunstungskühlung.

Zurück zur zweiten Frage nach dem Ort der Abkühlung. Schnell kommt der nahe Schwarzwald in den Sinn. Doch eine längere Anfahrt am Wochenende kann hier nicht die Lösung sein. Hitzeentlastung für Stadtmenschen soll wohnungsnah mit einem 5-Minuten-Fußweg von maximal 250 Metern erreicht werden! Ziel des Weges sind die mindestens einen Hektar großen Grünflächen und die nahen Wälder der Stadt. Unterwegs liegende kleinere Parkanlagen, Spielplätze, Schulhöfe und Kirchplätze werden als Trittsteine bezeichnet. Im Idealfall sind die Grünflächen durch ein dichtes Netz aus baumbestandenen Straßen und Plätzen verbunden. Alles zusammen bildet das Entlastungssystem der Stadt.

Doch ist eine gebaute Stadt nur selten ideal, vor allem bei neu aufgestellten Maßstäben. So gelten in Freiburg etliche Quartiere, die keine große Grünfläche zur Hitzeentlastung in 250 Metern Entfernung erreichen, als nicht versorgte Defiziträume. Zur Erhöhung der Freiraumversorgung setzen hier die Maßnahmen „öffentliche und private Freiflächen anlegen und vernetzen" sowie die „Erreichbarkeit und Zugänglichkeit von Wald- und Grünflächen verbessern" an. Oft fehlen zwischen Hochhausblöcken, Zeilenhäusern und auf Plätzen schattige Sitz- und Spielmöglichkeiten. Doch nur mit der richtigen Ausstattung nutzen Menschen diese grünen Oasen auch.

Welche Quartiere sind von zukünftiger Hitzebelastung betroffen?

Wo aktuell Siedlung und Landschaft am wärmsten sind, zeigt die Klimaanalyse für die Tag- und die Nachtsituation. Das zukünftige Stadtklima wurde bis zur Zukunftsperiode 2071 bis 2100 modelliert. Eine Prognose, die besonders junge Menschen sehr beunruhigen kann, denn in dieser Periode werden sie zur vulnerablen Gruppe der über 75-Jährigen gehören. Die Prognose liegt bei mehr als 40 Tagen pro Jahr mit Temperaturen von über 34 Grad Celsius.

Abb · 4 Klimaanpassungsmaßnahmen für ein Quartier mit geschlossener Blockrandbebauung (Quelle: berchtoldkrass space&options)

Im Ergebnis der Klimamodellierung weist die Stadt bis 2050 eine Zweiteilung der Hitzebelastung auf, die fast alle der oben genannten Stadtstrukturtypen betrifft. Kaum betroffen sind die Einfamilienhaus- und Reihenhausbebauung sowie Stadtvillen. Hier wird es zwar auch heißer werden, doch Entlastung bietet der eigene Garten vor der Tür. Die bis 2050 von Hitzebelastung betroffene Stadtstruktur ist vielmehr die verdichtete Bauweise mit höherer Bevölkerungsdichte in Kombination mit einem geringen oder schlecht nutzbaren Freiraumanteil. Dazu gehören auch die großflächig versiegelten Industrie- und Gewerbegebiete. Abb. 4

In elf konkreten Fokusgebieten wurden Maßnahmen anschaulich dargestellt. Zum Beispiel werden dem Stadtstrukturtyp „Schulareale" 24 Maßnahmen zugeordnet: Dazu gehören unter anderem Dach- und Fassadenbegrünung, sommerlicher Wärmeschutz und energetische Gebäudesanierung, Oberflächenentsiegelung, flächensparende Mobilitätsinfrastruktur herstellen, begrünen und verschatten, Bewässerungskonzepte implementieren und nutzbare Wasserelemente anbieten. Die gebäudebezogenen Maßnahmen richten sich nach dem Vorbild der Bauweise in Südeuropa: Mehr helle Häuser und Plätze bauen, die das Sonnenlicht besser reflektieren und sich weniger aufheizen. Außerdem Sonnenschutz einbauen, auf Durchlüftung und Beschattung der Gebäude achten und Schlafräume im Norden planen.

Hitze-Hotspots

Besonderer Bedarf für Hitzeentlastungsmaßnahmen besteht an den 14 Hitze-Hotspots der Stadt. Dort kommen mehrere Faktoren zusammen: Hitzebelastung, besonders dicht bebaute Quartiere mit fehlenden Grünflächen, ein hoher Anteil an unter 6-Jährigen und über 75-Jährigen und sensible Einrichtungen (Krankenhäuser, Seniorenheime, KITAs). Die historische Altstadt gehört ebenso dazu wie die dichten, überwiegend gründerzeitlich geprägten Wohnviertel in Randlage zur Innenstadt. Aber auch alle Industrie- und Gewerbegebiete sind Hitze-Hotspots. Ihre großen Kubaturen und die hohe Versiegelung auf den Logistikflächen bei einem sehr niedrigen Grünanteil machen sie zu einem ungünstigen Wärmespeicher, der die städtische Wärmeinsel in der Nacht weiter aufheizt. An den Hitze-Hotspots hat der Belang Klimaanpassung ein besonderes Gewicht.

Ausblick

Das „Klimaanpassungskonzept Hitze" fließt umfangreich in den FNP 2040-Prozess sowie in alle laufenden Bebauungsplanverfahren der Stadt ein. Inzwischen werden auch Bauanträge auf dieser Grundlage geprüft und Bauvorhaben im Sinne eines Mehrwertes für die Stadt optimiert. Trotz der

Bedeutung einzelner Belange wie der Klimaanpassung ist Stadtplanung aber nie nur das Umsetzen einzelner Konzepte. Es gibt widerstreitende Interessen und Bedürfnisse mit unterschiedlichen Ansprüchen an Flächen und an den Stadtraum, die jede für sich wohlbegründet und oft auch im öffentlichen Interesse sind. Dazu gehört zum Beispiel auch die Schaffung von Wohnraum durch Innenentwicklung, die oftmals auch mit Versiegelung von Flächen oder dem Verlust von Bäumen einhergeht. Hier steht die Stadt vor der schwierigen Herausforderung, in diesen Quartieren zusätzlichen Wohnraum zu schaffen und zugleich Maßnahmen zur Hitzeentlastung für die Bewohner*innen zu planen und damit der doppelten Innenentwicklung zu entsprechen. In so einem Fall das Optimum für das jeweilige Planungsgebiet zu finden, ist ein Prozess, der höchste Ansprüche an Qualifikation und Teamfähigkeit der Stadtplanerinnen und Stadtplaner stellt.

Dieses Ergebnis anschließend umzusetzen, erfordert eine hohe Dialogbereitschaft und Kommunikationsfähigkeit mit der Politik sowie der Stadtgesellschaft, die ein solches Konzept oftmals unterstützen, manchmal aber auch als Hindernis sehen, je nachdem, auf welcher Seite sie gerade stehen. Auch wenn es nach der Quadratur des Kreises klingt – es gibt genügend Beispiele, dass es gelingen kann, bei fairer Abwägung aller Belange zu guten Lösungen für die Quartiere zu kommen, auch wenn sich einzelne Ziele und Maßnahmen nicht vollständig umsetzen lassen. Klimaanpassungsmaßnahmen erhöhen in jedem Fall die Aufenthaltsqualität im privaten und im öffentlichen Freiraum und damit die Lebensqualität unserer Stadt.

4. Städtebau und Baukultur

Städtebau für Morgen

Michael Denkel

Auf der maßstäblichen Ebene des Städtebaus werden die Grundsteine für eine umfassende Baukultur gelegt. Was hier nicht vorbereitet und strukturiert wurde, kann später durch die architektonische Qualität der einzelnen Gebäude nur schwerlich ausgeglichen werden. Doch neben den traditionell im Zentrum des Interesses stehenden baukünstlerischen Aspekten sieht sich der Städtebau heute mit einer wachsenden Anzahl unterschiedlicher Themen eher funktional-technischer oder gesellschaftspolitischer Natur konfrontiert. Deren professionelle Bearbeitung ist von ebenso entscheidender Bedeutung für die Zukunftsfähigkeit unserer Städte und Quartiere wie die baukünstlerische Schönheit und Einzigartigkeit. Das Bauen und Entwickeln von Quartieren erfolgt in einem immer komplexeren Kontext. Vor diesem Hintergrund hat es den Anschein, dass der ästhetische Anspruch an unsere gebaute städtische Umwelt als kultureller Wert an sich geradezu verteidigt werden muss gegen sendungsbewusste Umweltaktivisten, manische Technokraten, kleingeistige Kulturverweigerer oder fallweise auch gegen die Profiteure der Immobilienwirtschaft.

Herausforderung Bestand

Ein wirkungsvoller Natur- und Ressourcenschutz sowie die Eindämmung des Klimawandels und eine hinreichende Resilienz gegen dessen unvermeidbare Auswirkungen sind unbestritten überlebenswichtig und haben sich völlig zu Recht zu den zentralen Treibern im Städtebau entwickelt. Hinzu kommt ein immer wieder postulierter, selten detailliert hinterfragter Mangel an „bezahlbaren" Wohnungen. Trotz des Konsenses über diese wesentlichen Ziele in der Siedlungsentwicklung sind die zur Wahl stehenden Handlungsansätze strittig und oft sogar gegenläufig: Die Stadt muss gleichzeitig grüner und dichter bebaut werden. Ihre Struktur soll möglichst

Abb. 1 Masterplan für Köln (Quelle: AS+P Albert Speer + Partner GmbH)

kompakt und dennoch immer besser durchlüftet sein. Wir müssen Wohnungen und Räume zum Arbeiten neu bauen, obwohl wir eigentlich sogar bereits genutztes Bauland renaturieren sollten.

Um Ressourcen zu schonen, müssen wir mehr umbauen, statt neu zu bauen, und dabei innovative Bautechniken zur Anwendung bringen. Innenentwicklung ist der Außenentwicklung vorzuziehen, aber ohne den bestehenden Stadtkörper weiter zu verdichten. Wir sollten unsere Bauwerke intensiv begrünen und gleichzeitig ihre hochwertige architektonische Gestalt zeigen. Die Stadt soll urban bleiben und ebenso auch rurale Qualitäten bieten. Zudem müssen wir den sich beschleunigenden gesellschaftlichen, natürlichen und technologischen Veränderungen immer schneller gerecht werden. Die Mobilitätswende soll die natürlichen Ressourcen schützen und die städtische Lebensqualität verbessern. Dennoch soll die Stadt weiterhin für Menschen und Güter gut erschlossen und arm an Barrieren sein sowie für Viele bequem erreichbar bleiben. Umfassend betrachtet hatte der Städtebau schon immer mehr als nur baukünstlerisch-ästhetische Aufgaben. Nun drohen diese aber, abgewogen gegen eine wachsende Vielzahl von technischen, sozialen und naturschützenden Anforderungen, komplett ins Hintertreffen zu geraten. [Abb·1]

Beteiligungsprozesse und Einzelinteressen

Neben den inhaltlichen Anforderungen und deren zugrunde liegendem Wertekanon verändern sich auch die Planungsverfahren auf dem Weg zum städtebaulichen Konzept. Die Rolle der Bürger in den Planungsprozessen – der durch die Planung betroffenen oder auch nur der daran allgemein interessierten – gewinnt mehr und mehr an Bedeutung. Deren Wirkung auf die Produkte des Städtebaus ist durchaus ambivalent und stellt eine weitere Herausforderung für die Planer*innen dar. Natürlich gilt es, den Erkenntnisgewinn und die gesteigerte Akzeptanz durch Bürgerbeteiligung auch weiterhin zu nutzen. Dennoch kann die erhoffte Schwarmintelligenz der sich zu Wort meldenden Teilmengen der Bürger*innen weder die fachliche Expertise der Städtebauer noch den Gestaltungswillen und die Verantwortlichkeit der Politik ersetzen. Oft werden in Beteiligungsprozessen schlicht die Falschen gefragt oder es werden die falschen Fragen gestellt. Vielleicht melden sich aber auch nur einige nachdrücklicher zu Wort. Sogenannte „Nimbys" (*Not in my backyard*) – saturierte, meist grauhaarige Globalverweigerer, überzeugte Verfechter eines „baulichen Veganismus" oder veränderungsresistente Neo-Biedermeier – vertreten Säkularinteressen und weisen der Planung oft die falsche Richtung.

Bürgerentscheiden in Wettbewerbsverfahren fehlt im Gegensatz zu Preisgerichsvoten regelmäßig der ökonomische Realitätssinn oder das planerische Grundverständnis. Die von Trassenanliegern getragene fatale

Abb · 2
Europaviertel Frankfurt am Main (Foto: AS+P Albert Speer + Partner GmbH)

Entscheidung um die Wiesbadener Citybahn verhindert die nachdrückliche Verbesserung der gesamtstädtischen Verkehrssituation. Das Ergebnis des Berliner Bürgerentscheids zum Tempelhofer Feld verwundert wenig, wenn dort bereits Anwohnende und nicht die potenziellen Neubürger über Bebauung versus Begrünung befragt werden. Derlei Interventionen von Teilen der Bevölkerung sind aus fachlicher Sicht nicht hilfreich. Als weiterer negativer Nebeneffekt kommt hinzu, dass die für die Verfahrensdurchführung bereitgestellten Ressourcen oft bei der inhaltlichen Arbeit am eigentlichen Konzept eingespart werden müssen. Mit den Instrumenten der Beteiligung weise und geschickt umzugehen, ohne dabei den städtebaulichen Konzepten schon bei ihrer Entstehung Schaden zuzufügen, ist zukünftig offenbar eine weitere Aufgabe für die planende Zunft. Abb · 2

Internationaler Städtebau

Empfehlungen für einen verantwortungsvollen und zukunftsgerichteten Städtebau sollten jederzeit berücksichtigen, dass der überwiegende Anteil aller künftigen baulichen Aktivitäten nicht in den Städten der früh entwickelten Länder stattfindet und sich dieses Verhältnis in Zukunft weiter, insbesondere in Richtung des afrikanischen und asiatischen Kontinents verschieben wird. Der Blick über den regionalen, nationalen und auch europäischen Tellerrand hinaus, und von dort immer auch wieder zurück, sollte für Städtebauer*innen obligatorisch sein. Die im Inland zu Recht als bedeutsam erkannten und bewerteten Ziele und unsere dazu vergleichsweise frühzeitig entwickelten und erprobten Lösungsansätze können erst in Anwendung auf die dynamisch wachsenden Städte der Welt vielfach potenzierte positive Effekte entfalten. Gleichzeitig können spezifische, zum Beispiel für aride Weltgegenden entwickelte Strategien und die dabei gewonnenen Erfahrungen in Zeiten des Klimawandels auch hierzulande hervorragend funktionieren. Städtebauer*innen sollten also keine Buchgelehrten sein – das verbietet sich schon aus der Natur unseres Forschungsgegenstands heraus. Sie sollten ihren Gestaltungswillen grundsätzlich immer auch neugierig in die Welt hinaus tragen, um sowohl dort wie auch zuhause, beim erneuten Blick zurück, bestmöglich zu handeln.

Lange Planungsprozesse

Städtebauliche Entwicklungen, von der ersten Skizze bis zur Realisierung ganzer Quartiere, dauern oft Jahre, gar Jahrzehnte. Neue Quartiere benötigen nach ihrer Fertigstellung weitere Jahre, bis die angepflanzten Bäume groß, die sozialen Strukturen gefestigt und die Ladenlokale stabil besetzt sind. Diese langsamen Prozesse vollziehen sich in einer Gesellschaft, deren Abläufe und Produktzyklen sich generell ständig beschleunigen. Die gesellschaftlichen Megatrends (Digitalisierung, demografischer Wandel, Migration usw.), aber auch die Herausforderungen des Klimawandels verändern die Rahmenbedingungen unserer städtebaulichen Aufgaben mit zunehmender Dynamik. Die Produkte des Städtebaus, die Quartiere, entwickeln sich generell deutlich langsamer als ihre Rahmenbedingungen. Das Delta der Entwicklungsgeschwindigkeit wächst zusehends. Vor diesem Hintergrund wird die Fähigkeit zur Antizipation von gesellschaftlichen und technologischen Entwicklungen zur Voraussetzung für erfolgreiches städteplanerisches Handeln. Umsicht und ein gutes Augenmaß nicht nur im Hinblick auf bauliche Proportionen werden zu zentralen Sekundärtugenden des Städtebauers.

Vielfältige Disziplin

Albert Speer sagte häufig: „Wir haben doch den schönsten Beruf der Welt, jeden Tag unterschiedliche Aufgaben". In diesem optimistischen Sinn wird der Beruf des Städtebauers also immer schöner. Aber die Aufgaben wie auch die Handlungsoptionen der Städtebauer*innen werden auch zunehmend vielfältiger und komplexer. Zudem reichen viele der Teilaufgaben über den reinen Städtebau hinaus immer tiefer in Spezialdisziplinen hinein. Auch sind übergeordnete Strukturen der räumlichen Planung verstärkt zu berücksichtigen, ebenso wie die sich rasch verändernden Anforderungen der nachgelagerten Hoch- und Tiefbauplanungen. Eine gesamtstädtische Nachhaltigkeitsstrategie muss in den Quartieren ihre Entsprechung finden. Ressourcenschonende Gebäude und smarte städtische Infrastruktur sollten bereits im Städtebau angelegt sein. Die Ansprüche an die Qualifikation des Berufsstands wachsen also auf allen Seiten weiter. Hier stellt sich die Frage, wie die dazu passende Ausbildung der Akteure künftig aussehen sollte. Teamfähigkeit und Organisationstalent sind obligatorisch zu schulen, da schon wegen des sich erweiternden inhaltlichen Spektrums zunehmend interdisziplinär gearbeitet werden muss.

Die Nutzung von künstlicher Intelligenz (KI) und parametrischem Entwerfen sollte eingeübt sein, um im Dickicht der mannigfaltigen zusätzlichen Rahmenbedingungen nicht gänzlich den Überblick zu verlieren. Gleichzeitig scheint sich bei zunehmendem Einsatz von unterstützenden technischen (CAD-)Werkzeugen auch die überkommene Fähigkeit des Entwerfers, „mit dem Stift zu denken", als weiterhin durchaus hilfreich und qualitätssteigernd zu erweisen. Auch diese Fähigkeit aber will aufwendig trainiert werden wie der Muskel eines Sportlers. Den unumschränkten Alleskönner wird es, wie in allen Disziplinen, auch im Städtebau nicht geben. Dennoch erscheint jedenfalls eine grundständige und durchgängige Hochschulausbildung mit passgenauem und stetig weiter zu entwickelndem Curriculum das Mindeste zu sein, um uns zu einem brauchbaren „Städtebau für Morgen" zu befähigen. Dieser Beruf ist immerhin nicht nur der schönste der Welt, er ist für den erfolgreichen Bestand der Menschheit vermutlich auch einer der wichtigsten.

Neue Stadtquartiere, neue Städtebaukultur: Prozess, Entwurf und Qualitäten

Torsten Becker

Im Zuge der Planung von Stadterweiterungen und neuen Stadtquartieren werden seit Ende des 19. Jahrhunderts regelmäßig städtebauliche Wettbewerbe für die Konzeptentwicklung durchgeführt (siehe Becker 1992: 91 f). Bekannte Beispiele sind die Verfahren zur Kölner Stadterweiterung 1880 mit 27 Arbeiten und dem Siegerentwurf „König Rhein" von Josef Stübben und Karl Henrici (Curdes 1981: 140 ff.), der durch Josef Stübben im Rahmen seiner Tätigkeit als Stadtbaumeister ab 1881 umgesetzt wurde, oder der Wettbewerb zur „Erlangung eines Stadterweiterungsplanes für München" 1893 mit vier gleichrangigen ersten Preisen aus 13 eingereichten Arbeiten (Curdes 1981: 178 ff.). Die entstehende Wettbewerbskultur ist als Reaktion auf die allzu technokratischen Fluchtlinienpläne in der Tradition Reinhard Baumeisters zu interpretieren. So ist nach Camillo Sitte „das Stadtplanverfassen in eigener Regie der bauämtlichen Kreise ohne Concurrenzen oder sonstiges Aufgebot künstlerischer Kräfte ein unzweckmäßiger Vorgang" (Sitte 1889: 132). In der „Annahme, dass der Zufall auch heute ganz von selbst Schönes zu Stande bringen würde, wie in alter Zeit, steckt aber ein gewaltiger Irrtum" (Sitte 1889: 133). Trotz der großen Bedeutung des Wettbewerbswesens für die Formierung der Disziplin des Städtebaus um die Jahrhundertwende, konnten sich Wettbewerbsverfahren über Jahrzehnte nicht als Regelverfahren durchsetzen. Viele Städte planten und bauten die neuen Quartiere mittels leistungsfähig ausgestatteter kommunaler Verwaltungen in Eigenregie, wie beispielsweise Frankfurt am Main in der Ära des Neuen Frankfurts von 1925 bis 1930 unter Ernst May. Auch in der Boomzeit der Stadterweiterungen der 1950er bis 1970er Jahre war die Durchführung von Wettbewerben keine Selbstverständlichkeit. Viele Siedlungen wurden unter der Prämisse eines „wissenschaftlichen Gutachtens" durch die Planungsabteilungen der Entwicklungsträger (Neue Heimat etc.), teilweise mit Unterstützung externer, direkt beauftragter Architekten

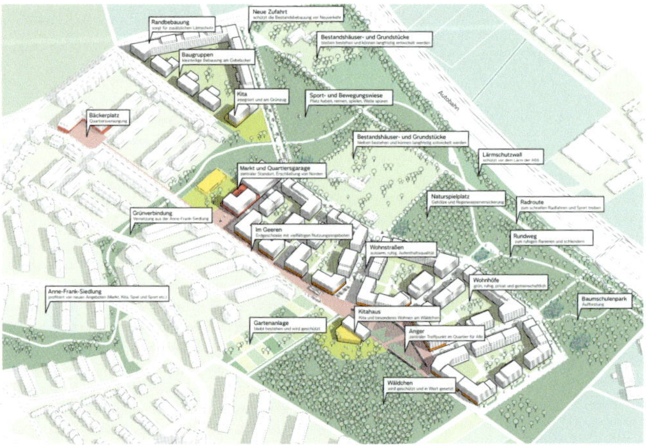

Abb. 1
Frankfurt-Eschersheim Nördlich Anne-Frank-Siedlung, 1. Preis im städtebaulichen Wettbewerb 2018 (Quelle: torsten becker stadtplaner)

geplant: so etwa die Neue Vahr in Bremen ab 1956, Mannheim-Vogelstang ab 1960 oder Darmstadt-Kranichstein ab 1965. Demgegenüber standen Wettbewerbsverfahren mit einer Vielzahl alternativer Entwürfe wie für die Nordweststadt in Frankfurt am Main 1959 mit 66 Arbeiten oder Ratingen-West 1964 mit 132 Arbeiten (siehe Lepik/Strobl 2019; Schwarz 2019).

Obwohl sich mit dem Ende des Wachstums Anfang der 1970er Jahre die Planungsaufgaben zunehmend auf die Innenstädte konzentrierten, konnte sich das Wettbewerbswesen weiter etablieren und ist mittlerweile sowohl bei der Planung neuer Stadtquartiere als auch bei Projekten der Innenentwicklung in unterschiedlichen Ausprägungen eingeübter Standard der Planungspraxis. Der hohen Akzeptanz des Instruments in der Fachwelt stehen dennoch weiterhin einige kritische Stimmen gegenüber, die Wettbewerbe für die unzureichende städtebauliche Qualität neuer Stadtquartiere undifferenziert mitverantwortlich machen (siehe etwa Mäckler 2016). Der vorliegende Beitrag geht auf Basis von 20 Jahren freiberuflicher Planungspraxis und umfangreicher Wettbewerbserfahrungen als Teilnehmer und Preisrichter wie auch der Reflexion anderer Quartiersentwicklungen den Fragen nach, wie Planungsprozesse so konzipiert werden können, dass eine hohe Qualität entstehen kann, und welche Aufgabe Wettbewerbe dabei übernehmen sollen.

Charakteristika von Prozessen der Quartiersplanung

In den letzten Jahren ist in Bezug auf die Qualität neuer Stadtquartiere rund um den Begriff der Schönheit eine leidenschaftliche Debatte entbrannt, die einerseits das „Dilemma der städtebaulichen Qualitätsdebatte" (Altrock/Huning 2017: 7) und andererseits ein mangelndes Verständnis städtebaulicher Prozesse offenbarte. Jenseits abstrakter Radikalpositionen, die sich in der Debatte häufig unversöhnlich gegenüberstehen, zeichnet sich in der Planungspraxis ein fachlicher Konsens über einen guten Städtebau ab, wie er beispielsweise von Harald Bodenschatz (2014) anhand von zehn möglichen Kriterien beschrieben oder von David Sim in seiner Veröffentlichung *Soft City. Building Density for Everyday Life* (2019) anschaulich skizziert wird und in vielen aktuellen Wettbewerbsbeiträgen zu erkennen ist. Menschlicher Maßstab, differenzierte Nutzungsmischung, soziale Vielfalt, urbane Resilienz, sanfte Mobilität, angenehmes Stadtklima und attraktive Freiräume sind nur einige der Schlagworte, die in kaum einer Auslobung eines Wettbewerbes oder einem Zielkonzept eines Rahmenplans fehlen. Um solch zukunftsweisende Qualitäten zu erreichen, bedarf es eines integrierten Prozesses, der die qualitätserzeugenden Instrumente des Städtebaus zielgerichtet einsetzt.

Prozesse zur Planung und Realisierung von Quartiersentwicklungen unterscheiden sich fundamental von anderen Prozessen wie etwa in der Objektplanung von Gebäuden oder Freianlagen (Frick 2006: 190). Sie weisen eine ungleich höhere Komplexität auf, die in der Planungspraxis nicht selten verkannt wird und die zum Ausbleiben gewünschter Qualitäten, einer unzureichenden Wirksamkeit (vgl. Förster 2014) oder gar zum Scheitern des Projekts führt. Folgende Merkmale sind besonders zu beachten:

→ Singularität der Prozesse: Jeder Prozess ist aufgrund spezifischer Rahmenbedingungen einzigartig und dementsprechend individuell zu strukturieren.
→ Langer Zeitraum: Prozesse der Quartiersentwicklung sind langwierig. Sie dauern in der Regel 10 Jahre und länger, häufig auch mehr als 20 Jahre. Fundamentale Änderungen der Rahmenbedingungen sind die Regel.
→ Lernfähigkeit der Planung: Der Prozess der Quartiersentwicklung ist auf Grundlage sorgfältiger strategischer Entscheidungen lernfähig anzulegen. Es bedarf einer klaren und langfristigen Perspektive, die Schritt für Schritt den jeweiligen Rahmenbedingungen entsprechend umgesetzt wird („perspektivischer Inkrementalismus"). Stetige Evaluierung und Rückkopplung in den Planungsprozess ist unverzichtbar.
→ Unbestimmtheit und Offenheit des Ergebnisses: Das Ergebnis des Prozesses ist weniger ein abgeschlossenes Werk als vielmehr eine offene Struktur.
→ Wechsel der Ebenen: Im Verlauf der Prozesse werden immer wieder unterschiedliche Maßstabsebenen der Stadtentwicklung, des Stadtteils, des Quartiers und der konkreten Bauprojekte adressiert.
→ Wandel der Akteure: Quartiersentwicklungen zeichnen sich durch komplexe Akteurskonstellationen aus, die mitunter einem erheblichen

Wandel unterliegen. Kommunen haben unterschiedliche Aufgaben gleichzeitig: sie sind Plangeber, Berater, Planer, Bauherr und Akteur am Immobilienmarkt zugleich.

→ Phasen der Prozesse: Trotz aller Spezifik können Planungsprozesse für neue Stadtquartiere in der Regel entlang der Zeitachse durch fünf Phasen definiert werden: die Strategiephase (1), die Konzeptphase (2), die Planungsphase (3), die Realisierungsphase (4) und die Betriebsphase (5). Die Phasen gehen in der Praxis oftmals gleitend ineinander über und verlaufen teilweise auch simultan. In größeren Quartiersentwicklungen finden in Teilgebieten verschiedene Phasen des Prozesses gleichzeitig statt (Asynchronität in Teilbereichen).

1 Strategiephase

In der Strategiephase (auch als Phase Null bezeichnet) gilt es zunächst, auf Basis einer sorgfältigen Analyse der Bedarfe und Potenziale für eine Baulandentwicklung die verschiedenen strategischen Handlungsoptionen für die Schaffung von Wohnraum aufzuzeigen und eine politische Grundsatzentscheidung über die Initiierung eines Projektes der Innen- oder Außenentwicklung zu treffen. Maßgeblich für die später zu erreichende Qualität ist die konkrete Bodenstrategie der Kommune mit der Wahl eines entsprechenden Baulandmodells. Kommunale Baulandmodelle mit einem möglichst hohen Anteil kommunaler Flächen weisen in Bezug auf die möglichen städtebaulichen Qualitäten und den Planungsprozess erhebliche Vorteile gegenüber privaten Baulandmodellen auf. Schon in der frühen Strategiephase ist das Einsetzen einer leistungsfähigen Projektorganisation unabdingbar. Angesiedelt in der Planungsverwaltung ist sie im weiteren Projektverlauf stetig weiterzuentwickeln und durch externe Dienstleister zu unterstützen. Die Beauftragung externer Entwicklungsgesellschaften, wie beispielsweise der IBA Hamburg GmbH, bietet gegenüber konventionellen Organisationsansätzen insbesondere in Bezug auf die Leistungsfähigkeit und Qualitätsentwicklung Vorteile.

2 Konzeptphase

In der Konzeptphase wird der Fokus auf den konkreten Planungsraum gelegt. Ziel ist die Erarbeitung eines abgestimmten Konzepts für den Standort und die Fassung des politischen Grundsatzbeschlusses des Gemeinderats zur weiteren Planung. Planungsinhalte sind im Wesentlichen die grundlegenden Strukturen des geplanten Quartiers mit der Erschließungs-, Nutzungs-, Bebauungs- und Freiraumstruktur. In einem ersten Schritt sind die aus der Strategiephase resultierenden Grundlagen weiter zu vertiefen. Neben der sorgfältigen Restriktionsanalyse steht insbesondere die

Erkundung des Potenzials des Standorts im Mittelpunkt des Interesses. Mittels skizzenhafter Testentwürfe können Entwicklungsoptionen aufgezeigt werden. Alternative Skizzen können auch die unterschiedlichen Möglichkeiten des Umgangs mit Restriktionen, wie beispielsweise Hochspannungsleitungen oder Hochwassergebieten, aufzeigen und vermeintliche Restriktionen auflösen (Schönwandt et al. 2013: 146 ff.).

Sind die Rahmenbedingungen ausreichend geklärt, kann die Konzeptentwicklung erfolgen. Als bewährtes Verfahren dient die Durchführung eines städtebaulichen Wettbewerbs gemäß den anerkannten Regularien der Richtlinien für Planungswettbewerbe (RPW) von 2013. Wettbewerbe weisen eine Vielzahl von Vorteilen gegenüber anderen Verfahren auf:

→ die Auswahlmöglichkeit aus einer möglichst großen Bandbreite denkbarer Alternativen;
→ zahlreiche innovative Ansätze durch Konkurrenz der Büros;
→ die zeitsparende Konzentrationswirkung des Planungsprozesses durch Beteiligung relevanter Ämter, Behörden sowie der politischen Entscheidungsträger.

Wesentlich für den Erfolg eines Wettbewerbsverfahrens ist eine aktivierende Planungskommunikation. Bürger*innen und die politischen Gremien sind schon im Vorfeld bei der Ausarbeitung der Auslobung sowie im Verfahren als Sachverständige oder Sachpreisrichter einzubinden. Die von den teilnehmenden Büros zu erbringenden Leistungen orientieren sich an der Leistungsphase 2, Vorentwurf (Architektenkammer Baden-Württemberg 2020). Es wird ein städtebauliches Konzept bestehend aus den Themen Bebauung, Stadtraum, Freiraum, Umwelt und Erschließung erarbeitet. Dazu werden anschauliche Planzeichnungen in unterschiedlichen Maßstäben, skizzenhafte Visualisierungen, Grafiken und Texte zur Erläuterung des Konzepts sowie ein einfaches Arbeitsmodell erstellt.

Die im Rahmen von Wettbewerben entstehenden städtebaulichen Entwürfe sollten dabei nicht als statischer Endzustand des späteren Quartiers fehlinterpretiert werden. Vielmehr sollten sie als Antizipation einer möglichen Zukunft mit der zeitlichen Dimension als strategischer Komponente des Entwurfs verstanden werden (Severin/Kleinekort 2021: 104–105).

Zum Abschluss des Wettbewerbsverfahrens besteht im Normalfall ein breiter politischer und öffentlicher Konsens über das Ergebnis, sodass eine zügige Entscheidung über die weitere Bearbeitung erfolgen kann. Ein Beschluss im Gemeinderat oder des zuständigen Ausschusses zur Beauftragung des ersten Preisträgers erhöht zusätzlich die Akzeptanz und sorgt für weitere Verfahrensklarheit.

Abb · 2 Neu-Ulm „Wohnen am Illerpark“, 1. Preis im städtebaulichen Wettbewerb 2018 (Quelle: torsten becker stadtplaner)

Abb · 3 Griesheim Südost, 1. Preis im städtebaulichen Wettbewerb 2018 (Quelle: torsten becker stadtplaner)

Abb · 4
Griesheim Südost Perspektive (Quelle: torsten becker stadtplaner)

Die anschließende Rahmenplanung erfolgt in der Regel auf Basis einer Ausarbeitung und Vertiefung des gekürten Wettbewerbsentwurfs durch den Gewinner. Die Anregungen des Preisgerichts sowie der Input vonseiten der Öffentlichkeit und der politischen Gremien im Nachgang des Wettbewerbs werden dabei berücksichtigt. Die Leistungen eines Rahmenplans bestehen primär in der Erarbeitung eines Entwurfs unter Integration vertiefter Fachbeiträge, beispielsweise zur Erschließung gemäß Leistungsphase 3 des Merkblatts Nr. 51. Der eigentliche Plan ist durch eine ausführliche Erläuterung mit anschaulichen Grafiken und Texten zur Erläuterung der Rahmenbedingungen, der Ziele und der Konzeptinhalte zu ergänzen.

Die Erarbeitung der Rahmenplanung hat unter Einbeziehung der Behörden und Dienststellen mittels einer informellen Beteiligung zu erfolgen. Neben der erforderlichen fachlichen Abstimmung gewährleistet ein frühes Einbeziehen der Akteure in die Verantwortung für die folgenden Prozessphasen beispielsweise die rechtzeitige Bereitstellung notwendiger finanzieller und personeller Ressourcen. Das Instrument der Rahmenplanung eignet sich besonders für vielfältige Formen der Partizipation. Das Konzept weist im Gegensatz zum formellen Charakter eines Bebauungsplans eine große Anschaulichkeit auf, die die Kommunikation mit der Öffentlichkeit erleichtert. Darüber hinaus besteht noch eine gewisse Offenheit für die Anpassung und Ausgestaltung der Planung.

Das Konzept sollte im Sinne einer Meilensteinentscheidung als Rahmenplan gemäß § 1 Abs. 6 Nr. 11 BauGB vom Gemeinderat beschlossen werden („Bei der Aufstellung der Bauleitpläne sind insbesondere zu berücksichtigen: […] Nr. 11 die Ergebnisse eines von der Gemeinde beschlossenen städtebaulichen Entwicklungskonzeptes oder einer von ihr beschlossenen sonstigen städtebaulichen Planung, […]"). Der beschlossene Rahmenplan hat zwar im Unterschied zum Bebauungsplan keine unmittelbare Rechtswirkung, er bildet jedoch eine unverzichtbare Grundlage für die anschließende Planungsphase und erfüllt eine wesentliche Funktion für die Klärung der politischen Willensbildung in der Kommune. Als integrierendes Instrument ist der Rahmenplan zentral für den weiteren Planungsprozess und wird nach Bedarf fortgeschrieben und verfeinert.

3 Planungsphase

In dieser Phase wird die städtebauliche Planung auf Basis des beschlossenen Rahmenplans konkretisiert. Ziel ist die Erstellung und Abstimmung einer aus rechtlicher, technischer und ökonomischer Sicht realisierungsfähigen Planung unter Berücksichtigung sämtlicher fachlicher Aspekte, insbesondere sozialer, ökologischer und gestalterischer Belange. Die Schaffung von Planungsrecht durch das Aufstellen eines oder mehrerer Bebauungspläne ist die zentrale Aufgabe der Planungsphase. Neben der formellen Planung ist die weitere Ausarbeitung und Vertiefung des städtebaulichen Konzepts maßgeblich. Der beschlossene Rahmenplan ist entsprechend dem Projektfortschritt in regelmäßigen Abständen oder nach Bedarf parallel zur Bebauungsplanung fortzuschreiben. Er dient der Veranschaulichung des Rechtsplans und sollte in die Begründung des Bebauungsplans aufgenommen werden. Im weiteren Planungsverlauf sollte der Rahmenplan als zentrales Koordinierungsinstrument die Planungen für die Verkehrs- und Freianlagen sowie die Bauprojekte auf den neu geordneten Grundstücken integrieren.

→ *Qualitätskonzept Bebauung*
Um die geplanten Qualitätsziele der Baulandentwicklung zu erreichen, ist ein Qualitätskonzept für die Bebauung zu entwickeln. Abhängig von den definierten Zielen gibt es unterschiedliche Sicherungsmöglichkeiten, wie beispielsweise Festsetzungen im Bebauungsplan, Regelungen im Rahmen eines städtebaulichen Vertrags, Vereinbarungen im Zuge einer Konzeptvergabe oder informelle Qualitäts-/ Gestaltungshandbücher, die in privatrechtliche Vereinbarungen eingebunden werden. Das Qualitätskonzept sollte auf Basis eines Monitorings fortgeschrieben und hinsichtlich aktueller Entwicklungen, beispielsweise mit Blick auf die Energieversorgung, aktualisiert werden.

→ *Gestaltungskonzept öffentlicher Raum sowie Erschließungs- und Freianlagenplanung*
Parallel dazu ist ein Gestaltungskonzept für den öffentlichen Raum

durch eine integrierte Betrachtung von Freiraum, Verkehr, Klima und Wasser auszuarbeiten und in eine Freianlagen- und Verkehrsanlagenplanung zu überführen. Für gestalterisch relevante Freiräume wie Plätze und Parks sind Realisierungswettbewerbe nach RPW 2013 das zu bevorzugende Planungsinstrument.

→ *Umsetzungskonzept*
Auch die Fragen einer baulichen Umsetzung sollten schon während der Bebauungsplanung intensiv betrachtet werden. Neben der Definition der unterschiedlichen Entwicklungsstufen- und Bauabschnitte sowie einer Kosten- und Finanzierungsübersicht sollte das Umsetzungskonzept auch Angaben zu den für den Bau erforderlichen Organisationsstrukturen, wie beispielsweise dem externen Projektmanagement oder dem Quartiersbeirat, enthalten.

→ *Betriebskonzept*
Im Rahmen der Planungsphase empfiehlt es sich zudem, ein erstes Betriebskonzept für den Zeitraum der Nutzung des Quartiers zu den Themen des Baus und Betriebs der Infrastruktur sowie des Quartiersmanagements zu erarbeiten.

4 Realisierungsphase

In der Realisierungsphase erfolgt die Umsetzung der städtebaulichen Planung auf Grundlage des Bebauungsplans und der genehmigten Erschließungs- und Freianlagenplanung entsprechend den im Umsetzungskonzept definierten Abschnitten. Neben der technischen Baufeldfreimachung und der Herstellung der Erschließungs- und Freianlagen ist zunächst die Grundstücksneuordnung die wesentliche Aufgabe. Ein probates Instrument zur Qualitätserreichung ist die Konzeptvergabe kommunaler Grundstücke durch Verkauf oder Erbpacht. Sie ermöglicht die Sicherung baulicher, sozialer und ökologischer Qualitäten auf Basis privatrechtlicher Vereinbarungen, wie beim Projekt Neckarbogen in Heilbronn eindrucksvoll gezeigt werden konnte (Brakenhoff 2021: 32 ff.). Auch für die weiteren zu realisierenden Bebauungsprojekte sind über das Planungsrecht hinausreichende Instrumente zur Qualitätsentwicklung anzuwenden. Neben hochbaulichen und landschaftsarchitektonischen Realisierungswettbewerben kommen informelle Beratungsangebote seitens der Kommune oder des Entwicklungsträgers infrage. Eine Begleitung des Realisierungsprozesses durch einen Gestaltungs- oder Quartiersentwicklungsbeirat sorgt für eine fachliche Beratung durch unabhängige Expert*innen.

Mit dem Bezug der ersten Gebäude geht die Realisierungsphase in die Betriebs- bzw. Nutzungsphase über. Wesentlich in diesem Zeitraum ist die Funktionsfähigkeit des Mobilitätskonzepts mit einem attraktiven Angebot für den öffentlichen Verkehr und dem Betrieb von Quartiersgaragen und Mobilitätsstationen. Eine Mindestanzahl attraktiver Freiräume sowie die wesentliche soziale Infrastruktur gehören von Anfang an zum Quartier dazu. Gerade in diesem Zeitraum ist ein intensives Kümmern durch Managementstrukturen notwendig, um vor allem auch die für die Funktionsfähigkeit und Belebung des Quartiers relevanten sozialen und wirtschaftlichen Themen zu organisieren. Dazu zählt insbesondere die Belegung der Erdgeschosse mit Ladenlokalen und Dienstleistungseinrichtungen und der Aufbau von Akteursnetzwerken für das sukzessiv entstehende Quartiersleben.

Wettbewerbsergebnisse konsequent weiterentwickeln

Um qualitativ ansprechende Quartiere zu realisieren, ist es erforderlich, den vollständigen Prozess als Aufgabe der Stadtplanung zu verstehen und diesen integrierend zu strukturieren. Die in der Praxis noch häufig anzutreffende Einengung der Stadtplanung auf die Planrechtschaffung greift zu kurz und führt nachweislich zu unbefriedigenden Ergebnissen. Derzeit ist das Auftragsversprechen für die Gewinner*innen städtebaulicher Wettbewerbe oftmals auf die Erstellung des Rahmenplans (im Sinne des städtebaulichen Entwurfs nach Merkblatt 51) begrenzt. Mithin endet die Beauftragung nach Abschluss der Konzeptphase ohne Einbeziehung in die Planungsphase. In dieser fokussieren sich die Kommunen mit den Stadtplanungsämtern auf die Schaffung von Planungsrecht und widmen den weiteren Aufgaben, insbesondere der Qualitätsentwicklung, zu wenig Aufmerksamkeit. Viele im Rahmen des Wettbewerbs erarbeitete Inhalte fallen den eingeschränkten Möglichkeiten der Bebauungsplanung mit dem abgeschlossenen Festsetzungskatalog des BauGB zum Opfer.

Gemäß diesen Erfahrungen sind Qualitätsdefizite realisierter Stadtquartiere nicht dem Instrument Wettbewerb an sich, sondern der ausbleibenden Weiterentwicklung des Entwurfs anzulasten. Qualitätsthemen sind den gesamten Prozess hindurch zu behandeln und entsprechende Instrumente nach Maßgabe des jeweiligen Stands der Planung zu erarbeiten und umzusetzen. Hierzu ist das Aufgabengebiet der Stadtplanung und das Selbstverständnis des Berufsstands der Stadtplaner*innen zu erweitern. Es gilt, Organisationsstrukturen über alle fünf Phasen hinweg aufzubauen und dabei den – in der Regel zuständigen – Stadtplanungsämtern die

Steuerung zuzuweisen. Für die freischaffenden Stadtplaner*innen sind die derzeit unzureichenden Bestimmungen der Honorarordnung für Architekten und Ingenieure (HOAI) neu zu fassen und über die formelle Planung hinausreichende Leistungsbilder zu formulieren. Die städtebauliche Planung ist in all ihrer Komplexität mit dem städtebaulichen Entwurf als zentrale Leistung in der HOAI zu verankern. Die stetige Prozessbegleitung zur Qualitätsentwicklung durch die Entwurfsverfasser*innen sollte in den Phasen der Planung und Realisierung zu einer Selbstverständlichkeit werden.

Prozessorientiertes Entwerfen als zentraler Lehrinhalt der Ausbildung von Stadtplaner*innen

Für die Lehre in der Stadtplaner*innenausbildung an Hochschulen ist eine Hinwendung zu prozessorientiertem Lernen in städtebaulichen Projekten erforderlich. Im Rahmen des Studiums sollten viele unterschiedliche Prozesse möglichst praxisnah bearbeitet und simuliert werden. Räume erkunden, bildhafte Entwürfe erarbeiten, Instrumente konzipieren, Leitbilder anschaulich visualisieren, Qualitäten formulieren, Kommunikation und Prozesse organisieren sind Kernqualifikationen von Stadtplaner*innen, die untrennbar miteinander verbunden sind und nur durch stetiges Üben erlernt werden. Interdisziplinäre Zusammenarbeit mit den Fächern der Architektur und Landschaftsarchitektur ist vor allem zur Weiterentwicklung der nach wie vor häufig eindimensionalen Entwurfsmethoden in der Stadtplanung besonders wertvoll (vgl. zum Beispiel Gerber et al. 2017; Grosch/Petrow 2015; Hild/Brinkmann 2021). Die Befassung mit der realen Komplexität von städtebaulichen Entwicklungen ist wesentlich für das Verständnis von Wirkungsmechanismen und bietet zudem eine Fülle von Forschungsthemen (Evaluierung), in denen Wissenschaft und Praxis „künftige Theorien und Modelle in gemeinsamen Prozessen" weiterentwickeln können (Kötter 2020: 58).

Für eine neue Städtebaukultur in Zeiten großer Herausforderungen

Die Disziplin Stadtplanung sollte sich auf Basis einer klaren Werteorientierung ihrer großen Verantwortung für die gestaltete Umwelt stärker bewusst werden und sich intensiver städtebaulichen Themen widmen. Klimawandel, Mobilitätswende, Bodenpolitik und gesellschaftlicher Zusammenhalt sind drängende Herausforderungen, für die ein „Schulterschluss (…) zwischen Architektur und Stadtplanung im Sinne einer neuen Städtebaukultur" erforderlich ist, um „gemeinsam die drängenden Aufgaben im Planungs- und Baubereich anzugehen" (Kurth 2021). Dabei können klug strukturierte Prozesse mit einem wirksamen Einsatz diskursiver und qualitätssichernder Instrumente den Antagonismus zwischen Schönheit und Funktionalität auflösen, denn wie es Gurlitt in seinem Handbuch des Städtebaus schon vor hundert Jahren postulierte: „Unter einem praktischen Städtebau ist also dasselbe zu verstehen wie unter einem künstlerischen Städtebau: denn eine unpraktische Anlage ist nie künstlerisch und eine unkünstlerische nie praktisch." (Gurlitt 1920: 1).

Literatur

Altrock, Uwe/Huning, Sandra (Hg.): *Die schöne Stadt. Begriffe und Debatten, Theorie und Praxis in Städtebau und Architektur.* Berlin 2017

Architektenkammer Baden-Württemberg (Hg.): *Empfehlungen zum Städtebaulichen Entwurf als besondere Leistung in der Flächenplanung.* Merkblatt Nr. 51. Stuttgart Dezember 2020

Becker, Heidede: *Geschichte der Architektur- und Städtebauwettbewerbe.* Stuttgart 1992

Bodenschatz, Harald: „Städtebau. Auf der Suche nach der verlorenen Qualität". In: *RaumPlanung.* Nummer 175/5, September/Oktober 2014, S. 9–13

Brakenhoff, Barbara: „Die Qualität der Entwürfe sichern. BUGA Heilbronn als Katalysator und Instrument einer urbanen Entwicklung". In: *PlanerIn.* Heft 4, 2021, S. 32–34

Bundesministerium für Umwelt, Naturschutz, Bau und Reaktorsicherheit (Hg.): *Richtlinien für Planungswettbewerbe – RPW 2013.* Fassung vom 31. Januar 2013.

Förster, Agnes: *Planungsprozesse wirkungsvoller gestalten. Wirkungen, Bausteine und Stellgrößen kommunikativer planerischer Methoden.* Dissertation TU München, München 2014

Frick, Dieter: *Theorie des Städtebaus. Zur baulich-räumlichen Organisation der Stadt.* Tübingen, Berlin 2006

Gerber, Andri/Kurath, Stefan/Schurk, Holger/Züger, Roland: *Methodenhandbuch für das Entwerfen in Architektur und Städtebau.* Herausgegeben vom Institut Urban Landscape. Departement Architektur, Gestaltung und Bauingenieurwesen. Zürcher Hochschule für Angewandte Wissenschaften. Zürich 2017

Grosch, Leonard/Petrow, Constanze A.: *Parks entwerfen. Berlins Park am Gleisdreieck oder die Kunst, lebendige Orte zu schaffen.* Berlin 2015

Gurlitt, Cornelius: *Handbuch des Städtebaues.* Berlin 1920

Hild, Andreas/Brinkmann, Barbara: *Vom Suchen und Wiederfinden. Die Mechanik des Entwerfens.* Berlin 2021

Kötter, Theo: „Theorie trifft Praxis. Wie tragen Planungswissenschaften zur Problemlösung vor Ort bei?". In: *IzR. Informationen zur Raumentwicklung.* Heft 2: *Zwischen Wissenschaft und Praxis. Planung auf dem Prüfstand.* Stuttgart 2020, S. 56–69

Kurth, Detlef (2021): *Städtebaukultur – ein Plädoyer.* www.marlowes.de, 12.10.2021

Lepik, Andreas/Strobl, Hilde (Hg.): *Die Neue Heimat 1950–1982. Eine sozialdemokratische Utopie und ihre Bauten.* München 2019

Mäckler, Christoph: „Von Haus aus missglückt". In: *Frankfurter Allgemeine Zeitung*, 01.09.16, S. 11

Maurer, Jakob: *Maximen für Planer.* Zürich 1995

Schönwandt, Walter L. et al.: *Komplexe Probleme lösen. Ein Handbuch.* Berlin 2013

Schwarz, Ullrich (Hg.): *neue heimat. Das Gesicht der Bundesrepublik. Bauten und Projekte 1947–1985.* München und Hamburg 2019

Severin, Björn/Kleinekort, Volker: „Identität und Differenz in der Stadt von heute". In: *IzR. Informationen zur Raumentwicklung. Heft 4: Aktuelle Positionen zum Städtebau. Stadt denken, Stadt machen.* Stuttgart 2021, S. 100–105

Sim, David: *Soft City. Building Density for Everyday Life.* London 2019

Sitte, Camillo: *Der Städte-Bau nach seinen künstlerischen Grundsätzen.* Wien 1889

wohnbund (Hg.): *wohnbund Informationen* 1+2: *Wohnen in neuen Stadtquartieren.* München 2020

Stadtplanung für Kaiserslautern von 1972 bis 1997: Lehren für das Zusammenwirken zwischen Universität und Stadt

Thomas Metz

Nach der Gründung der Technischen Universität Kaiserslautern im Jahr 1970 – zunächst als Doppeluniversität Trier-Kaiserslautern – wurde Albert Speer 1972 an den erstmalig eingerichteten Lehrstuhl für Stadt- und Regionalplanung des neuen Studiengangs Raum- und Umweltplanung berufen. Er hat diesen Neuaufbau in dem damals integrierten Fachbereich Architektur, Raum- und Umweltplanung, Bauingenieurwesen wesentlich geprägt. Bereits frühzeitig gab es erste Kontakte und Berührungspunkte mit der Stadt Kaiserslautern. Dies soll im Folgenden für zwei Bereiche etwas näher beleuchtet werden. Zum einen sind dies die zahlreichen Projekte, die mit den Studierenden in Form von Diplomarbeiten, Entwürfen, Stegreifen und mit Planungen in und für das Stadtgebiet Kaiserslautern erarbeitet wurden. Zum anderen sind es die Tätigkeiten von Prof. Albert Speer als Fachpreisrichter und Berater, direkt beauftragt von der Stadtverwaltung für die Universitätsstadt Kaiserslautern. Beide Bereiche überlappen sich verständlicherweise in vielerlei Hinsicht mit Blick auf Theorie und Praxis, Vision und Realisierung. Abb·1

In der Publikation *Planungen für die Universitätsstadt – 20 Jahre Lehr- und Forschungsgebiet Stadt- und Regionalplanung* der Reihe *Materialien zur Raum- und Umweltplanung*, Nr. 58 vom Dezember 1992, herausgegeben von Prof. Dipl.-Ing. Albert Speer, werden für den Zeitraum von 1972 bis 1992 insgesamt 71 Arbeiten für die Entwicklung der Stadt Kaiserslautern zusammengefasst und dokumentiert. Leider gibt es für die nachfolgenden fünf Jahre der Lehrtätigkeit von Prof. Speer an der TU Kaiserslautern bis zum Beenden seiner Tätigkeit im Jahr 1997 mit 62 Jahren keine weiteren Übersichten der Arbeiten mehr. In diesem Zeitraum von zwanzig Jahren sind von den 71 Arbeiten 12 Diplomarbeiten, 13 Große Entwürfe, 27 Stegreife und 19 Tagesstegreife erarbeitet worden. Sie alle beschäftigen sich in unterschiedlicher Tiefe und Breite mit Ideen und Planungen für die Entwicklung

Abb · 1 Ernennung von Prof. Albert Speer durch Prof. Dr. Martin Graßnick 1972 (Foto: Leppla)

des Oberzentrums Kaiserslautern mit seinen 100.000 Einwohnern in der Region Westpfalz. Das beständige und wiederkehrende Engagement und Interesse charakterisiert diese zahlreichen unabhängigen Beiträge für die Stadtplanung. Sie zeigen aber auch den Wandel des Planungsverständnisses auf.

Mit der Ansiedlung der TU hat die Stadt erhebliche Impulse für ihre Zukunftsentwicklung bekommen. Nicht immer wurden diese von politischer Seite aufgegriffen und tatsächlich genutzt. Bis heute gibt es bedauerlicherweise eine immer wieder feststellbare Distanz zu den von der TU im Rahmen der praxisorientierten Stadtplanungs- und Städtebaulehre angebotenen Planungsunterstützungen.

Prof. Speer formuliert in seinem Vorwort zu der vorgenannten Publikation im Jahr 1992: „In jüngster Zeit las man im Zusammenhang mit aktuellen Problemen bisweilen in der Presse den Vorwurf, die Verantwortlichen in der Stadt würden sich zu wenig der geistigen und fachlichen Kompetenz der Universität bedienen. Demgegenüber wurde in der Vergangenheit schon von Vertretern der Stadt geäußert, dass die Vorschläge ‚von denen da oben' doch nicht zu realisieren seien. Ich meine, sowohl die eine wie auch die andere Sichtweise stimmt so nicht. Kontakt und Kooperation meines Lehrgebiets mit den für die Stadtplanung in Kaiserslautern Verantwortlichen ist zur Zeit als außerordentlich gut zu bezeichnen. Und dies trifft zu, weil man sich der tatsächlichen Möglichkeiten und Grenzen der Zusammenarbeit bewusst ist. Dazu gehört seitens der Universität, sich der ‚akademischen Freiheiten' bewusst zu sein und sie zu nutzen – sie stellen nämlich abseits des politischen Tagesgeschäftes eine große Chance dar –, und seitens der Stadt, das sofort Realisierbare herauszuziehen und umzusetzen sowie das Visionäre in langfristige Planungen einzubinden."

Die erste Diplomarbeit bei Prof. Speer befasste sich im Jahr 1974 mit der Altstadtentwicklung und Sanierung des Gebiets der historischen Oberstadt von Kaiserslautern – Verfasser war der spätere Oberbürgermeister von Neunkirchen, Friedrich Decker. Seine Arbeit war charakteristisch für die damals allgemein vertretene städtebauliche Haltung kurz nach Inkrafttreten des Städtebauförderungsgesetzes 1971 zum Umgang mit Altstädten. Diese Vorstellungen zur Flächensanierung der Altstadt wurden erst später – nicht zuletzt auch durch Bürgerproteste – verändert und durch eine kleinteiligere, differenziertere Vorgehensweise hin zur Objektsanierung modifiziert.

Gesamtstädtische Arbeiten befassten sich in den folgenden Jahren unter anderem mit visionären Themen: so zum Beispiel 1991 – ein Jahr nach der Wiedervereinigung Deutschlands – mit den Chancen und Risiken eines Abzugs der amerikanischen Streitkräfte aus Kaiserslautern und Umgebung. Über 30 Jahre danach ist dies immer noch eine sehr ferne Utopie. Teilräumliche – immer noch aktuelle – Arbeiten widmeten sich den

Abb · 2
Wettbewerb: Südliche Innenstadt – Südtangente 1979 (Foto: Leppla)

großen Potenzialen der seit den 1920er Jahren militärisch genutzten Flächen und Kasernen im Osten der Stadt, für naturnahe sowie sport- und freizeitorientierte Nutzungen. Die Freilegung der Lauter wurde ebenfalls angeregt, was im Rahmen der Vorbereitungen der ersten rheinland-pfälzischen Landesgartenschau 2000 in Kaiserslautern eine wichtige Rolle spielte und direkt im Gartenschaugelände auch realisiert werden konnte. Die Fortführung nach Osten in Richtung ihrer Quelle bleibt wichtige Aufgabe der künftigen Stadtentwicklung in der Stadt des Wassers und der Wooge, eines besonderen Merkmals Kaiserslauterns.

Bei dem städtebaulichen und verkehrlichen Ideenwettbewerb „Südliche Innenstadt – Südtangente" 1978/79 war Prof. Albert Speer neben Prof. Karlheinz Schaechterle, Neu-Ulm, und Prof. Hans Kammerer, Stuttgart, erstmals als Vorsitzender des Preisgerichts direkt für die Stadt Kaiserslautern tätig. Grundlage war der Gesamtverkehrsplan von Schaechterle/Holdschuer für ein Straßen-Tangenten-System zur verkehrlichen Entlastung der Kernstadt. Mit Nord- und Südtangenten sowie Querspangen sollten die Kraftfahrzeuge am Rande um die Innenstadt geleitet werden. Der 1. Preis ging damals – mit großem Abstand, denn es gab keinen 2. Preis – an das Planerbüro Greulich/Krieger mit den Mitarbeitern Bott, Holtz, Voigt, Jünger und Retzko in Darmstadt, zusammen mit der Ingenieursozietät BGS, Topp, in Frankfurt. Nur eine Arbeit hatte damals eine Aufteilung des Verkehrs auf eine nördlich und eine südlich des Bahnkörpers gelegene Führung vorgeschlagen. Abb · 2

Die damalige Lösung des 1. Preises, ein 230 Meter langer Tunnel unter dem Bahnhofsplatz, entsprach dem Zeitgeist; sie wurde planerisch und politisch über viele Jahre einmütig weiter betrieben. Ausführlich beschrieben und begründet wurde diese Wettbewerbslösung in dem Beitrag *Tangententunnel für Kaiserslautern – die beste Lösung einer schwierigen Aufgabe* in der Zeitschrift *Bauverwaltung*, Heft 6/1980, von Prof. Hans-

Georg Retzko und Harald Jünger, BGS Frankfurt. Diese Aufgabenstellung wurde dann auch für einen erweiterten Bereich im Fachgebiet Stadtplanung bearbeitet. Mit dem Strukturplanungsentwurf „Westliche Innenstadt Kaiserslautern" im Sommersemester 1983, betreut von den Lehrgebieten Stadt- und Regionalplanung unter Prof. Speer, Verkehrsplanung unter Prof. Topp sowie Landschafts- und Grünordnungsplanung, entstanden insgesamt 11 Arbeiten von 28 Studierenden als „Alternativen + Varianten zur Südtangente" unter Beibehaltung bzw. Modifizierung des „Bahnhofstunnels" bei fast allen Arbeiten. Nur eine Arbeit („Variante 5", Schmidt/Meinert/Baum) hatte aus städtebaulichen und finanziellen Gründen auf den Tunnel verzichtet und bereits damals die heute realisierte „Splitting"-Lösung unter Berücksichtigung der vorangeschrittenen Stadtentwicklung südlich der Bahnlinie (Wohngebiete Lämmchesberg, Betzenberg, Schulzentrum Süd, Universitätsansiedlung mit Universitätswohnstadt etc.) vorgeschlagen. So konnte auch eine zweite Anbindung des Hauptbahnhofs von Süden her erfolgen, nachdem die entsprechenden Flächen von der Deutschen Bahn freigegeben wurden.

In seinem Vorwort zur Publikation dieser Arbeiten formulierte Prof. Albert Speer: „Der bevorstehende Abschluß der Südtangentenplanung – ein planerisches und politisches ‚quo vadis' – wird die Entwicklung des Stadtgefüges Kaiserslauterns für die Zukunft so entscheidend prägen und fortschreiben, daß wir uns als Bürger, Bewohner oder auch nur als intensive Benutzer aufgerufen fühlen, unsere Fachkenntnis den Gremien der Stadt zur Verfügung zu stellen. […] Dem interdisziplinären Aspekt als Gegensatz zu einer ‚reinen' Verkehrsplanung sowie der Dynamik der anstehenden Veränderungen in wirtschaftlichen, technischen, gesellschaftlichen und stadtstrukturellen Bereichen wird in den Ergebnissen der vorliegenden studentischen Entwürfe voll Rechnung getragen. Wir hoffen, mit diesen Arbeiten einen Beitrag zur Erleichterung der Entscheidungen leisten zu können."

Nach der Präsentation an der Universität wurden diese Strukturplanungsentwürfe im Dezember 1983 von den Verfassern und ihren Professoren dem Bauausschuss des Stadtrates Kaiserslautern als Entscheidungshilfen ausführlich vorgestellt. Anschließend erfolgte noch eine Ausstellung der Arbeiten im Rathaus für die interessierten Bürgerinnen und Bürger. Eine gemeinsame Erkenntnis war, dass keine der Arbeiten eine Trassenführung durch die Blücherstraße vorsah. Was später dazu führte, dass dieser Bereich dem geplanten Abriss entkam und stattdessen als Denkmalzone vom Stadtplanungsamt geschützt werden konnte. Darauf folgten weitere zehn Jahre intensiver Diskussion der städtebaulichen, verkehrsplanerischen, denkmalpflegerischen, finanziellen sowie bürgerschaftlichen Aspekte mit heftigen Auseinandersetzungen innerhalb der Kommunalpolitik und der Bürgerschaft von Kaiserslautern, insbesondere über den Bau des seit 1979 geplanten „Bahnhofstunnels".

In einem Workshop der Universität – wesentlich vorbereitet und mitgetragen von den damaligen Mitarbeitern der Fachgebiete Stadtplanung und Verkehrsplanung – und des Planungsbeirats der Stadt im Jahr 1992 unter dem Titel „Vom Bahnhof zum Rathaus" wurde eine gemeinsame Perspektive für die Kernstadt entwickelt. Wesentliche Gemeinsamkeiten der Arbeiten waren:

→ Die Neuordnung des Bereichs um das Rathaus soll vor allem das Ziel verfolgen, das Rathaus mit der Innenstadt zu verbinden, mit einer Reduzierung des Autoverkehrs an der Fruchthalle.
→ Die Entwicklung des Gebietes nördlich und südlich des Hauptbahnhofs soll die erheblichen Flächenpotenziale vor allem auf der Südseite auch in Verbindung mit der ICE/TGV-Anbindung als Chance nutzen.
→ Die Eisenbahnstraße als Hauptgeschäftsstraße und wichtige Verbindungsachse zwischen Rathaus und Hauptbahnhof muss attraktiver werden, zum Beispiel durch eine beidseitige Baumallee wie bereits in den Dreißigerjahren.

Prof. Albert Speer und Prof. Hartmut Topp formulierten als Forderungen: „1. Verzicht auf nicht mehr zeitgemäße Projekte. Hier ist vor allem der Bahnhofstunnel zu nennen. Vor dem Hintergrund des knappen städtischen Haushalts ist es nicht vertretbar, viele Millionen für ein Projekt zur Verbesserung des Autoverkehrs auszugeben, mit dem wichtige städtische Bereiche, wie der Platz vor dem Polizeipräsidium, endgültig dem Autoverkehr geopfert werden. Der Tunnel, Ergebnis eines städtebaulichen Wettbewerbs vor 14 Jahren, wurde in der Zwischenzeit derart verändert, daß von den ursprünglichen Ideen nichts mehr zu erkennen ist. Alternativen zum Bahnhofstunnel wurden im Workshop aufgezeigt. Durch die Führung hinter dem Bahnhof wird die Logenstraße entlastet, der Bahnhof läßt sich mit der Innenstadt über die Eisenbahnstraße verbinden. Zusätzlich wird der Bereich hinter dem Bahnhof erschlossen, so daß dort bauliche Entwicklungen möglich werden.

2. Reduzierung des Autoverkehrs in der Eisenbahnstraße. Diese Straße ist die wichtigste Verbindung zwischen Rathaus und Hauptbahnhof und verkauft sich derzeit unter Wert. Nur durch Verringern des Autoverkehrs kann die Situation in dieser Geschäftsstraße verbessert werden. Eine probeweise Teilsperrung sollte umgehend an verkaufsoffenen Samstagen durchgeführt werden. Langfristig ist der Bereich zwischen Alleestraße und Rathaus als Fußgängerzone auszuweisen. Die Busverbindungen in der Eisenbahnstraße sind zu verbessern."

Sie erklärten weiter, dass dieser Workshop die Verantwortlichen in Kaiserslautern dazu anregen soll, die Stadt- und Verkehrsentwicklung grundsätzlich zu überdenken. Neben den kurzfristig zu realisierenden Maßnahmen sollten vor dem Hintergrund geänderter Rahmenbedingungen langfristige Zielvorstellungen für die Stadtentwicklung diskutiert werden. Dafür sei eine neue Planungskultur mit mehr offenen Gutachterverfahren und Wettbewerben erforderlich. Mit den Bürgern, den örtlichen Experten und Organisationen müsste hierzu ein intensiver Dialog geführt werden. Die Fachgebiete Stadtplanung und Verkehrsplanung der Universität wären zu diesem Dialog bereit (*Die Rheinpfalz*, 23.12.1992). Prof. Speer distanzierte sich so zusammen mit Prof. Topp von der jetzigen Umsetzung des „Tunnel"-Projektes. Beide urteilten damals in einem „Verkehrsforum" der SPD zum Tunnel am Hauptbahnhof: „Das ist nicht mehr unsere Lösung." (*Die Rheinpfalz*, 19.02.1993).

1994 wurde diese absolut in die Jahre gekommene und überholte Planung nach heftiger parteipolitischer Diskussion durch Mehrheitsbeschluss des Stadtrates nach über 15-jähriger Planungsdauer endgültig verworfen. Auf der Grundlage dieser neuen Planungsperspektiven mit der verkehrlichen Aufteilung nördlich und südlich der Bahnflächen als sogenannte „Splitting"-Lösung sowie einer erheblichen Reduktion der Eingriffe in die Stadtstruktur wurde im Jahr 1998 der offene einstufige städtebauliche Ideen- und Realisierungswettbewerb in zwei Bearbeitungsphasen „Hauptbahnhof Kaiserslautern – Neugestaltung Bahnhofsplatz" ausgelobt. Prof. Albert Speer übernahm erneut den Vorsitz des Preisgerichts neben Prof. Hartmut Topp, Prof. Tobias Wulf, dem Leiter des Stadtplanungsamtes Thomas Metz sowie Vertretern der Deutschen Bahn. Der 1. Preis ging einstimmig an das Stuttgarter Büro Drei Architekten + Partner, Haag, Haffner, Stroheker und Grossmann. Deren Entwurf wurde mit dem Busbahnhof, der Platzgestaltung, der Verkehrsberuhigung, den Überdachungen sowie der neuen Erschließung von Süden realisiert.

Prof. Albert Speer war von städtischer Seite auch bei der Planung der Nachverwertung des Geländes der Traditionsfirma Pfaff als Berater engagiert worden. Die 1862 gegründete Firma Pfaff Nähmaschinen war über 100 Jahre ein stadtprägendes und dominierendes Unternehmen, das allein in Kaiserslautern zeitweise bis zu 6000 Mitarbeiter beschäftigte. Nach strukturellen Veränderungen auf dem Weltmarkt, Absatz- und Umsatzrückgang sowie Eigentümerwechseln entstand dort 1991 die Vorstellung, den alten Standort am Rande der Innenstadt aufzugeben und ein neues Werk auf der grünen Wiese zu errichten. So sollten effektivere und effizientere Produktionsbedingungen geschaffen werden. Diese Verlagerung sollte im Wesentlichen, nach stadtplanerischer Aufwertung zu einem Kern-/Sondergebiet mit einer Geschoßflächenzahl (GFZ) von 2,7, aus dem Erlös des alten Geländes mit einer Fläche von ca. 26 Hektar und einem Wert von rund 170 Millionen D-Mark finanziert werden. Dabei war an eine

Hochhausbebauung und an großflächigen Einzelhandel gedacht worden. Die Altlastenprobleme sollten mit einer großflächigen Betonplatte versiegelt werden. Eine „City West" sollte neu entstehen.

Zu diesem Projekt wurde durch eine Arbeitsgruppe unter Beteiligung der Firma Pfaff, deren Architekt und Planer, des Stadtplanungsamtes und von Prof. Speer als Berater ein Strukturentwicklungskonzept erarbeitet und vom Stadtrat beschlossen. Prof. Speer bezeichnete dies im Stadtrat als „flexibles und sehr tragfähiges Konzept und eine große Chance" (*Die Rheinpfalz*, 02.04.1992). In einer gemeinsam vom Fachgebiet Stadtplanung der Universität und dem Stadtplanungsamt arrangierten Ausstellung im Rathaus wurden die parallel erarbeiteten Konzeptergebnisse des Entwurfs „Nachnutzung Pfaff-Gelände" als Impuls zur weiteren Diskussion gezeigt. Ende 1992 hat dann jedoch die G.M. Pfaff AG die Umzugspläne aus wirtschaftlichen Gründen auf Eis gelegt. Nach weiteren Eigentümerwechseln sowie Insolvenzen ging das Gelände 2014 für einen Euro zu 85 Prozent an die städtische Pfaff-Areal-Entwicklungsgesellschaft (PEG) und zu 15 Prozent an die private Pfaff-Campus-Projektgesellschaft (PCP). Die großen Chancen, aber auch die Probleme einer Umstrukturierung des nahe der TU und der Innenstadt gelegenen Pfaff-Geländes sind auch im Jahr 2022 Gegenstand heftiger politischer Diskussionen, die teils von partikularen Interessen dominiert werden.

Die wiederholte Auseinandersetzung des Lehrgebietes Stadtplanung mit den aktuellen stadtstrukturellen, stadt- und verkehrsplanerischen sowie stadtökologischen Problemen und den Chancen der Stadtentwicklung der Universitätsstadt Kaiserslautern bei dynamischen Veränderungen im wirtschaftlichen, technischen und gesellschaftlichen Bereich unter steter Verwendung eines interdisziplinären Ansatzes haben wichtige Impulse gegeben. Durch die praxisorientierte Lehre und das persönliche Engagement von Prof. Speer gelang es so, wenig stadtverträgliche kommunalpolitische Planungsvorstellungen in Kaiserslautern zu relativieren und auch zu stoppen, aber auch, neue Perspektiven aufzuzeigen. Es weist nach, dass sich Engagement lohnt, auch wenn es nicht immer die gewünschten Konsequenzen erzielen konnte. Mit Sicherheit hat es jedoch eine prägende Wirkung auf die Studierenden und Mitarbeitenden und ihre Entwicklung sowie künftigen Aktivitäten gehabt. Die vielfältigen Impulse, Ideen und Anregungen, die über 25 Jahre hinweg an die Stadt, die Bürgerschaft und die Öffentlichkeit herangetragen wurden, belegen im besten Sinne den Ausspruch von Perikles als Athener Staatsmann aus dem 5. Jahrhundert v. Chr.: „Wer an den Dingen der Stadt keinen Anteil nimmt, ist kein stiller, sondern ein schlechter Bürger".

Neue Städtebaukultur: Städtebau an der Schnittstelle von Stadtplanung und Architektur

Detlef Kurth

Städtebau ist eine Disziplin, die hervorragend dazu geeignet wäre, zwischen Architektur und Stadtplanung zu vermitteln und Brücken zu bauen zwischen Kreativität und Regulierung, Flexibilität und Rechtsnorm, Praxis und Wissenschaft, Individualität und Gemeinwohl. Dazu fehlen aber wichtige Voraussetzungen: Es mangelt an Personal an den Hochschulen und in den Verwaltungen sowie an der Verfahrensqualität. Anstatt sich in Diskussionen gegenseitig zu befehden, braucht es einen Schulterschluss zwischen Architektur und Stadtplanung im Sinne einer neuen „Städtebaukultur".

Stadtplanung ist schon lange eine eigenständige Disziplin – ihre Geschichte macht aber deutlich, wie sehr sie mit Architektur verwoben ist. Im Rahmen der Kritik am unbegrenzten Städtewachstum begann die Stadtplanung im 19. Jahrhundert, sich aus der Architektur herauszulösen. Vor etwa 100 Jahren wurde der erste eigenständige Studiengang Civic Design an der Universität Liverpool gegründet, parallel entstanden an verschiedenen Architekturfakultäten Vertiefungsstudiengänge in Städtebau und Stadtplanung. Vor etwa 50 Jahren wurden eigenständige Planungsstudiengänge gegründet, unter anderem in Dortmund, Kaiserslautern, Weimar, Kassel, Berlin und Hamburg, mit Unterstützung profilierter Architekten wie Gerd Albers.

Albert Speer gründete 1972 mit weiteren Kollegen den zweitältesten Studiengang Raum- und Umweltplanung an der TU Kaiserslautern, nachdem bereits 1969 die Raumplanung in Dortmund gegründet worden war. Dieser Studiengang wurde vom ersten Semester an bewusst grundständig konzipiert, aber in der Grundlagenlehre stets mit engen Verknüpfungen zur Architektur und auch mit starken Umweltbezügen – was zeigt, wie progressiv die damalige Neugründung war. Albert Speer hat diese Entscheidung nach eigenen Aussagen nie bereut, viele der Absolventen prägten

Abb · 1
Broschüre zum Studium der Raumplanung an der TU Kaiserslautern 1976 (Quelle: TU Kaiserslautern)

sein Büro in Frankfurt. Er bedauerte aber die spätere strikte Trennung von Architektur und Raumplanung, bei der der Städtebau deutlich geschwächt wurde. Die Planungsstudiengänge differenzierten sich in den Folgejahren im Sinne eines integrierten Ansatzes aus, der auch sozioökonomische Themen und prozessuale Strategien berücksichtigte. Abb · 1

Auch die Vereinigung für Stadt-, Regional- und Landesplanung (SRL) wurde damals als Berufsverband der Planenden gegründet – aufgrund der steigenden Komplexität der Stadtentwicklungsaufgaben und der Einführung des Planungsrechts, das die Grundlage der räumlichen Entwicklung bildete (Albers 1996). Obwohl es also bereits seit langem eine etablierte Planungswissenschaft gibt, werden ihre Absolventen vonseiten der Architektur teilweise immer noch als „Abtrünnige" betrachtet. Ähnlich ergeht es den Absolventen der Innenarchitektur oder der Landschaftsplanung, der anderen „kleinen" Eintragungslisten der Architektenkammern. Es ist an der Zeit, sich auf Augenhöhe zu begegnen, um die drängenden Aufgaben im Planungs- und Baubereich gemeinsam anzugehen. Es ist an der Zeit, die Antagonismen zu überwinden und auch die damit verbundenen Generationskonflikte und Narrative.

Städtebaukultur entwickeln

Es ist gut, dass „Baukultur" in den letzten Jahren an Bedeutung gewonnen hat, nicht zuletzt dank diverser Bundes- und Landesinitiativen. Wichtig wäre es zusätzlich, den Städtebau in seiner Brückenfunktion zwischen Architektur und Stadtplanung zu stärken, im Sinne einer „Städtebaukultur". Denn hier entscheidet sich die räumliche und gestalterische Organisation der Stadt, hier treffen Ordnungsprinzipien etwa aus dem Verkehr und der Bautypologie auf das räumliche Entwerfen und Gestalten, hier trifft wissenschaftliche Analyse auf künstlerische Kreativität. Durch guten Städtebau wird architektonische Kreativität genauso wenig eingeschränkt wie die eines Landschaftsplaners (Schenk 2021).

Über viele Jahrzehnte war der Städtebau allerdings einer der Verlierer beim Auseinanderdividieren von Architektur und Stadtplanung. Aus Sicht der Architektur war er zu großmaßstäblich und aus Sicht der Stadtplanung zu gebäudenah und entwurfsbezogen. Im Rahmen von Studienreformen wurden die Lehrkapazitäten für den Städtebau oft systematisch reduziert und zwar sowohl bei Architektur- als auch bei Planungsstudiengängen. Dort, wo einst mehrere Professuren für Städtebau existierten, ist häufig nur noch ein Fachgebiet übrig, das dann auch noch als eine „Fachdisziplin" von vielen betrachtet wird. Inzwischen wurden zwar einige neue Master für Städtebau oder Urban Design eingerichtet, diese sind jedoch eher als Zusatzangebote zu verstehen. Aber auch in den kommunalen Ämtern und in den Büros sind Kompetenzen und Ressourcen im Städtebau verloren gegangen. Dies wird besonders angesichts der Wohnungsnot deutlich, bei der wieder große Entwicklungsvorhaben und bodenpolitische Initiativen erforderlich sind – um sie zu bewältigen, fehlt in vielen Städten schlichtweg das Personal. Bei großen städtebaulichen Wettbewerben beteiligen sich wenige Büros, und viele Beiträge scheiden bereits in der ersten Runde aus, weil ihre Autoren nicht die Grundprinzipien des Städtebaus beherrschen.

Eine Stärkung des Städtebaus in seiner Brückenfunktion muss also bereits an den Hochschulen beginnen, sie ist aber auch im Städtebaureferendariat und bei der Weiterbildung erforderlich. Dazu gehört eine veränderte Städtebaukultur, in der entsprechende Wettbewerbe praktiziert und städtebauliche Leistungen angemessen honoriert werden. Der Städtebau ist eine eigenständige Aufgabe im Planungsprozess und setzt entscheidende Rahmenbedingungen, die in den Bebauungsplan und schließlich in die Baupraxis übersetzt werden. Von daher führen Einsparungen beim Städtebau unweigerlich zu weniger qualitätvollen Projekten.

Letztlich wäre es sinnvoll, eine Planvorlageberechtigung auch für stadtplanerische Leistungen einzuführen – bislang berechtigt die Eintragung in die Liste der Stadtplaner nur zur Teilnahme an Wettbewerben.

Leitbildkontinuität im Städtebau

Seit den 1980er Jahren gibt es in Deutschland eine überraschend langanhaltende Kontinuität eines städtebaulichen Leitbilds: das der kompakten, dichten sowie funktional und sozial vielfältigen Stadt. Dieses Leitbild wurde durch die Ziele der Nachhaltigkeit bestärkt und 2007 in der Leipzig-Charta manifestiert. Es ist im Planungsrecht (§ 1 BauGB) sowie in der Nationalen Stadtentwicklungspolitik formell und informell verankert. Die Leipzig-Charta setzt sich bewusst ab von den Zielen der Charta von Athen mit Funktionstrennung und aufgelockerter Stadt wie auch von der Nachkriegsmoderne mit ihrem Leitbild der autogerechten Stadt.

Auch neue Herausforderungen wie Klimawandel und urbane Resilienz lassen sich mit dem bestehenden Leitbild weitgehend bewältigen. Die Leipzig-Charta 2020 erweitert das Leitbild unter anderem um Aspekte der Gemeinwohlorientierung, der Digitalisierung und der grünen Stadt, sie plädiert vor allem für eine integrierte, ressortübergreifende Stadtentwicklungspolitik. Damit stärkt sie die Themen, die in grundständigen Planungsstudiengängen mit einem interdisziplinären und prozessualen Planungsansatz vermittelt werden. Das 2021 verabschiedete *Memorandum „Urbane Resilienz"* setzt sich mit den Folgen der Pandemie und des Klimawandels für die Stadtentwicklung auseinander. Es wird gefolgert, dass das Leitbild aus der Leipzig-Charta in seiner Grundstruktur bestehen bleiben kann, aber zu erweitern ist um Aspekte der Risikovorsorge, der grünen Infrastruktur und der Anpassungsfähigkeit (BMI 2021). Der brutale Krieg Russlands gegen die Ukraine und gegen die freie Welt im Frühjahr 2022 zeigt auf, wie zentral die Resilienzaspekte für die Stadtentwicklung sind, um ein demokratisches und pluralistisches Gemeinwesen zu verteidigen, hinsichtlich kritischer Infrastruktur, Versorgungssicherheit, regionaler Kreisläufe, Energieversorgung und auch Verteidigungsbereitschaft.

Umsetzungsdefizite

Trotz dieser Leitbildkontinuität gelingt es aber selten, die Ziele umzusetzen – oft werden neue Quartiere kompakt in Blöcken angeordnet, aber mit zu geringer Dichte und wenig Nutzungsmischung, von neuen Gewerbe- und Einfamilienhausgebieten ganz zu schweigen. Es gibt nur wenige Neubauquartiere der letzten Jahrzehnte, bei denen alle Ziele der Leipzig-Charta umgesetzt wurden. Dazu zählt vor allem die vielfach prämierte Tübinger Südstadt, realisiert mit starker kommunaler Bodenpolitik und rigidem Planungsrecht bereits in den 1990er Jahren – sie zeigt zugleich eindrucksvoll, was bei einer gezielten Bündelung planerischer Instrumente möglich ist. Warum aber fällt es so schwer, entsprechende Planungsziele umzusetzen? Mangelndes Personal und städtebauliche Kompetenzen sind ein Teil des Problems. Häufig werden zu wenig Ressourcen und Mittel in die Vorplanungen und Wettbewerbe gesteckt, obwohl hier bereits der Rahmen für jahrzehntelange Stadtstrukturen geschaffen wird.

Weiterhin gibt es in Deutschland – entsprechend unserem pluralistischen Staatsverständnis – ein ausführliches Abwägungsverfahren. Wenn es bei der Abwägung keinen Mut zu politischen Entscheidungen gibt, ist das Ergebnis meist der kleinste gemeinsame Nenner. Auch führen die Belange aus Klima- und Umweltschutz mitunter dazu, dass Baustrukturen entdichtet werden – obwohl dies fachlich nicht immer erforderlich ist. Außerdem haben die Proteste gegen jegliche bauliche Verdichtung zugenommen, Partikularinteressen können sich immer stärker durchsetzen. Ein wichtiger und wenig diskutierter Bereich sind aber Bodenpolitik und Bauträgergeschäft. Viele Bauträger wollen keine Nutzungsmischung realisieren oder setzen einfache bauliche Typologien durch. Viele Nachverdichtungsvorhaben scheitern an der Mitwirkungsbereitschaft der Eigentümer. Nur wenn eine Kommune stark auftritt und ihre Planungskompetenz durchsetzt oder selbst als Projektentwickler auftritt, kann sie wie in Tübingen ihre Ziele durchsetzen. Abb. 2

Konstruktive Leitbilddebatte

Das Institut für Stadtbaukunst hat 2014 mit der *Kölner Erklärung* und 2019 mit der *Düsseldorfer Erklärung* die Städtebaudebatte zugespitzt und bewusst polarisiert – und schaffte es damit sogar in die Feuilletons (Altrock/Huning 2017; DIS 2019; Sonne 2014). Nicht zu Unrecht kritisierten die Verfasser die oft mangelnde Umsetzung der Ziele der Leipzig-Charta, einzig dafür verantwortlich gemacht wurde aber das Planungsrecht. Dies führt jedoch in die Irre: Nicht das Planungsrecht oder die Baunutzungsverordnung verhindern eine kompakte und gemischte Bebauung – vielmehr ist dies ja dort als Ziel verankert, und im Baugebietstyp „Urbanes Gebiet" sind nahezu alle Festsetzungen möglich. Die kritisierte Aufteilung der Planungsprozesse in zweidimensionale Funktionspläne, isolierte Fachplanungen und eine selbstreferenzielle Architektur mag zutreffend sein, die Schlussfolgerung, die grundständigen Planungsstudiengänge dafür verantwortlich zu machen, ist abzuweisen. Vielmehr wäre gerade eine gemeinsame neue Städtebaukultur in Architektur und Stadtplanung anzustreben, um in Ausbildung und Praxis Brücken zu bauen.

Dies ist aber nicht das einzige Problem der beiden Erklärungen: Hier wird implizit ein neues Leitbild der „schönheitsgerechten Stadt" mit

Abb. 2 Nutzungsgemischtes Neubauquartier Französisches Viertel in Tübingen (Foto: Manfred Grohe)

Abb. 3 Unkritische Rekonstruktion der Frankfurter Altstadt (Foto: Detlef Kurth)

deutlichen Bezügen zum Historismus und zu Gründerzeitstrukturen kreiert. Neubaugebiete mit dichten Blockstrukturen und historisierenden Fassaden können nicht als die alleinige Lösung für den Städtebau betrachtet werden und auch nicht der scheinbare Wiederaufbau von Altstädten wie in Frankfurt am Main. Problematisch ist dabei vor allem die damit verbundene Abwertung von Bauten der Nachkriegsmoderne, die pauschal verdächtigt werden, hässlich zu sein. Das erschwert deren Erhalt, zumal sie zunehmend unter dem Druck von Investoren stehen, die sich durch Abriss und dichteren Neubau höhere Renditen versprechen (Reicher 2014). Städtebau ist aber in einer pluralistischen Gesellschaft immer wieder neu zu verhandeln und umzusetzen. Als Ergebnis eines solchen Prozesses können sehr unterschiedliche Typologien entstehen. Fatal wäre aber eine Ideologisierung der Städtebaudebatte, egal von welcher Seite. Bei aller Kritik an der Schönheitsdebatte – deren Protagonisten in die „rechte Ecke" zu stellen, ist ebenso irreführend und trägt weiter zur Polarisierung bei. Abb·3

Herausforderungen gemeinsam bewältigen

Die Herausforderungen für die Stadtentwicklung sind groß – zu groß, als dass wir es uns leisten könnten, sie nicht gemeinsam anzugehen. Themen wie Resilienz, Klimawandel, Digitalisierung, soziale Ungleichheit und Mobilitätswende fordern unsere städtebaulichen Routinen heraus. Klimawandel und Risikovorsorge könnten künftig einen stärkeren Stadtumbau erfordern als bislang angenommen. Für die Bewältigung der künftigen Herausforderungen braucht es eine Kombination aus integrierter Stadtentwicklungsplanung, planungsrechtlicher Absicherung, kreativer Entwurfskompetenz und gestaltender Raumbildung.

Dies erfordert eine Offenheit für neue Ansätze im Städtebau, auf Basis des bestehenden Repertoires. Unsere städtebaulichen Leitbilder sind immer wieder weiterzuentwickeln, auch wenn es eine hohe Leitbildkontinuität gibt. Der Städtebau sollte jeweils ortsbezogen entwickelt werden über Wettbewerbe, Bürgerbeteiligungen und demokratische Aushandlungsprozesse – unter Berücksichtigung des historischen Kontexts und mit zeitgenössischen Mitteln. Im Sinne einer entsprechenden Baukultur sollte der Städtebau wieder eine Renaissance erfahren und seine Brückenfunktion wahrnehmen. Dazu müssen die Verbände und Kammern für Architektur und Planung sowie die Hochschulen auch nach außen stark und mit verständlichen Botschaften auftreten, auch in strategischen Allianzen wie zum Beispiel dem „Bündnis Bodenwende". Auch die Zuständigkeiten in den Ministerien des Bundes und der Länder müssen deutlich machen, wie wichtig die Baukultur politisch genommen wird und ob das Potenzial für präventive, nachhaltige Planung sowie zur Reduktion der grauen Energie genutzt wird. Die Qualität des Planens und Bauens in Deutschland ist kein Luxusproblem, sondern eine essenzielle Herausforderung, um die Städte künftig lebenswert, nachhaltig, klimaneutral und resilient zu gestalten.

Literatur

Albers, Gerd: *Stadtplanung. Eine praxisorientierte Einführung*. Darmstadt 1992, 2. Auflage

Altrock, Uwe/Huning, Sandra (Hg.): *Die schöne Stadt. Begriffe und Debatten, Theorie und Praxis in Städtebau und Architektur*. Berlin 2017

BMI – Bundesministerium des Inneren, für Bau und Heimat (Hg.) (2021): *Memorandum „Urbane Resilienz" – Wege zur robusten, adaptiven und zukunftsfähigen Stadt*. https://www.bmi.bund.de/SharedDocs/downloads/DE/publikationen/themen/bauen/wohnen/urbane-resilienz.html, 15.3.2022

DIS – Deutsches Institut für Stadtbaukunst (Hg.) (2019): *Düsseldorfer Erklärung zum Städtebaurecht*. https://www.stadtbaukunst.de/homepage-2-2/konferenz-no-10-4/, 15.3.2022

Reicher, Christa: „Ästhetik und Schönheit. Die neuen alten Zauberformeln des Städtebaus?". In: *RaumPlanung*. Nummer 175/5, 2014, S. 22–27

Schenk, Leonard: „Kriterien für einen guten Städtebau". In: *PlanerIn*. Heft 4, 2021, S. 5–7

Sonne, Wolfgang: „Stadtbaukunst und Urbanität". In: *PlanerIn*. Heft 4, 2014, S. 1–17

5. Folgerungen für die Stadtentwicklungspolitik

Moderne Stadtentwicklungspolitik: Transformation als Daueraufgabe

Oliver Weigel

Wenn es den Städten derzeit an etwas nicht mangelt, dann an großen Herausforderungen. Klimaschutz und -anpassung, demografischer Wandel und die Frage der Generationengerechtigkeit, ethnische Integration und sozialer Zusammenhalt, Digitalisierung und ökonomische Transformation, die Covid-19-Pandemie – die Liste der Zukunftsaufgaben, vor denen unsere Gesellschaften steht, ist lang und nicht abschließend. Zusätzlich werden die Zyklen, in denen neue Herausforderungen auftreten und bestehende sich wandeln, immer kürzer.

Traditionell sind unsere Städte die räumliche Ebene, auf der die Herausforderungen aktiv angegangen, die Chancen des Wandels genutzt und der Wert demokratischer Teilhabe bei der Gestaltung unseres Zusammenlebens deutlich werden. Hier wird die physische und soziale Transformation konkret gestaltet. Daher ist moderne Stadtentwicklungspolitik auch und vor allem Gesellschaftspolitik. Die Kommunen können diese Gestaltungsaufgabe nur bewältigen, wenn sie in die Lage versetzt werden, alle relevanten Fachpolitiken und Beteiligten einzubinden und deren Ziele und Interessen – gemeinwohlorientiert – in Ausgleich zu bringen. Dafür müssen auch die Programme, die den Kommunen zur Lösung dieser Aufgaben zur Verfügung gestellt werden, räumlich, sektoral und zeitlich integriert ausgerichtet sein.

Die *Leipzig-Charta zur nachhaltigen europäischen Stadt* von 2007

Aus diesem Grund nutzte Deutschland gemeinsam mit seinen europäischen Partnern die Chance, die sich aus seiner Ratspräsidentschaft 2007 ergab, um ein gesamteuropäisches Dokument der Stadtentwicklung zu erarbeiten. Mit der Verabschiedung der *Leipzig-Charta zur nachhaltigen*

Abb · 1
Minister*innentreffen 2007 in Leipzig (Quelle: BMVBS)

europäischen Stadt am 24. Mai 2007 wurde ein starkes Signal für eine strategische, integrierte und partizipative Stadtentwicklungspolitik ausgesandt. Vor allem legte die Charta die Staaten, die sie verabschiedeten, darauf fest, integrierte Stadtentwicklungspolitik in einem Mehrebenenansatz umzusetzen. Ziel waren neben der Übernahme von Verantwortung aller föderalen Ebenen für die Stadt- und Gesellschaftspolitik auch neue Partnerschaften aller Stakeholder für ihre Stadt. Abb·1

Wenn man also den Erfolg der „alten" Leipzig-Charta messen will, muss man den Blick darauf richten, ob und in welcher Form nationale Stadtentwicklungspolitiken in den Mitgliedstaaten eingeführt wurden und wie es gelungen ist, dass Stadtentwicklung als Gemeinschaftsaufgabe verstanden wird.

Die Initiative „Nationale Stadtentwicklungspolitik" in Deutschland

Deutschland hat 2007 mit der Einführung der Nationalen Stadtentwicklungspolitik als Gemeinschaftsinitiative des Bundes, der Länder und der Kommunen die Prinzipien der Leipzig-Charta in einem völlig neuen politischen und fachlichen Ansatz konsequent umgesetzt. Auch andere Staaten mit traditionell starken Stadtentwicklungspolitiken – wie zum Beispiel Frankreich oder die Niederlande – haben ihre Ansätze als Folge dieser Selbstverpflichtung weiterentwickelt. Der Prozess, den die „alte" Leipzig-Charta ausgelöst hat, dauert bis heute an. So hat Polen 2015 seine nationale Stadtentwicklungspolitik eingeführt, Rumänien arbeitet zurzeit an einem Konzept, das die Prinzipien der Leipzig-Charta in ein nationales Mehrebenensystem umsetzen soll (vgl. dazu BMVBS 2012 und BBSR 2017).

Seit 2007 haben sich die Rahmenbedingungen der Stadtentwicklung massiv gewandelt. Die Erkenntnis, dass endliche Ressourcen, das Klima und die Umwelt insgesamt geschont werden müssen, um eine

Entwicklung innerhalb der planetaren Grenzen zu sichern, ist heute handlungsleitend bei vielen politischen Diskussionen und Abkommen. Andere Aufgaben, wie der Umgang mit dem demografischen Wandel, der Digitalisierung sowie der ethnischen und sozialen Integration, haben an Bedeutung gewonnen. Die Diskussion darüber, wie mit diesen Aufgaben umzugehen ist, hat sich dabei zunehmend auf die globale Ebene ausgeweitet. Dies zeigen die Beschlüsse zu den „Sustainable Development Goals" (SDGs) der Agenda 2030 der Vereinten Nationen, das Pariser Klimaschutzabkommen oder die „New Urban Agenda" der Vereinten Nationen. Diese Entwicklungen und Vereinbarungen beeinflussen natürlich auch die Stadtentwicklungspolitik in Europa.

Im Dialog zur Neuen Leipzig-Charta

Daher wurde 2017 die Entscheidung getroffen, die Leipzig-Charta zu überarbeiten, mit den nationalen und europäischen Partnern abzustimmen und auf einem informellen Minister*innentreffen während der deutschen EU-Ratspräsidentschaft in Leipzig 2020 zu verabschieden. Dem Anspruch der Leipzig-Charta entsprechend wurde für die Entwicklung des neuen Dokuments ein mehrstufiger, partizipativer Ansatz gewählt, dessen zentrales Element ein nationaler und europäischer Dialogprozess war. Bei fünf nationalen Sitzungen in Berlin und sechs europäischen Treffen in Brüssel mit je 50 bis 70 Teilnehmenden wurden ab Juni 2018 Themen, Inhalte und Strategien herausgearbeitet und diskutiert. An den Sitzungen wirkten Stadtentwicklungsexpert*innen von Bund, Ländern und Kommunen, aus der Wissenschaft sowie Vertreter*innen von Verbänden, NGOs und Vereinen mit. An den europäischen Sitzungen nahmen zusätzlich auch Vertreter*innen der Mitgliedstaaten, der Kommission und des Parlaments teil. Die Arbeitsfortschritte wurden im Rahmen der Gremien der Nationalen Stadtentwicklungspolitik sowie der mitgliedstaatlichen Zusammenarbeit in Europa laufend aktualisiert und politisch bewertet.

Die Arbeit an der Neuen Leipzig-Charta endete aber nicht an Europas Grenzen. So flossen die Ergebnisse des Projektes „Dialogues for Urban Change" (D4uC) der Nationalen Stadtentwicklungspolitik, an dem kommunale Praktiker*innen aus Verwaltung, Politik und NGOs von je drei deutschen und drei Städten aus den jeweiligen Partnerstaaten mitwirken, größtenteils direkt in die Stadtentwicklungspraktiken der beteiligten Länder ein. Die Wirksamkeit dieses noch immer recht neuen Ansatzes führte nicht zuletzt dazu, dass die (außereuropäische) internationale Kooperation auch in der aktuellen Charta einen großen Stellenwert erhalten hat. Bei den Klausuren zur Neuen Leipzig-Charta wirkten dann auch die internationalen Partner, zum Beispiel aus den USA, Südafrika oder der Ukraine, direkt mit. Insbesondere die Beiträge der internationalen Partner – die es

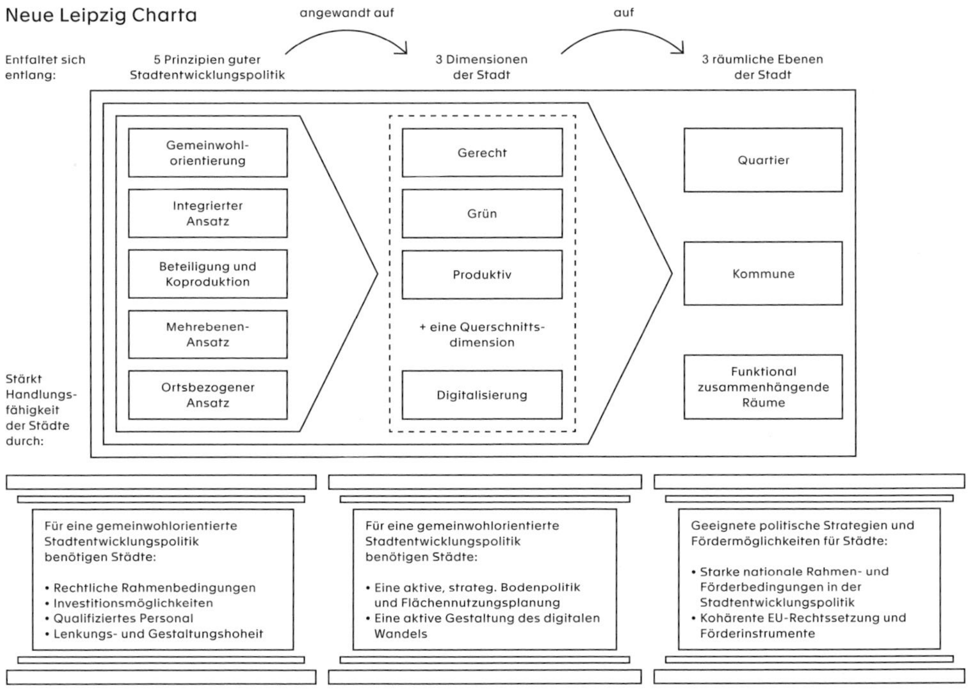

Abb · 2 Struktur der Neuen Leipzig-Charta (Quelle: BMI)

ermöglichten, altbekannte Sachverhalte aus einer neuen Perspektive zu betrachten und zu bewerten – zeigen, dass die Internationalisierung der Stadtentwicklungspolitik ein wesentlicher Baustein bei der Umsetzung der Neuen Leipzig-Charta sein muss.

Was ist neu in der Neuen Leipzig-Charta?

Im Ergebnis ist die *Neue Leipzig-Charta – die transformative Kraft der Städte für das Gemeinwohl* gewachsen – inhaltlich und auch im Umfang. Das ist nicht nur dem außergewöhnlichen Arbeitsprozess geschuldet, aus dem sie hervorgegangen ist. Es ist vor allem Ausdruck der gestiegenen Verantwortung der Städte für eine nachhaltige Gesellschafts-, Umwelt- und Wirtschaftspolitik, die sich aktuell in der COVID-19-Pandemie wieder deutlich zeigt. Zunächst nimmt die Neue Leipzig-Charta Bezug auf fünf Grundprinzipien guter Regierungsführung: Gemeinwohlorientierung, Partizipation und Ko-Kreation, Mehrebenenkooperation, den integrierten Ansatz sowie den ortsbezogenen Ansatz. Diese Grundprinzipien werden auf die drei Dimensionen der Stadt angewandt: die gerechte, die grüne und die produktive Stadt. Es sind zentrale Handlungsfelder der Nachhaltigkeit, die gemeinsam gedacht werden müssen. Die Digitalisierung ist dabei eine sektorenübergreifende Dimension. Sie ist als Querschnittsthema kein Selbstzweck, sondern hat enorme Auswirkungen auf die anderen Dimensionen.

Die räumliche Dimension ist über den Fokus der benachteiligten Quartiere hinaus deutlich weiter gefasst als bisher, denn die oben geschilderten Herausforderungen, etwa der Digitalisierung, betreffen alle Quartiere gleichermaßen. Die Neue Leipzig-Charta fokussiert jetzt auf das Quartier, die Kommune und auf die funktional verflochtenen Stadt-Umlandregionen. Sie benennt auch Voraussetzungen, die erfüllt sein müssen, um Stadtpolitik erfolgreich zu gestalten. Städte brauchen ausreichende Finanzmittel und eine starke rechtliche Stellung, um Stadtentwicklungspolitik angemessen gestalten zu können. Diese „Grundpfeiler" bilden die Basis der Neuen Leipzig-Charta. Sie müssen in nationalen Stadtentwicklungspolitiken umgesetzt werden. Um die Handlungsfähigkeit der Städte zu stärken, müssen die Staaten Stadtentwicklungspolitik zudem als gesamtstaatliche Aufgabe verstehen.[Abb. 2]

Weiteres Vorgehen

Mit der Verabschiedung der Neuen Leipzig-Charta auf dem Minister*innentreffen 2020 ist die Arbeit nicht vorbei. Vielmehr gilt es, die Anstrengungen künftig nochmals zu verstärken – national, in Europa und weltweit.

In Deutschland muss die Nationale Stadtentwicklungspolitik kontinuierlich von allen drei Partnern – Bund, Ländern und kommunalen Spitzenverbänden – weiterentwickelt und die Prinzipien einer gemeinwohlorientierten und partizipativen Stadtentwicklung gestärkt werden. Dieser ohnehin laufende Prozess muss dementsprechend intensiviert werden. Auch die Handlungsempfehlungen des 2021 verabschiedeten Memorandums *„Urbane Resilienz" – Wege zur robusten, adaptiven und zukunftsfähigen Stadt* müssen Eingang in die Praxis der Stadtentwicklungspolitik finden, um die kommunale Handlungsfähigkeit zu stärken.

In Europa wurde im Rahmen der slowenischen Ratspräsidentschaft mit dem Ljubljana Agreement 2021 die Basis für eine künftig weiter verstärkte Zusammenarbeit der Mitgliedstaaten entlang der Prinzipien der Neuen Leipzig-Charta gelegt. Deutschland als das Land, in dessen Ratspräsidentschaft die Charta verabschiedet wurde, ist hier besonders gefordert, seine Anstrengungen zu verstärken, alle Ebenen einzubinden und die Umsetzung der Neuen Leipzig-Charta auch gegenüber der Kommission zu vertreten.

Im globalen Maßstab erzeugt die „Wucht der Urbanisierung" (WBGU, 2017) „im Jahrhundert der Städte" großen Handlungsdruck. Dies betrifft nicht nur Entwicklungs- und Schwellenländer, sondern auch die Staaten des „globalen Nordens", in denen, wie in Europa, die urbane Transformation sozial, ökologisch und ökonomisch nachhaltig gestaltet werden muss.

Die Nachfrage nach deutscher Stadtentwicklungsexpertise ist international groß, und es liegt einerseits im nationalen Interesse, in diesem Politikfeld proaktiv und strategisch zu handeln, denn die deutsche Stadtentwicklungspolitik kann so einen Beitrag leisten, um globale Probleme gemeinwohlorientiert zu lösen. Andererseits wird die deutsche Stadtentwicklungspraxis durch die internationalen fachlichen Kontakte und guten Beispiele aus anderen Ländern bereichert. Dies belegen schon die „kleinen" Pilotprojekte des D4uC-Programms der Nationalen Stadtentwicklungspolitik.

Um die Ziele der Neuen Leipzig-Charta zu erreichen und seine eigene Stadtentwicklungspraxis laufend zu überprüfen und zu erneuern, sollte Deutschland daher seine fachlichen Anstrengungen in der Stadtentwicklungspolitik über das bisher bestehende Maß hinaus auch im globalen Maßstab verstärken. Es bleibt also weiterhin gemeinsam viel zu tun, national, europäisch und international, es handelt sich bei der Stadtentwicklung um *work in progress* – Transformation als Daueraufgabe.

Literatur

Bundesinstitut für Bau- Stadt- und Raumforschung (Hg.): *Zehn Jahre Leipzig Charta – die Bedeutung integrierter Stadtentwicklung in Europa*. Bonn 2017

Bundesministerium des Innern, für Bau und Heimat (Hg.) (2020): *Neue Leipzig-Charta. Die transformative Kraft der Städte für das Gemeinwohl*. https://www.nationale-stadtentwicklungspolitik.de/NSPWeb/SharedDocs/Publikationen/DE/Publikationen/die_neue_leipzig_charta.pdf?__blob=publicationFile&v=7, 3.2.2022

Bundesministerium des Inneren, für Bau und Heimat (Hg.) (2021): *Memorandum „Urbane Resilienz" – Wege zur robusten, adaptiven und zukunftsfähigen Stadt*. https://www.bmi.bund.de/SharedDocs/downloads/DE/publikationen/themen/bauen/wohnen/urbane-resilienz.html, 3.2.2022

Bundesministerium für Verkehr, Bau und Stadtentwicklung (Hg.): *5 Jahre Leipzig-Charta – Integrierte Stadtentwicklung als Erfolgsbedingung einer nachhaltigen Stadt*. Berlin 2012

Eltges, Markus/Weigel, Oliver: „Auf dem Weg zu einer neuen europäischen Charta der Stadtentwicklung". In: *Informationen zur Raumentwicklung IzR* 3/2017, S. 26–31

European Knowledge Network (Hg.): *One year Pact of Amsterdam – EUKN Report*. Den Haag 2017

Pesch, Franz/Zlonicky, Peter: „Im Gespräch – Innovation in der Stadtentwicklungspolitik als Politisches Programm". In: Bundesinstitut für Bau- Stadt- und Raumforschung (Hg.): *Stadt im Fokus. Perspektiven der Nationalen Stadtentwicklungspolitik*. Bonn 2017, S. 21–24

Slowenisches Ministerium für Umwelt und Raumplanung (Hg.): *Ljubljana Agreement. Urban Agenda for the EU – The next generation*. Ljubljana 2021

Weigel, Oliver: „Leipzig reloaded – Die Neue Leipzig-Charta – die transformative Kraft der Städte für das Gemeinwohl". In: *PlanerIn*. Heft 1, 2020, S. 8–12

Wissenschaftlicher Beirat der Bundesregierung Globale Umweltveränderungen (WBGU): *Der Umzug der Menschheit: Die transformative Kraft der Städte*. Berlin 2016

Herausforderungen für die Städte: Planer*innen im politisch-administrativen Kontext

Hilmar von Lojewski

Zu gern hätte ich mit Albert Speer zu seinem 80. Geburtstag die Frage erörtert, ob es denn zu Nutz und Frommen der Städte angesichts der anstehenden Herausforderungen mehr der Demiurg*innen oder der Moderator*innen bedürfe. Er sah sich trotz seiner Rolle als bildstarker Stadtentwickler, Stadtplaner, Städtebauer und Architekt gewiss mehr in der Rolle des überzeugenden und zusammenführenden Moderators. Aber das unterbewertet womöglich die Wirkung der verliehenen Autorität durch Argumentations- und Bildmacht gegenüber der eher kompromissorientierten, moderierenden Haltung. Und aus der aktuellen Sicht mag eine solch moderierende Haltung angesichts der anstehenden Herausforderungen für die Städte auch zu wenig orientierend und leitend wirken, als dass konkrete Transformationen herbeigeführt werden könnten. Welche Antworten können wir anstelle Albert Speers darauf geben?

Herausforderungen

Das Kompendium der omnivalenten Herausforderungen für die Kommunen – also durchaus auch im Speer'schen Sinne deutlich jenseits des deutschen Horizonts gedacht – ist schnell, im Stakkato und fraglos nicht abschließend erzählt:

→ Das Gros der Städte steht unter massivem Wachstumsdruck, der sich in Infrastrukturhunger, Wohnungs-, Bildungs-, Gesundheits-, Verwaltungs- und Büro- sowie Verkehrsbaubedarf bei gleichzeitigem Null-Emissionsziel ausdrückt;
→ eine durchaus maßgebliche Minderheit schlägt sich mit Schrumpfungsprozessen und überflüssig werdenden baulichen Strukturen in ihren sich leerenden Beständen herum;

- → Teile der Bevölkerung in wachsenden wie konsolidierten und schrumpfenden Städten werden marginalisiert und sind auf Hilfe oder verbesserte Bedingungen für Selbsthilfe angewiesen;
- → der soziale Zusammenhalt in vielen Gemeinwesen ist in Gefahr, angesichts ansteigender Gini-Koeffizienten, die die Ungleichheit der Einkommensverteilung messen und unzureichender Instrumente der Umverteilung der materiellen Entwicklungschancen für alle;
- → öffentliche Flächen für soziale, technische und Bildungsinfrastrukturen, das Wohnen, Frei- und Erholungsräume sind häufig nicht verfügbar oder können von den Städten nicht akquiriert werden;
- → Bodenwertgewinne werden überwiegend privatisiert, eine kommunale Bodenpolitik in Form der langfristig angelegten Akquisition von Flächen kann nur sehr begrenzt ins Werk gesetzt werden;
- → öffentliche Investitionen sind infolge des Drucks von Nachfragegruppen und der Intransparenz der räumlichen Allokation von Investitionen häufig ungleich verteilt;
- → der Handlungsdruck auf die Städte, öffentliche Infrastrukturen instand zu halten, zu ertüchtigen und zu erweitern, ist erheblich und der Zeitraum, dies wirksam für Klima- und Ressourcenschutz umzusetzen, wird immer begrenzter;
- → die Anforderungen an kommunale Dienstleistungen, der Transformationsdruck mit Blick auf Ressourcenschutz, Klimaschutz und Anpassung an den Klimawandel lassen sich mit den gegebenen personellen und materiellen Ressourcen nur teilweise erfüllen;
- → die Erwartungen an die Durchlässigkeit von Politik und Verwaltung für zivilgesellschaftliche Forderungen, zur Beteiligung vor und an Investitionsentscheidungen steigen zusehends;
- → politische und Verwaltungsexpertise, diese Entscheidungen zu begründen, wird zusehends weniger anerkannt;
- → die Anforderungen an die Digitalisierung für das Gewinnen, Bearbeiten und Analysieren von Daten, um über Planungen und Investitionen zu entscheiden, wächst;
- → das Digitalisieren von Verfahren, Kommunikation und Beteiligungsformaten fordert die Städte zusätzlich;
- → die Abhängigkeit von übergeordneten Planungen oder Nicht-Planungen hemmt Städte dabei, ihre Ziele zu erreichen;
- → die Voraussetzungen an Government und Governance der Städte sind häufig nicht gegeben, um schnelle, auch demokratisch legitimierte Transformationsprozesse mit einer hohen Wirkungsorientierung umzusetzen.

Politisch-administrativer Kontext von Stadt

Der politisch-administrative Kontext von Stadt und Raum ist auf Schritt und Tritt evident – der mit Speer'schen Worten seit langem hinter uns gelassene Top-down-Ansatz in der Stadt- und Raumplanung erfordert einen langen Atem. Einerseits geht es nicht um die „Überbetonung des Gestalterischen". Andererseits ist es schwer, ohne eine gestalterische Idee und starke, affirmativ wirkende Pläne und Bilder die notwendigen Allianzen zwischen Politik, Öffentlichkeit, Verwaltung, Medien und der Immobilienwirtschaft zu begründen. Und auch die mögen nicht helfen, wenn jegliches Aufwerten, Entwickeln, Verschönern von Städten als Treiber von Spekulation, Verdrängung und Dominanz der Ideen von Wachstum und Wertzuwachs verstanden wird.

Das ist vermutlich eine der zentralen, wenngleich immateriellen Herausforderungen für die Städte – Brücken zu schlagen zwischen den sozial-ökologisch konnotierten marktwirtschaftlichen Erwartungen auf der einen Seite und den von vielen neuen Bewegungen und Initiativen getragenen Erwartungen an Rupturen zugunsten von Klima- und Ressourcenschutz und die Suspendierung von Marktmechanismen auf der anderen Seite. Erstere werden von maßgeblichen Teilen der Gesellschaft getragen und streben Umbau, Aufwertung, Transformation von Städten, Quartieren, Mobilitäts-, Arbeits- und Wirtschaftsformen entlang eines definiten Zeitkorridors an. Dies stellt aber nicht infrage, dass es dafür marktwirtschaftlich wirkender Pull- und Push-Faktoren bedarf. Zweitere hegen mittels ausschließlicher Push-Faktoren Erwartungen an Rupturen bisherigen Wirtschaftens zugunsten der Informalisierung und räumlich beschränkter Wirtschaftskreisläufe, mitunter auch an das Suspendieren von Marktmechanismen oder auch das teilweise Verharren in einem physischen Status quo. Der kann sogar damit einhergehen, dass Kosten für das Nutzen von Flächen und Räumen sowie das Wohnen gedeckelt werden oder sogar von ihnen befreit werden sollen. Allerdings lässt die dahinter liegende Idee der Subsistenzwirtschaft offen, ob und wie diese Form der Transformation durch das Gemeinwesen sozial und materiell gestemmt werden will und kann.

Unterschiedliches Stadtverständnis

Ein Ausschnitt dieser, wenngleich fließenden und nicht trennscharfen Fraktionierung betrifft auch die Städte unmittelbar. Zunächst ist es erforderlich, ein grundlegendes Missverständnis auszuräumen, das die Erwartungshaltungen an die Städte bestimmt: Die Menschen, die von kommunalen Entscheidungen beispielsweise zur Boden-, Wohnungs- und Mobilitätspolitik abhängig sind, aber auch diejenigen, die gestalterische und architektonische Entwürfe einbringen, gehen stets von einem Verständnis der Stadt als „Demiurg" aus – sie habe quasi Allmacht und müsse alles zum Besten aller richten. Interessanterweise geht diese Forderung gerade von völlig unterschiedlichen Menschen aus – von denen, die in der Tat abhängig sind von Leistungen der Stadt für soziale Stabilisierung und Bereitstellung von Wohnraum. Aber auch von denen, die ihre gestalterischen Visionen, Ideen und Entwürfe nicht hinreichend gewürdigt wissen. Dabei darf nicht übersehen werden, dass „der Rest", und das ist fraglos die Mehrheit der Stadtbevölkerung und der Stadtnutzer*innen, ebenfalls Ansprüche an die Stadt hegt, die diese schlechterdings nicht mit den ihr zur Verfügung stehenden personellen und materiellen Mitteln und gewiss auch nicht mittels der eingeübten ressortbasierten Verwaltungs- und Verfahrensroutinen erfüllen kann.

Der ersten Gruppe muss zwangsläufig auch Hilfe zur Selbsthilfe bereitgestellt werden, Trittsteine für die Stabilisierung von sozialen, Arbeits- und Wohnverhältnissen. Der zweiten Gruppe muss vermittelt werden, dass Stadtentwicklung, Stadtplanung, Städtebau, Architektur und Freiraumgestaltung mindestens seit den späten 1970er Jahren eben nicht mehr top-down in quasi alleiniger schöpferischer und gestalterischer Verantwortung zu Nutz und Frommen der Allgemeinheit dekretiert werden können. „Bei Stadtplanung geht es um Strukturen und Prozesse. Städtebau ist ein bisschen wie Kindererziehung. Ich brauche klare Regeln und Rahmenbedingungen, aber muss auch loslassen und vertrauen können" (Madreiter 2022). Und wäre es nicht so, würden die Städte zwangsläufig der antidemokratischen Verordnung eines autoritativen Verständnisses von Entwicklung, Transformation und Schönheit urbaner Entwicklung geziehen. Und der dritten Gruppe, dem „Mittelbau", ist womöglich zu vermitteln, dass alle Stadtbewohnerinnen und -bewohner ein Mindestmaß an Eigenverantwortung für das Wohlergehen der Stadt und ihrer Bevölkerung haben – was in Anbetracht einer durchaus prosperierenden aktiven und aktivierenden Zivilgesellschaft Aussicht auf Teilerfolge verspricht.

Demiurg der Planung

Und dennoch darf darüber die Speer'sche Überzeugung nicht verloren gehen. Denn „Speer war überzeugt davon, dass Städte durch eine mutige Stadtplanung aktiv gestaltet werden können." (Becker et al. 2017). Das führt einerseits zurück auf starke Bilder, Entwicklungsszenarien, Visionen für die Städte. Und andererseits ist Mut Voraussetzung für demokratische Aushandlungs- und Entscheidungsprozesse für eine gute Stadt. Mut ist Voraussetzung dafür, keine Bevölkerungsgruppe bei allen Entscheidungen zur sozial-ökologischen Transformation der Städte zurückzulassen. Mut entscheidet darüber, die richtigen Investitionen in die Zukunftsfähigkeit der Städte zu tätigen und von langfristig falschen auch zurückzutreten. Und Mut ist die Determinante gerade für die Verantwortlichen der Stadtentwicklung in den Städten, diese Entscheidungen transparent wie streitbar gegenüber Politik und Öffentlichkeit zu vertreten, zu erläutern und durchzuhalten. Das erfordert in den Städten mehr, als sich auf Moderationsrollen zurückzuziehen. Es führt womöglich auch wieder auf den Kern des Begriffs des Demiurgischen zurück: Nämlich den der für die Allgemeinheit tätigen, öffentlichen Arbeiter, Handwerker und Künstler, die an einem alle Menschen der Stadt betreffenden Werk arbeiten. Das sind die Menschen, die in, mit und für Planungs- und Bauverwaltungen der Städte „mit fachmännischer [und -fraulicher] Arbeit für die Öffentlichkeit bestimmte besondere Erzeugnisse herstellen und Dienstleitungen erbringen".[1] Das ist im Sinne Albert Speers womöglich der personifizierte Schlüssel zu einer Stadt für alle, die den Anforderungen an Zusammenhalt, Lebensverträglichkeit, Zukunftsfähigkeit und Schönheit gerecht wird.

Anmerkungen

1 Wikipedia zum platonisch geprägten Begriff des Demiurgen, s. https://de.wikipedia.org/wiki/Demiurg.

Literatur

Becker, Torsten/Diehl, Xenia/Rumberg, Martin: „Nachruf auf Prof. Albert Speer". In: *PlanerIn*. Heft 5, 2017, S. 69 f.
Madreiter, Thomas: Interview. In: *Der Standard*. 9. Januar 2022

Stadtentwicklungspolitik in der Krise: Herausforderungen für die nächste Generation

Elena Wiezorek

Vor einigen Jahren begannen die „Fridays for Future"-Demonstrationen von Schülerinnen und Schülern. Sie kennzeichnen einen Wechsel in der Wahrnehmung der jüngeren Jahrgänge, die die politischen Entscheidungsträger unüberhörbar zur Abkehr von klimaschädlichem Verhalten und zur Bewältigung der sich aus dem Klimawandel ergebenden Wirkungen aufforderten. Der Umgang mit der Erderwärmung, mit Naturkatastrophen und weltweiten Flüchtlingsbewegungen, aber auch die ungleiche Verteilung der Effekte von Krisen dürften für Studierende der Raum- und Umweltplanung zum Kern ihrer zukünftigen Berufstätigkeit als Planende zählen.

Die Profession der Planenden verwendet in Verbindung mit den gesellschaftspolitischen Herausforderungen den Schlüsselbegriff „Transformation", da die Folgen des Klimawandels als so grundlegend und unabweisbar einzuschätzen sind, dass wir von einer entscheidenden Veränderung gesellschaftlicher und damit auch räumlicher Planungsprozesse ausgehen müssen. Bereits seit Jahrzehnten mahnen Wissenschaftler*innen nachhaltige Wirtschafts- und Lebensweisen an und die Planungsdisziplin trägt mit einer Vielzahl von Forschungsaktivitäten in Teildisziplinen, wie beispielsweise der Mobilitäts-, Landschafts- und Flächennutzungsplanung, dazu bei.

Seit einigen Jahren beschäftigt sich die Stadtentwicklungspolitik mit der Frage, welche Eigenschaften Räume haben müssen, um resilient mit den Folgen des Klimawandels umgehen zu können. Das *Memorandum „Urbane Resilienz"* vom März 2021 bezeichnet die dafür erforderlichen Eigenschaften von Städten als „robust, adaptiv und zukunftsfähig" und die Nationale Stadtentwicklungspolitik fordert in ihrer *Neuen Leipzig-Charta 2020: Die transformative Kraft der Städte* die Stärkung der Gemeinwohlorientierung als Leitprinzip ein. Hinzu kommen Anforderungen

Abb · 1 Flutkatastrophe Ahrtal (Foto: Annette Müller, Mainz)

bezüglich regionaler, digitaler und zivilgesellschaftlich verbundener Netzwerkarbeit. Dabei handelt es sich um nachvollziehbare, aber durchaus auch verunsichernd komplexe Ansprüche.

Wir leben in Zeiten, in denen die Krisen auf dem eigenen Kontinent und teilweise direkt vor der Haustür angekommen sind. Die Flutkatastrophe im Ahrtal hat uns eindrücklich daran erinnert, dass wir längst nicht mehr ausschließlich über die Abschwächung des Klimawandels, sondern über Klimaanpassungserfordernisse und den Umgang mit Klimafolgen sprechen. Der Krieg in der Ukraine mit der Bombardierung von Städten und Gemeinden konfrontiert uns zudem mit einer Zerstörung, die wir bisher mit der Gegenwart nicht in Verbindung gebracht haben. Zusätzlich haben wir alle weitreichende Eingriffe in die persönlichen Lebensumstände aufgrund der Corona-Krise erlebt. Abb. 1

Die vorgenannten Herausforderungen haben Folgendes gemeinsam: sie sind schwer vorhersehbar, haben ein globales Ausmaß und entziehen sich unserem direkten Entscheidungs- und Einflussbereich. Ihre hochkomplexen Schadensbilder beeinflussen die Gesellschaft tiefgreifend. Die vielschichtigen Krisen erzeugen zudem ein ungekanntes Maß an Unsicherheit – im sozialen Miteinander, hinsichtlich der individuellen und kollektiven ökonomischen Effekte und deren räumlichen Verortungen. Soziale und wirtschaftliche Effekte sind prioritär, die räumlichen Handlungserfordernisse müssen sich innerhalb dieser Themen Gehör verschaffen.

Welchen Einfluss haben die zunehmenden sozialen, klimatischen oder auch ökonomischen Krisen auf die Planung? Wie verträgt sich der Krisenmodus mit dem mittel- bis langfristigen Strategieblick des Berufsstandes? Wie wirkt sich das zeitgleiche Erfordernis vorausschauender Planung und flexiblen, unbürokratischen Handelns im Katastrophenfall auf das Handeln der Planenden aus? Und was bedeuten diese Fragen in Bezug auf die Ausbildung?

Transformative Planung in Zeiten der Krise

Lässt man die zerstörerische Kraft von Kriegen außen vor, bewirkt wohl nichts eine so tiefgreifende Veränderung unserer Umwelt wie Naturkatastrophen und der Verlust an Biodiversität durch den menschengemachten Klimawandel. In der Folge verschärfen sich Hungersnöte, und Migrationsbewegungen, auch nach Europa, nehmen zu. Als Planende wissen wir, dass der Sektor des Planens und Bauens bereits heute mit rund 40 Prozent Anteil am Ausstoß klimaschädlicher Treibhausgase einen erheblichen Beitrag zum Klimawandel leistet und dass nur eine ressourcenschonende Entwicklung von Bestandsstrukturen zielführend dagegen wirksam ist. Dafür braucht es eine Neuausrichtung der gesellschaftlichen Übereinkünfte wie beispielsweise:

→ einen flächensparenden Umgang mit Grund und Boden,
→ die Reduzierung des Müllaufkommens mittels eines weitestmöglichen Erhalts der „grauen Energie" aus Bestandsgebäuden,
→ eine Fokussierung auf die Wiederverwendbarkeit vorhandener Baumaterialien sowie
→ eine Qualifizierung der Bestandsstrukturen durch eine mehrfache Innenentwicklung, das heißt Erhöhung der baulichen Dichte, Qualifizierung von Freiräumen und Optimierung von Mobilitätssystemen.

Die Interdependenzen zwischen Gesellschafts- und Stadtentwicklungspolitik treten in Krisen noch deutlicher hervor als ohnehin. Vor diesem Hintergrund ist die Profession der Planenden bereits heute gefordert, die Einzelbausteine einer Stadtentwicklungsplanung systemisch zu denken und abzustimmen. Das dafür erforderliche Know-how ist nur im Verbund mit Ingenieuren, Energiefachleuten, Architekten, Umweltplanern, Meteorologen, Psychologen, Volkswirten etc. umzusetzen.

Ohne einen gesellschaftspolitischen Ordnungsrahmen, der die explodierenden Energiepreise abfedert und trotzdem die Bepreisung von CO_2-Emmissionen so steigert, dass die Kosten klimaschädlichen Verhaltens internalisiert werden, werden wohl auch die besten klimaneutralen Raumkonzepte die gewünschte Wirkung verfehlen. Als Planende müssen wir dabei auch aus dem Blickwinkel potenziell benachteiligter Betroffener argumentieren und politische Entscheidungen zum sozialen Ausgleich einfordern. Wobei diese nicht, wie beispielsweise die Anhebung der Pendlerpauschale, zu Rebound-Effekten führen dürfen.

Systemische Vernetzung als Generationenaufgabe

Während vorhergehende Planergenerationen mit dem Wiederaufbau, der behutsamen Stadterneuerung, der Sozialen Stadt und später auch der Rückbau- bzw. Umbauthematik vorwiegend in nationalen Stadtentwicklungszusammenhängen befasst waren, wird die heutige Generation mit Herausforderungen globaler Dimension konfrontiert. Die Wirkungszusammenhänge klimaschädlicher Entscheidungen und Investitionen erfordern eine internationale Analyse bei gleichzeitig lokaler Handlungsfokussierung.

Neben der Perspektiverweiterung auf globale Zusammenhänge scheint für die Beurteilung der Wirkmächtigkeit von Stadtentwicklungspolitik auch die Reflexion über die professionsinternen Instrumente erforderlich zu sein. Häufig werden diese nicht ausreichend systemisch wirksam bzw. durch andere Politikbereiche überlagert. Ziel sollte es also

Abb · 2
Holzhofstraße in Mainz, Rückbau und Lückenbebauung (Foto: Kristina Schäfer)

Abb · 3
Spreeufer Höhe Elsenbrücke in Berlin (Foto: Michael Setzpfandt)

sein, der Stadtentwicklungspolitik im politischen System einen höheren Stellenwert zu verschaffen. Das in der Neuen Leipzig-Charta formulierte Schlüsselprinzip der „Mehrebenenkooperation" liefert hierzu bereits die Denkrichtung hin zu anderen Formen der Kommunikations- und Netzwerkarbeit.

Mit den Schlüsselprinzipien einer transformativen Stadtentwicklungspolitik konfrontiert, benötigen wir Handlungsansätze mit verstärkten Bezugspunkten zur regionalen Entwicklung und einer Vernetzung der Gesamtstadt mit dem Umland, zur Quartiersebene und dem Einzelgebäude. Und diese müssen zugleich mit anderen Fachpolitiken verbunden werden. Beispielsweise bestimmt die Fiskalpolitik mittels der Steuer- und Abgabenpolitik einen entscheidenden gesellschaftspolitischen Rahmen, in welchem Steuerungsinstrumente des Planungs-, Bau- und Bodenrechts wirken. Diese gegenseitige Abhängigkeit der Fachpolitiken lässt sich nur über eine umso stärkere Fokussierung auf Netzwerkstrukturen und die Arbeit in intermediären Strukturen angehen. Abb · 2

Sinnliche Erfahrbarkeit und systemische Netzwerkarbeit als Basis

Eine immer dringlicher werdende Frage lautet: Da wir doch wissen, was zu tun ist, warum tun wir es dann nicht? Wenn wir vom „Wir" sprechen, ist häufig die eigene Profession und darin der eigene Wirkungskontext gemeint, das heißt Forschungsberichte sind innerhalb der Wissenschaft bekannt, Projekterfahrungen mit lebensnahen Bildern kursieren unter den Praktikern. Wir sind bereits innerhalb der eigenen Profession oft nicht vollständig in der Lage, uns angesichts transdisziplinärer Probleme über die richtigen Handlungsprämissen zu verständigen. Wie soll es dann in einem breiten Gesellschafts- oder außerhalb des eigenen sozialen Kontextes gelingen?

Unsere Aufgabe als Planer*innen ist es, Erkenntnisse und ein daraus abgeleitetes gemeinwohlorientiertes Handeln in der Stadtentwicklung zu einer gesellschaftlich dominanten Handlungsstrategie zu führen. Denn ohne die Mitwirkungsbereitschaft möglichst vieler verschiedener Bevölkerungsgruppen und Individuen werden wir mit unseren Konzepten ungehört scheitern. Nur was uns, aber auch die Gesellschaft insgesamt berührt, bewirkt veränderte Handlungsprioritäten. Um diese Berührung herzustellen, sind wir mit unseren Planungen und Prozessen gefordert. Denkschablonen und Stereotypen in der Kommunikation, wie die häufig verwendeten Begriffe „Nachhaltigkeit", „Resilienz" oder „Transformation", bergen die Gefahr, bei Gesprächspartnern und politisch Verantwortlichen zu einer Abstumpfung zu führen und uns in eine immer wirkungslosere Rolle zu drängen.

Die aktuell heranwachsende Generation von Planenden benötigt daher die Fähigkeit, Emotionen zu erfassen, räumliche Entwicklung sinnlich erfahrbar zu machen und wirkmächtige Bilder zu erzeugen, die die Menschen zu einer grundlegenden Verhaltensänderung bewegen. Im Zentrum dieses Weges steht die Kommunikation – nicht im Sinne einer formalisierten Bürgerbeteiligung, sondern zur Anregung gesellschaftlicher Veränderungskräfte. Jenseits der formalen Rechtsebenen und Verfahren geht es um den Aufbau einer Handlungsebene, die durch Modellprojekte und Erfahrungen vor Ort zu gesellschaftlich getragenen Veränderungsprozessen führt. Planer*innen benötigen dafür Wissen um die Funktionsweisen intradisziplinärer Netzwerkstrukturen und institutioneller Wirkungsweisen. Sie benötigen das Wissen über globale Zusammenhänge sowie lokale Machtstrukturen, und sie sollten ausgestattet mit fundiertem Fachwissen unerschrocken neue Wege gehen. Wenn es uns also gelingt, eine mutige, umsichtige, mitfühlende und gemeinwohlorientierte Generation von Planenden auszubilden, ist ein zentraler Baustein zukunftsfähiger Raumplanung erreicht. Abb. 3

Planners for Future

Julian Schneider

Einleitung

Planung beschäftigt sich mit der zielgerichteten Gestaltung des Raumes. Dieser Raum wird je nach Betrachtungsebene sehr unterschiedlich abgesteckt. Wird ein ganzes Land betrachtet oder eine Region? Zielt die Planung auf eine Stadt ab oder auf ein Dorf, auf ein Quartier oder auf einen einzelnen Straßenzug? Oder steht statt menschlicher Siedlungen das im Mittelpunkt, was wir, auch wenn es hochgradig anthropogen überformt wurde, Natur nennen? Doch unabhängig davon, auf welcher Maßstabsebene Planung ansetzt, der Raum, der überplant und in Anspruch genommen wird, ist endlich. Trotz aller (erfolgreicher) Versuche, Nutzungen zu überlagern und den Raum multifunktional zu gestalten, setzt sich das Zweiwertigkeitsprinzip immer wieder mit voller Wucht durch: entweder ist eine Fläche ein Wiesenbiotop oder ein Gewerbegebiet. Entweder entstehen auf einer Fläche Einfamilienhäuser oder Geschosswohnungsbau. Entweder werden in einem Straßenraum die Fahrstreifen für den motorisierten Verkehr zugunsten von Radfahrstreifen reduziert oder nicht.

Aufgrund der Begrenztheit des Raumes werden also zwangsläufig Entscheidungen notwendig, welche Nutzungen auf welchen Flächen verortet werden. Und je mehr Raum der Mensch in Anspruch nimmt, je weniger „unberührter" Raum – um diese alte Vorstellung der europäischen Kultur von der Erde einmal aufzunehmen – zur Verfügung steht, desto größer wird der Druck auf die vorhandenen Flächen. Mit dieser zunehmenden Komplexität im gesellschaftlichen Kontext umzugehen, das ist eine zentrale Aufgabe der Planung. Seit den 1960er Jahren des vergangenen Jahrhunderts wird in Deutschland auf diese Erkenntnis reagiert, und es bildete sich aus der Architektur eine eigenständige Planungsdisziplin heraus. Logischerweise folgten dieser Entwicklung Ausbildungsangebote für künftige Planer*innen. Ich selbst durfte mein Studium an einem sehr früh gegründeten Planungsfachbereich absolvieren. Seit Albert Speer das Planungsstudium an der TU Kaiserslautern mitbegründet hat, ist die Komplexität der Anforderungen an den Raum noch weiter gestiegen, weswegen es von großer Bedeutung ist, junge Menschen auch weiterhin zu befähigen, sich künftigen Planungsaufgaben erfolgreich zu stellen. Aus diesem Grund sollen im Folgenden sechs Themenfelder skizziert werden, die sich für mich als angehenden Planer während des Studiums und in Gesprächen mit zahlreichen Kommiliton*innen als Schlüsselfelder für die Zukunft der Raumplanung herauskristallisiert haben. Daran anschließend werden Schlussfolgerungen für die Planungsausbildung skizziert.

Wachstum und ökologische Tragfähigkeit

Auch wenn es manchmal so scheint, als würde der Klimawandel durch zahlreiche akute Krisen wie die Covid-19-Pandemie überdeckt werden, so müssen wir dennoch anerkennen, dass wir uns in einer sehr bedrohlichen Klimakrise befinden, deren Auswirkungen sich schon heute in größerem Ausmaß zeigen, als es manchem lieb ist. Der menschengemachte Klimawandel ist die zentrale Herausforderung für die kommenden Jahrzehnte. Seit der Industrialisierung hat der Mensch in unglaublicher Geschwindigkeit Räume zur wirtschaftlichen Ausbeutung erschlossen, natürliche Ressourcen in Anspruch genommen und das betrieben, was wir heute Umweltzerstörung nennen. Seit dem Zweiten Weltkrieg haben sich diese Prozesse global, aber auch in Deutschland noch einmal drastisch beschleunigt. Man sehe sich nur einmal Karten deutscher Städte von 1950 und heute zum Vergleich an, um zu erkennen, in welchem Ausmaß die Flächeninanspruchnahme vorangeschritten ist. Diese Entwicklungen haben ihrerseits gravierende Auswirkungen auf die Biodiversität.

In diesem Beitrag sollen weder verschiedene Wirtschaftssysteme nach ihren Vor- und Nachteilen seziert noch die gesellschaftlichen Prozesse untersucht werden, die zu solch einer immensen Inanspruchnahme der Ressource Boden geführt haben. Dennoch müssen zwei nüchterne Feststellungen getroffen werden: Zum einen stecken wir in einem Wachstumsdilemma, denn nur durch stetiges Wachstum wird der Erhalt unseres jetzigen Wohlstandsmodells garantiert. Zum anderen wurden dafür innerhalb eines Menschenlebens bereits derart viele Ressourcen, also auch Boden, verbraucht, dass die Hochrechnung auf die kommenden Jahre schwindeln macht und wir unseren künftigen Wohlstand unterminieren. Wir müssen also ausbrechen aus dem Wachstumszwang und brauchen dafür kluge Ideen. Für die Raumplanung bedeutet das zuvorderst, Boden konsequent als endliche Ressource anzuerkennen und dementsprechend damit umzugehen. Gleichzeitig muss der bereits bebaute Raum noch weiter in den Fokus der Planung rücken, denn in Europa ist der Großteil der Siedlungsstrukturen schon gebaut. Es geht darum, diese Räume nachhaltig zu transformieren und dabei die ökologische Tragfähigkeit unseres Handelns immer im Blick zu behalten.

Verständnis der Stadt als Lebensort

Wirtschaftliche Aktivität und Städte sind untrennbar miteinander verbunden. Dennoch dürfen die Städte nicht zu Verfügungsräumen wirtschaftlicher Partikularinteressen werden. Vielmehr müssen sie als Werk gesehen werden und nicht als Produkt. Henri Lefebvre spricht in diesem Zusammenhang vom Gebrauchswert der Städte, den er in Kontrast zum reinen Tauschwert setzt (vgl. Lefebvre 1986). Denn Städte sollen in erster Linie Lebensorte für Menschen sein. Darauf müssen die städtischen Strukturen ausgelegt sein und nicht auf maximale wirtschaftliche Verwertbarkeit. Ein Tiefpunkt sind in diesem Zusammenhang die privaten Shopping Malls, die an zentralen Orten der Städte entstanden sind und dort eine Art pseudo-öffentlichen Raum bilden, dessen Benutzung allerdings an die Bedingung des Konsumierens geknüpft ist. Eine Stadt sollte nicht von Investoren rein renditeorientiert entwickelt, sondern als gemeinsame Idee aus der Stadtgesellschaft heraus geboren werden. Denn etwas gemeinsam ins Werk zu setzen, bedeutet zu erneuern, zu erfinden und Städte nicht nur als Produkt zu reproduzieren. Dementsprechend bedeutsam sind ehrlich gelebte partizipative Planungsverfahren. Das Ziel guter Stadtentwicklung ist es, den Menschen in der Stadt durch die Gestaltung der gebauten Umwelt ein möglichst gutes Leben zu ermöglichen.

Ästhetik und Gestaltung städtischer Räume

Die meisten Menschen in Deutschland verbringen den allergrößten Teil ihrer Lebenszeit in Städten und Dörfern, also in einer vom Menschen geschaffenen Umwelt. Vor dem Hintergrund dieses Befunds ist die ästhetische Banalität und Anspruchslosigkeit unserer Städte und Dörfer geradezu erschreckend. Ein bewusst gestaltetes bauliches Umfeld trägt erheblich zur Lebensqualität bei. Aus diesem Grund ist die Gestaltung der Städte und Dörfer eine Angelegenheit von öffentlichem Interesse und Renditestreben kein guter Architekt. Aber auch Architekt*innen und Stadtplaner*innen müssen sich ihrer Verantwortung für das von ihnen Geplante und Gebaute bewusst sein. Zwar werden sowohl an die Architektur als auch an den Städtebau ästhetische und auch künstlerische Ansprüche gestellt, diese müssen sich jedoch notwendigerweise von denen anderer Kunstformen unterscheiden. Ein Gemälde im Museum kann man sich anschauen, man muss es aber nicht. Der gebauten Umwelt sind die Menschen in ihrem Alltag dagegen schutzlos ausgeliefert. Daraus resultiert für alle Planenden eine Pflicht zur anspruchsvollen baulichen Gestaltung der Städte und Dörfer.

Die Rolle der Kommunen

Um all die Herausforderungen zu bewältigen, vor denen unsere Städte und Dörfer stehen, bedarf es eines tiefgreifenden Wandels der Siedlungsstrukturen. Die Notwendigkeit zu Klimaschutz und Klimaanpassung, die Versorgung der Bevölkerung mit bezahlbarem Wohnraum, die Mobilitätswende, der Schutz bestehender Ökosysteme – diese Liste an Aufgabenfeldern für die Raumplanung ließe sich beliebig fortsetzen. Häufig fällt in diesem Zusammenhang das Wort „Transformation", das die aktive Seite des Wandels anschaulich betont. Etwas zu transformieren bedeutet, eine Sache aktiv zu gestalten. Die Kommunen sind in dieser Hinsicht die entscheidende Ebene im deutschen Staatsaufbau. Auf kommunaler Ebene kann das Lebensumfeld der Menschen am unmittelbarsten gestaltet werden. Die Bürger*innen können sich hier ganz konkret in die Entwicklungsprozesse ihrer Städte und Dörfer einbringen, und das lokale Wissen stellt eine wichtige Voraussetzung für die bedarfsorientierte Transformation der Siedlungsstrukturen dar. Allerdings müssen auf kommunaler Ebene die Voraussetzungen dafür gegeben sein, dass die Städte und Dörfer gemeinsam mit den Bürger*innen zukunftsgerecht gestaltet werden können. Partizipative Prozesse und eine starke Zivilgesellschaft bilden die Grundsäulen. Zudem müssen die Kommunen finanziell handlungsfähig sein, um die Zukunftsaufgaben erfolgreich bewältigen zu können. Hier sind vor allem der Bund und die Länder gefragt.

Zukunft denken

Gesellschaftliche Verhältnisse manifestieren sich immer in gebauten Strukturen. Die Art und Weise, wie unsere Städte und Dörfer gebaut sind, sagt daher viel über die in ihnen lebende Gesellschaft aus. Wir Planenden müssen diese Zusammenhänge stets mitdenken und beachten. Der notwendige Wandel der urbanen Strukturen kann nicht ohne große gesellschaftliche Würfe erfolgen. Zukunftsbilder und auch Utopien müssen in einer Gesellschaft diskutiert werden, um einen gemeinsamen Weg zu finden, die Zukunft der Städte und Dörfer zu gestalten. Dies muss zu einer Abkehr vom rein pragmatischen, projektbezogenen und reagierenden Handeln in der Planung führen. Denn mit jedem Stück gebauter Stadt, mit jedem Stück gebauten Dorfs wird Zukunft erdacht – ob bewusst oder unbewusst. Utopien sind sehr gut geeignet, Zukunft und damit Möglichkeiten zu denken. Gemeinsam mit den Bürger*innen sollte die Planung, trotz der potenziellen Gefahren utopischen Denkens, stärker auf dieses Instrument zurückgreifen, um Möglichkeiten der Gestaltung von Städten und Dörfern abseits der bekannten Pfade aufzuzeigen.

Raumentwicklung über Grenzen hinweg

Die Herausforderungen unserer Zeit lassen sich nicht allein auf nationaler Ebene lösen. Besonders in Europa sind die verschiedenen Regionen derart eng miteinander verwoben, dass eine zukunftsgerichtete Raumplanung nicht an nationalen Grenzen haltmachen darf. Das gilt insbesondere für die vielen Grenzregionen: Kulturlandschaften und städtische Agglomerationen dehnen sich über die nationalen Grenzen hinweg aus, Zukunftsfragen und Herausforderungen gleichen sich beiderseits der Grenzen. Doch noch immer gibt es für die gemeinsame grenzüberschreitende Raumentwicklung große Hürden. Die Neue Leipzig-Charta geht mit gutem Beispiel voran, indem sie die gleichen Grundsätze und damit das gleiche Verständnis für Stadtentwicklung in allen EU-Staaten verankert. Doch unterschiedliche Zuständigkeiten, Sprachbarrieren und nicht zuletzt mangelndes politisches Interesse erschweren viele grenzüberschreitende Raumentwicklungsprojekte im Alltag. Es braucht also zum einen noch mehr gemeinsame Begriffe, Ideen und Vorstellungen für die Raumplanung in den verschiedenen EU-Ländern, zum anderen müssen die Planenden in Grenzräumen vor allem im „Planungsalltag" noch enger abgestimmt und flüssiger zusammenarbeiten können. Das bedeutet nicht, alle Grenzen in Europa zu nivellieren oder alle Planungs- und Verwaltungssysteme völlig anzugleichen, sondern Europa als vielfältige Einheit zu begreifen und dementsprechend auch auf räumlicher Ebene gemeinsam zu entwickeln.

Schlussfolgerungen für die Ausbildung von Planer*innen

Die vorgetragenen Themenfelder sollen die große Bandbreite an Aufgaben umreißen, vor denen die Planung schon heute und in Zukunft steht. Denn auch wenn es sich um gesamtgesellschaftliche Aufgaben handelt, so nimmt die Planung durch die Gestaltung des Raums eine wichtige Rolle ein. Für angehende Planer*innen gibt es somit einiges zu tun. Umso wichtiger ist daher eine fundierte und qualitätvolle Ausbildung, im Zuge derer die nötigen Kompetenzen und das relevante Fachwissen vermittelt werden. Die hier angeführten Schlussfolgerungen für die Ausbildung von Planer*innen erheben keinen Anspruch auf Vollständigkeit, sondern sollen skizzenhaft Teilaspekte behandeln. Für angehende Planer*innen ist es angesichts der Komplexität der Aufgabenstellung in der räumlichen Planung – von der Raumordnung bis hin zum konkreten Gebäudeentwurf – unabdingbar, mit anderen Disziplinen zusammenzuarbeiten. Nur so können wir Planenden das komplexe soziale und bauliche Konstrukt Stadt begreifen und gestalten.

Der interdisziplinäre Ansatz der Planungsstudiengänge ist daher grundlegend. Gleichzeitig birgt dieser Ansatz die Gefahr, dass vieles nur angerissen, zu wenig vertieft wird. Die Regionalplanung und der Städtebau zum Beispiel sind in ihren Grundanforderungen sehr unterschiedlich. Deswegen bewegen sich Planende im Spannungsfeld der unterschiedlichen Maßstabsebenen sowie zwischen der klassischen Planung (Bauleitplanung, Regionalplanung, etc. mit einer Betonung des Prozessualen) und dem Gestalterischen, dem Entwurf (Städtebau, Reallabore, Partizipationsformate etc.). Während die Raumordnung weniger im Gestalterischen angesiedelt ist, benötigen junge Planer*innen ausreichende Kompetenzen in diesem Bereich, wenn sie ihren Schwerpunkt auf die Stadtplanung und vor allem den Städtebau legen. Diese unterschiedlichen Ansprüche sollten in der Lehre stärker berücksichtigt werden.

Vor allem muss die Lehre in der Stadtplanung und im Städtebau eng mit den benachbarten Disziplinen der Architektur und des Bauingenieurwesens verknüpft werden. Eine Stadt zu planen heißt, die Stadt zu gestalten, und der Städtebau kann nicht losgelöst von der Architektur – der er als eigene Disziplin entstammt – gelehrt werden. Auch müssen die Planenden im Städtebau ein Gespür ausbilden für die Kubaturen eines Gebäudes, für Gestaltungsgrundsätze, für die räumliche Wirkung der dritten Dimension. Sie müssen sich mit dem einzelnen Gebäude auseinandersetzen, um ihre städtebaulichen Entwürfe fundiert entwickeln zu können. Umgekehrt müssen sich auch Architekt*innen und Bauingenieur*innen mit den größeren städtischen Strukturen und Zusammenhängen sowie den Planungsprozessen auseinandersetzen. Nur so können qualitätvolle, kohärente urbane Räume geschaffen werden.

Für Albert Speer jr. waren die enge Zusammenarbeit zwischen Raumplaner*innen, Architekt*innen und Bauingenieur*innen, das gemeinsame Lernen und das Über-den-Tellerrand-Hinausschauen schon während des Studiums ein Grundpfeiler seines Ausbildungskonzeptes an der TU Kaiserslautern. Letztlich sind die drei Disziplinen auf das Vorbild des Baumeisters zurückzuführen. Ihre Auseinanderentwicklung ist vor dem Hintergrund der immer komplexeren Einzelfragestellungen in den wachsenden städtischen Räumen seit der industriellen Revolution verständlich, und dennoch sollten sie in der Ausbildung ihren gemeinsamen Ursprung nicht leugnen, sondern voneinander profitieren. Eine solche Herangehensweise legt ein gutes Fundament für die qualitätvolle und zukunftsfähige Gestaltung der Städte durch junge Planende – egal, welcher Disziplin sie angehören.

Literatur

Lefebvre, Henri: *Das Recht auf Stadt*. Paris 1986

6. Zusammenfassung

Anforderungen an die universitäre Ausbildung in Stadt- und Raumplanung

Friedbert Greif
Detlef Kurth
Bernd Scholl

Große Herausforderungen im 21. Jahrhundert

Die universitäre Ausbildung in Stadt- und Raumplanung soll Vorstellungen über zukünftig raumbedeutsame Aufgaben vermitteln und Studierende dazu befähigen, diese Aufgaben in einem sich rasch wandelnden Umfeld zu erkunden, zu klären und zu lösen. Die Beiträge dieser Publikation geben wertvolle und anregende Einblicke in bevorstehende Herausforderungen. Sie zeigen, dass die Klimaanpassung und Transformation des Bestandes auch in den dicht besiedelten Städten erfolgen kann und muss. Verhaltensänderungen im Bereich der Mobilität (wie in der Pandemie erfahren) können dazu ebenso einen Beitrag leisten wie die zunehmende Elektrifizierung des Fahrzeugbestandes. Durch die Umgestaltung der Verkehrsflächen können diese zudem als multifunktionale Lebensräume zurückgewonnen werden.

Dabei ist es wichtig, von einem ganzheitlichen Planungsansatz auszugehen, bei dem Interdisziplinarität nicht nur gefordert, sondern durch geeignete Prozesse und Verfahren auch gelebt wird. Kluge Planung fördert das Lernen an konkreten Aufgaben und Orten, um jeweils passende und zugleich resiliente Lösungen zu finden. Sie ist jedoch nicht umsonst zu haben. Die hier publizierten Beiträge verdeutlichen, dass frühzeitige und gemeinsame Planung der öffentlichen und privaten Akteur*innen zu wertschöpfungsintensiven Lösungen führen kann. Die Beispiele aus der Infrastrukturplanung belegen aber auch, dass ohne eine entsprechende Koordination, Kooperation und Kommunikation große Zeitverzögerungen und Kostensteigerungen entstehen können.

In einer immer stärker vernetzten und digitalisierten Welt werden die Beteiligungsansprüche der Betroffenen noch weiter zunehmen. Die Stadt- und Raumplanung muss darauf reagieren, sowohl mit geeigneten partizipativen Modellen als auch mit veränderten Ansprüchen und Anforderungen im Bereich des Wohnens, des Arbeitens und der Erholung. Absolvent*innen sollen auf die Übernahme leitender Funktionen vorbereitet werden, indem sie über Sach-, Gebiets- und Organisationsgrenzen hinweg kooperieren, auch vor dem Hintergrund stets begrenzter Mittel. All dies setzt voraus, dass Studierende motiviert und befähigt werden, die einzelnen Sachverhalte zu vertiefen und das an den Universitäten erworbene Fachwissen einschließlich der trainierten Methoden, Instrumente und Verfahren in der Praxis auch anzuwenden. Nichts wäre fataler als eine Ausbildung, die an den Anforderungen der Praxis vorbeiführt. Nur wenige Absolvent*innen wollen und werden eine akademische Karriere einschlagen.

Rahmenbedingungen universitärer Lehre

Um die vorgenannten Anforderungen an die universitäre Ausbildung verwirklichen zu können, müssen verschiedene Rahmenbedingungen erfüllt sein. Dazu gehören vor allem qualifizierte Lehrkräfte und ausreichende Ressourcen für die Betreuung in der Lehre; hier sollten auch ausgewiesene Fachpersönlichkeiten aus der Praxis einbezogen werden. Die an Projektstudien beteiligten Professuren müssen über genügend zeitliche Spielräume verfügen, um ihre Expertise sowohl in Forschungsbelangen als auch in Praxisaufgaben einbringen zu können. In verschiedenen Beiträgen des vorliegenden Bandes wird die Sorge formuliert, dass aufgrund der gewachsenen Bedeutung von Forschung und Publikationen kaum noch Ressourcen in die Lehre fließen. Aufgrund von Schwerpunktbildungen an den Technischen Universitäten werden zum Teil Mittel in jene naturwissenschaftlichen und technischen Fächer verlagert, die ein höheres Ranking aufweisen und dadurch große nationale und europäische Forschungsfonds akquirieren können. Auch anwendungsorientierte Wissenschaften wie die Raumplanung benötigen Forschung – wichtig ist hierbei das richtige Maß und die akademische Anerkennung von guter Lehre. Forschung liefert wichtige Erkenntnisse für die Praxis, auch bezogen auf zweckmäßige Verfahren, und stellt geeignete Methoden bereit. Die Mitwirkung an schwierigen Praxisaufgaben dient wiederum dazu, die Tauglichkeit von Methoden zu überprüfen und diese weiterzuentwickeln. Lehre, Forschung und Praxis befruchten sich gegenseitig, sie dürfen nicht auseinander dividiert werden.

Projektstudien als Kern universitärer Planungsausbildung

Seit ihrer Gründung sind alle Planungsstudiengänge durch das Projektstudium geprägt. Nach den Erkenntnissen der drei von der Professor Albert Speer-Stiftung durchgeführten Symposien ist dies der Schlüssel zum tiefergehenden Verständnis schwieriger Zusammenhänge. Die Stadt- und Raumplanung ist dabei als interdisziplinäres und politiknahes Gebiet in besonderem Maße auf Verständnis und Verständigung sowie Teamarbeit angewiesen. Ihr vordringliches Ziel ist das Erkennen, Klären und Lösen raumrelevanter Probleme. Raumbedeutsame Handlungen und Entscheidungen sind immer in die Zukunft gerichtet. Sie haben eine lange Umsetzungszeit, vom getroffenen Entscheid bis zur tatsächlichen Wirkung. Bei umfangreichen Planungsaufgaben können dies von den ersten Lösungsansätzen bis zu ihrer Realisierung Jahre oder Jahrzehnte sein. Infolgedessen können sich zahlreiche Annahmen, die der Entscheidung zugrunde lagen, später als nicht mehr zutreffend erweisen. Raumbedeutsame Entscheidungen werden somit immer mit einer gewissen Unsicherheit getroffen. Deshalb gehört es zur Ausbildung der Raumplanung, den Umgang mit Ungewissheit, Risiko und Überraschung zu trainieren und in neue, weniger bekannte Aufgabenfelder vorzudringen.

Bereiche des Wissens

Beim Erkennen, Klären und Lösen solcher Aufgaben steht das Vermitteln von Entwurfs-, Planungs- und Kommunikationswissen im Zentrum:

→ Das Wissen vom Entwerfen, weil anschauliche Vorstellungen, Bilder und Konzepte für die Gestaltung unseres Lebensraumes als Orientierung benötigt werden – für alle Maßstabsebenen, über Orts-, Gemeinde-, Regions-, ja sogar nationale Ländergrenzen hinweg. Zum qualifizierten Entwerfen gehört aber auch die Fähigkeit, qualifiziert *ver*werfen zu können, also nicht brauchbare Lösungen veranschaulichen und mit guten Argumenten ausschließen zu können. Gerade für politische Entscheider ist diese Anforderung von zentraler Bedeutung.

→ Das Wissen von der Planung und vom Planen, also der operativen und methodischen Seite, weil ohne die Kenntnisse tauglicher Instrumente und Verfahren erstrebenswerte Lösungen nicht verwirklicht werden können. Bei der Vielzahl an existierenden Verfahren und Instrumenten und ihren gesetzlichen Grundlagen ist es wichtig, eine Übersicht zur Orientierung zu vermitteln. Vor- und Nachteile der einzelnen Vorgehensweisen werden am besten bei ihrer Anwendung erkannt. Die Entscheidung über das anzuwendende Verfahren ist von zentraler Bedeutung, denn dies bestimmt das weitere Vorgehen. In Zukunft werden neben den formellen Instrumenten sogenannte informelle Verfahren im Vordergrund stehen. Dies sind Verfahren, die nicht auf gesetzlichen Grundlagen beruhen und je nach Aufgabentyp maßgeschneidert werden können. Sie werden als Ergänzung zu den formellen Verfahren benötigt, um schwierige Aufgaben zu lösen.

→ Das Wissen von Kommunikation und Partizipation, weil das Präsentieren, Argumentieren, Koordinieren, Kooperieren und Verhandeln ohne sprachliche Mittel nicht möglich ist. Eine besondere Herausforderung ist dabei der Umgang mit Konflikten, denn in der Raumplanung geht es stets auch um Einfluss und den Einsatz großer Mittel. Somit gibt es beim raumbedeutsamen Handeln und Entscheiden immer gegensätzliche Interessen, und die frühzeitige Mitwirkung der Öffentlichkeit wird dabei zunehmend zum Thema. Dafür sind geeignete Formate zu finden und einzusetzen.

Diese Wissensbereiche lassen sich an den Hochschulen nicht umfassend und abschließend, sondern nur exemplarisch und fallbezogen lehren. Lehrinhalte durch Projektstudien zu vermitteln, ist ein guter Weg, um Brücken von der Theorie in die Praxis zu bauen, Erfahrungen weiterzugeben, offene Fragen herauszuarbeiten und von dort wieder Verbindungen zu möglichen Forschungsfeldern aufzuzeigen. Häufig sind Studierende bei dieser Art der Wissensvermittlung in einer mehr oder weniger passiven Rolle. Erst wenn Projektaufgaben mit konkretem räumlichen Bezug kreiert werden, kommen Studierende in die aktive Rolle, die für nachhaltiges Lernen effektiver ist.

Integrierte Projektstudien

Die in der Praxis erwünschte Interdisziplinarität sollte schon im Studium erfahren und gelebt werden. Gute Voraussetzungen dafür bietet insbesondere das Masterstudium, weil aus der Bachelorstufe unterschiedliche Fachrichtungen zum Planungsstudium zugelassen werden können (zum Beispiel Bauingenieur*innen, Architekt*innen, Umweltingenieur*innen und natürlich auch Studierende aus dem grundständigen Raumplanungsstudium).

An der Durchführung solcher Projektstudien sollten sich jeweils mehrere Professuren aus verschiedenen Fachgebieten beteiligen. Während eines Semesters erhalten die Studierenden somit Gelegenheit, anhand einer realitätsnahen Aufgabe in Gruppen Lösungen zu entwickeln. Die Teilnehmer der verschiedenen Projektstudien erlernen dabei nicht nur das für bestimmte Lösungen unverzichtbare und problemorientierte Fachwissen. Sie lernen auch, Schwierigkeiten im Team zu bewältigen, mit Ungewissheit umzugehen und innerhalb begrenzter Zeit Ergebnisse zu erzielen und diese präsentieren zu können. Wesentliches Ziel des Projektstudiums ist es, anhand konkreter Aufgaben zu lernen, Kritik zu üben sowie zu ertragen und zu akzeptieren, dass viele der aufgezeigten Lösungen nur vorläufig sein können. Der Dialog zwischen Lernenden und Lehrenden in direkter Rede und Gegenrede ist dafür unabdingbar. Dies ist das Gespräch im akademischen Sinne.

Auswahl von Projektstudien

Das Lernen und Lehren anhand von ungelösten Aufgaben ist vom Ergebnis her offen angelegt. Wie kommt man zu den Aufgabenfeldern für Projektstudien? Zunächst sollte es sich um eine Aufgabe handeln, die exemplarisch wichtige, schwierige und zukünftig relevante Fragestellungen der Stadt- und Raumplanung zu verdeutlichen hilft. Die Aufgabe und das Bezugsgebiet sollten darüber hinaus für die Gesamtentwicklung eines größeren räumlichen Bereichs wichtig sein. Wir schließen dabei selbstverständlich nicht aus, dass es bereits (auch gescheiterte) Versuche einer Lösung gab. Solche Versuche sind meist ein Indiz für die Bedeutung und Schwierigkeit einer Aufgabe. Ohne Zweifel sind Projektstudien vor allem dann sehr spannend, wenn wie in einem Labor mit Lösungen experimentiert werden kann, ohne dass dabei feste Vorstellungen über den Ausgang existieren. Dies hat zudem für die Praxis den Vorteil, dass unvoreingenommene Sichtweisen in den Planungsprozess aufgenommen werden können. Die Mitwirkung von Fachleuten aus der Praxis ist deshalb nicht nur erwünscht, sie ist ein wesentliches Element für den Lernerfolg.

Fallbasierte Weiterbildung

Die Beiträge dieses Buches verdeutlichen auch, dass eine anspruchsvolle akademische Planungsausbildung allein nicht ausreichen wird, um die vor uns liegenden Herausforderungen meistern zu können. Es wird darauf ankommen, durch neuartige, fallbasierte Formate die Weiterbildungslandschaft in der Stadt- und Raumplanung zu bereichern. Die Idee besteht darin, am Anfang ihrer beruflichen Karriere stehende Planer*innen mit sehr erfahrenen, als Coaches fungierenden Fachpersönlichkeiten zusammenzubringen. Der direkte Austausch soll anhand von schwierigen ungelösten Aufgaben stattfinden, welche die Planer*innen aus ihrer eigenen Praxis „mitbringen" und zur Diskussion stellen. Anregungen, Kritik und weiterführende Ideen sollen in einem geschützten und vertrauensbildenden Rahmen ohne Zeitdruck bilateral besprochen werden können.

Es ist denkbar, dass nach einem angemessenen Zeitraum der Austausch über Fortschritte, aber auch über neue Fragestellungen weitergeführt wird. Eine so verstandene „Planungsakademie" soll das Gespräch unter akademischen Fachleuten fördern und einen Prozess der persönlichen fachlichen Weiterbildung vermittels konkreter Aufgaben aus der realen Welt ermöglichen. Dabei werden neben den fachlichen Themen, die sich aus den Fallbeispielen der Teilnehmenden ergeben, auch methodische Themen wie „Klarheit vor Genauigkeit", Umgang mit Ungewissheit, Risiko, Überraschung, Resilienz, Konkurrenz der Ideen, Organisation von Teamarbeit und Kommunikation nach innen und außen zu besprechen sein.

Diese Art des Lernens ist für viele vermutlich ungewohnt, weil der Ausgang jedes Prozesses offen und damit ein Abenteuer ist – eben das Abenteuer des Lernens. Dieser Weg ist durch viele Fragen gesäumt, ja es kann sich daraus eine Kultur des Fragens entwickeln. Seit Sokrates wissen wir um die Bedeutung der Frage vor der Antwort. In anderen Kulturkreisen wird offenes Fragen als Zeichen von Nichtwissen verstanden und unterbleibt daher – sehr oft zum Nachteil des wissbegierigen Studierens und Lernens. Robuste und damit langfristig tragfähige Lösungen können nur im mühsamen Ringen um die entscheidenden Argumente erarbeitet werden, wozu auch das Fragen gehört.

Ausblick

Der Blick in die Ursprünge der Stadtplanung an der TU Kaiserslautern zeigt, dass Professor Albert Speer immer wieder Brücken zwischen Theorie und Praxis der Planung gebaut hat. Seine Fähigkeit, mit Fragen rasch zum wunden Punkt von Ideen und Konzepten vorzudringen, hat Studierende zur Weiterentwicklung ihrer Ansätze ermuntert, manchmal auch zum Verwerfen untauglicher Ideen. Ihm ging es nie um Kritik an sich, sondern darum, durch reale Probleme und ihre Lösungsmöglichkeiten lernen zu können. Die in seinem Frankfurter Büro bearbeiteten Aufgaben bildeten dabei ein unerschöpfliches Reservoir an Ideen und Erfahrungen für das Vermitteln planerischer Fertigkeiten und Fähigkeiten. Albert Speer war dem Neuem gegenüber stets aufgeschlossen und hat gern vielversprechende Methoden ausprobiert, um besonders herausfordernde Aufgaben zu meistern. Seine Rolle als engagierter Hochschullehrer und forschender Planer in der Praxis ermöglichte es ihm, sich anbahnende Veränderungen frühzeitig zu erkennen und damit verbundene Chancen zu nutzen. Für ihn war klar, dass talentierter und engagierter Nachwuchs *das* zentrale Fundament ist, um die vor uns liegenden Herausforderungen meistern zu können. Die von ihm ins Leben gerufene Stiftung ist deshalb der Förderung dieses Nachwuchses gewidmet.

Die Professor Albert-Stiftung wird sich auch in Zukunft intensiv einer praxisrelevanten universitären Ausbildung und Weiterbildung widmen. Sie wird durch geeignete Initiativen interessante Konzepte der Aus- und Weiterbildung unterstützen. Der Austausch im Rahmen der drei Symposien und die daraus entstandenen Beiträge dieser Publikation haben dazu vielversprechende Ideen und Ansätze geliefert. In Zukunft wird es mit dem Professer Albert Speer-Award ein weiteres Format der Stiftung geben, um den planerischen Nachwuchs zu fördern. Die Preisträger werden wie oben beschrieben in Workshops mit Fachleuten zu konkreten Projektthemen arbeiten. Somit wird das innovative Erbe der Gründungsideen aus der „Kaiserslauterer Planungsschule“ weitergegeben.

Autor*innenverzeichnis

Altrock, Uwe, Prof. Dr., DASL SRL, Dipl.-Ing. Stadt- und Regionalplanung an der TU Berlin, Städtebaureferendar bei der Senatsverwaltung Berlin, wissenschaftlicher Mitarbeiter am Institut für Stadt- und Regionalplanung der TU Berlin, seit 2006 Professor für Stadterneuerung und Stadtumbau an der Universität Kassel.

Aring, Jürgen, Prof. Dr., DASL SRL, Diplom-Geograf an den Universitäten Münster und Oslo, Tätigkeit im Beratungsunternehmen empirica, 2005 Berufung zum ordentlichen Professor für Stadt- und Regionalplanung an die Universität Kassel, seit 2015 Vorstand des vhw e. V.

Becker, Torsten, BDA DASL SRL, Dipl.-Ing. Raum- und Umweltplanung an der TU Kaiserslautern, seit 2002 Tätigkeit als selbstständiger Stadtplaner, seit 2015 Inhaber des Büros tobe. STADT städte.bau.planung.dialog, seit 2018 Vorsitzender des Städtebaubeirats der Stadt Frankfurt am Main.

Bertram, Grischa, Dr., Dipl.-Ing. Stadtplanung an der Universität Kassel, seit 2006 freiberufliche Tätigkeit in den Bereichen Stadtforschung und Regionalplanung, seit 2007 wissenschaftlicher Mitarbeiter am Fachgebiet Stadterneuerung und Planungstheorie der Universität Kassel.

Denkel, Michael, Dr., DASL, Dipl.-Ing. Raum- und Umweltplanung an der TU Kaiserslautern, 1987 bis 1990 akademischer Mitarbeiter am Lehrstuhl Stadtplanung, Promotion 1991, ab 1990 Mitarbeiter und später Mitglied der Geschäftsleitung bei Albert Speer + Partner bis 2021.

Durth, Werner, Prof. Dr. Dr. h. c., BDA DASL, Dipl.-Ing. Architektur und Stadtplanung an der TU Darmstadt, von 1981 bis 1993 Professor für Umweltgestaltung an der Johannes-Gutenberg-Universität Mainz, 1993 Professor am Institut für Grundlagen der modernen Architektur (IGMA) der Universität Stuttgart, 1998 bis 2017 Professor für Geschichte und Theorie der Architektur an der TU Darmstadt.

Fleschurz, René, Dipl.-Ing. Raum- und Umweltplanung an der TU Kaiserslautern und Master in European Spatial Planning and Regional Development am Blekinge Institute of Technology in Karlskrona, seit 2010 wissenschaftlicher Mitarbeiter am Fachgebiet Internationale Planungssysteme der TU Kaiserslautern.

Greif, Friedbert, Dipl.-Ing. Raum- und Umweltplanung an der TU Kaiserslautern, seit 1988 bei Albert Speer + Partner, seit 1991 als geschäftsführender Partner, Mitglied des Kuratoriums der Professor Albert Speer-Stiftung.

Grunwald, Matthias, Prof., Dipl.-Ing. Architektur an der TU Braunschweig und der TU Darmstadt, 1993 bis 1997 wissenschaftlicher Mitarbeiter am Lehr- und Forschungsgebiet Stadtplanung an der TU Kaiserslautern, seit 2015 Professor für Städtebau an der HTWK Leipzig.

Haag, Martin, Prof. Dr., Dipl.-Ing. Raum- und Umweltplanung an der TU Kaiserslautern, ab 2000 Leiter des Tiefbauamts der Stadt Freiburg, 2007 bis 2010 Lehrstuhlinhaber und Leiter des Instituts für Mobilität und Verkehr an der TU Kaiserslautern, seit 2011 Baubürgermeister der Stadt Freiburg.

Hammer, Patricia, ARL, Dipl.-Ing. Raumplanung an der TU Dortmund, 2009 wissenschaftliche Mitarbeiterin der HafenCity Universität Hamburg, 2010 bis 2013 Projektmanagerin des EU-Projekts SOL, seit 2016 wissenschaftliche Mitarbeiterin am Fachgebiet Internationale Planungssysteme an der TU Kaiserslautern.

Knospe, Susanne, Dipl.-Ing. Landschaftsplanung an der TU Berlin, Landschaftsplanerin bei der Gemeinde Lenzkirch im Hochschwarzwald, seit 2017 Mitarbeiterin im Stadtplanungsamt der Stadt Freiburg, seit 2020 verantwortlich für Klimaanpassungskonzepte „Hitze" und „Regenwasser".

Kuder, Thomas, Dr., Dipl.-Ing. Stadt- und Regionalplanung an der TU Berlin, 2003 bis 2009 wissenschaftlicher Mitarbeiter am Leibniz-Institut für Regionalentwicklung und Struktur planung, seit 2009 Seniorwissenschaftler beim vhw-Bundesverband für Wohnen und Stadtentwicklung e. V.

Kurth, Detlef, Prof. Dr., DASL SRL, Dipl.-Ing. Stadt- und Regionalplanung an der TU Berlin, Projektleiter bei der Planergemeinschaft Berlin, akademischer Mitarbeiter an der TU Dortmund, Professor für Stadtplanung an der HFT Stuttgart, seit 2017 Lehrstuhlinhaber für Stadtplanung an der TU Kaiserslautern.

von Lojewski, Hilmar, Dipl.-Ing. Raumplanung an der TU Dortmund, Abteilungsleiter bei der Berliner Senatsverwaltung und im Stadtplanungsamt Dresden, seit 2012 Beigeordneter des Deutschen Städtetags und Leiter des Dezernats Stadtentwicklung, Bauen, Wohnen, Verkehr.

Lukoschek, Lothar, Dr., Dipl.-Ing. Architektur an der TU Kaiserslautern, ab 1989 akademischer Mitarbeiter am Lehrstuhl Stadtplanung der TU Kaiserslautern, 1997 Promotion, seit 2011 Spartenleiter Hochbau beim Landesbetrieb Liegenschafts- und Baubetreuung RLP.

Lütke Daldrup, Engelbert, Prof. Dr., DASL, Dipl.-Ing. Raumplanung an der TU Dortmund, 1989 bis 1995 Senatsverwaltung für Bau- und Wohnungswesen Berlin, 1995 bis 2005 Baustadtrat von Leipzig, 2006 bis 2009 Staatssekretär im Bundesministerium für Verkehr, Bau und Stadtentwicklung, 2014 bis 2017 Staatssekretär für das Land Berlin, 2017 bis 2021 Vorsitzender der Geschäftsführung der Flughafen Berlin Brandenburg GmbH.

Merk, Elisabeth, Prof. Dr. (Univ. Florenz), DASL, Dipl.-Ing. Architektur an der Fachhochschule Regensburg, ab 2000 Leiterin des Amts für Stadtentwicklung in Halle, 2005 bis 2007 Professorin für Städtebau an der HFT Stuttgart, seit 2007 Stadtbaurätin von München.

Metz, Thomas, Dipl.-Ing. Architektur, Stadt- und Regionalplanung an der TU Berlin und der TH Darmstadt, 1980 bis 1982 Städtebaureferendariat – Bauassessor Rheinland-Pfalz, bis 2003 Leiter des Stadtplanungsamts Kaiserslautern, 2003 bis 2017 Leiter des Stadtplanungsamts Wiesbaden, Lehrbeauftragter an der FH und der TU Kaiserslautern.

Molitor, Reimar, Dr., Diplom-Geograf Westfälische Wilhelms-Universität Münster, 2000 bis 2003 Regionalmanagement der Regionale 2006, 2004 bis 2012 geschäftsführende Betreuung des Strukturprogramms Regionale 2010 in der Region Köln/Bonn, seit 2017 Geschäftsführendes Vorstandsmitglied der Region Köln/Bonn.

Mösel, Suzanne, Dr., DASL, Dipl.-Ing. Raum- und Umweltplanung an der TU Kaiserslautern, wissenschaftliche Mitarbeiterin am Lehrstuhl Stadtplanung der TU Kaiserslautern, Geschäftsführerin der Wirtschaftsförderungs- und Entwicklungsgesellschaft der Landeshauptstadt Saarbrücken, seit 2015 Baubürgermeisterin der Stadt Neckarsulm.

Neppl, Markus, Prof., BDA, Dipl.-Ing. Architektur an der RWTH Aachen, 1990 Mitgründer des Büros ASTOC Architects and Planners, 1999 bis 2003 Professor für Städtebau und Entwerfen an der TU Kaiserslautern, seit 2003 Professor für Stadtquartiersplanung und Entwerfen am Karlsruher Institut für Technologie.

Pallagst, Karina M., Prof. Dr., ARL DASL, Dipl.-Ing. Raum- und Umweltplanung an der TU Kaiserslautern, 1994 bis 1997 wissenschaftliche Mitarbeiterin für Regional- und Landesplanung an der TU Kaiserslautern, 1997 bis 2006 wissenschaftliche Mitarbeiterin am Leibniz-Institut für ökologische Raumentwicklung Dresden, 2006 bis 2010 Center for Global Metropolitan Studies der University of California, Berkeley, seit 2010 Professorin für Internationale Planungssysteme an der TU Kaiserslautern.

Reker, Gerold, BDA, Dipl.-Ing. Architektur an der TU Kaiserslautern, wissenschaftlicher Mitarbeiter an der TU Kaiserslautern, Tätigkeit im eigenen Architekturbüro in Kaiserslautern, 2012 bis 2021 Präsident der Architektenkammer Rheinland-Pfalz.

Schirren, Matthias, Prof. Dr., Studium der Kunstgeschichte, Geschichte und Archäologie in Marburg, Freiburg und Berlin, ab 1993 Leiter der Sammlung Baukunst an der Akademie der Künste Berlin, seit 2006 Professor für Geschichte und Theorie der Architektur an der TU Kaiserslautern.

Schneider, Julian, Masterstudent an der TU Kaiserslautern, Vertreter der Fachschaft Raum- und Umweltplanung, studentischer Mitarbeiter am Fachgebiet Stadtumbau und Ortserneuerung an der TU Kaiserslautern.

Scholl, Bernd, Prof. em. Dr., ARL ISOCARP, Dipl.-Ing. Bauingenieurwesen und Städtebau an der TU Darmstadt, seit 1987 Mitinhaber des Planungsbüros Scholl + Signer in Zürich, 1997 bis 2006 Professor für Städtebau und Landesplanung an der Universität Karlsruhe, 2006 bis 2018 Professor für Raumentwicklung an der ETH Zürich.

Schütz, Elmar, Prof. Dr., DASL, Dipl.-Ing Raum- und Umweltplanung an der TU Kaiserslautern, seit 2009 Leitung Development bei Aurelis Real Estate Service GmbH, seit 2015 Honorarprofessor für Real Estate Management und technische und soziale Infrastruktur an der TU Berlin.

Thalgott, Christiane, Prof., DASL, Dipl.-Ing. Architektur an den TUs Braunschweig und München, ab 1972 Stadtbaurätin der Stadt Kassel, 1992 bis 2007 Stadtbaurätin der Stadt München, seit 2003 Honorarprofessorin an der TU München, 2003 bis 2007 Präsidentin der DASL.

Topp, Hartmut H., Prof. Dr., ARL DASL, Dipl.-Ing. Bauingenieurwesen an der TU Berlin und der Universität Karlsruhe, 1980 bis 2010 Partner des Planungsbüros Retzko + Topp in Darmstadt, 1981 bis 2007 Professor für Mobilität und Verkehr an der TU Kaiserslautern.

Weigel, Oliver, Prof. Dr., Dipl.-Geogr. Stadt- und Wirtschaftsgeografie in Mannheim, Loughborough und Gießen, Promotion an der Universität Leipzig, 1994 bis 2006 Abteilungsleiter für Stadtentwicklung in Leipzig, seit 2006 Referatsleiter für Stadtentwicklungspolitik im Bundesministerium für Wohnen, Stadtentwicklung und Bauwesen.

Weilacher, Udo, Prof. Dr., BDLA DGGL, Dipl.-Ing. Landschaftsarchitektur an der TU München und der California State Polytechnic University Pomona/Los Angeles, 2002 bis 2008 Professor für Landschaftsarchitektur an der Universität Hannover, seit 2009 Professor für Landschaftsarchitektur an der TU München.

Wiezorek, Elena, Dr., DASL SRL, Dipl.-Ing. Stadt- und Regionalplanung an der TU Berlin, 2004 bis 2006 Projektleiterin bei der ews Stadtsanierungsgesellschaft in Berlin, 2006 bis 2008 Geschäftsführerin des City-Managements, 2011 bis 2022 Hauptgeschäftsführerin der Architektenkammer Rheinland-Pfalz und der Stiftung Baukultur Rheinland-Pfalz, ab 2023 Vizedirektorin der Bundesstiftung Bauakademie.

Zlonicky, Peter, Prof., DASL SRL, Dipl.-Ing. Architektur an der TU Darmstadt, ab 1964 Leitung eines Büros für Stadtplanung und Stadtforschung, 1971 bis 1976 Lehrstuhlinhaber für Wohnbau an der RWTH Aachen, 1976 bis 2001 Professor für Städtebau und Bauleitplanung an der Universität Dortmund.

Zuschke, Cornelia, Dipl.-Ing. Architektur an der Bauhaus-Universität Weimar, ab 1993 Leiterin der Unteren Denkmalschutzbehörde in Fulda, 2000 bis 2014 Baudezernentin in Fulda, 2014 bis 2016 Dezernentin für Städtebau, Mobilität und Umwelt in Darmstadt, seit 2016 Stadtbaurätin in Düsseldorf.

Abbildungsverzeichnis

Impressum

Herausgeber: Friedbert Greif, Detlef Kurth, Bernd Scholl
Redaktion: Lennart Bruss, Detlef Kurth, Daniel Thress
Lektorat: Dr. Ute Rummel
Gestaltung und Satz: A Gesture Of (Simon Schindele, Simon Steinberger)
Lithografie: Bild1Druck, Berlin

Gedruckt in der Europäischen Union

Bibliografische Information der Deutschen Nationalbibliothek: Die Deutsche Nationalbibliothek verzeichnet diese Publikation in der Deutschen Nationalbibliografie; detaillierte bibliografische Daten sind im Internet über http://dnb.d-nb.de abrufbar.

jovis Verlag GmbH
Lützowstraße 33
10785 Berlin
www.jovis.de

jovis-Bücher sind weltweit im ausgewählten Buchhandel erhältlich. Informationen zu unserem internationalen Vertrieb erhalten Sie in Ihrer Buchhandlung oder unter www.jovis.de.

ISBN 978-3-86859-744-8 (Hardcover)
ISBN 978-3-86859-792-9 (PDF)